"十四五"高等职业教育规划教材

车联网技术与应用

曾　浩　向　科◎主编

中国铁道出版社有限公司
CHINA RAILWAY PUBLISHING HOUSE CO., LTD.

内 容 简 介

本书以培养车联网系统运维人才为目标，重点讲解车载通信系统的原理、部署与应用开发，兼顾汽车总线、智能汽车等相关内容。全书涵盖了车联网技术架构、车联网专用短程通信技术、Cellular V2X 技术、车路协同数据采集与分析系统、车辆 CAN 总线技术原理与应用、智能网联汽车、远程驾驶关键技术与系统实现、智能交通系统中车辆协作控制等方面的知识与技能。另外，本书以真实的设备、系统和应用场景为依托，设计了 17 个实验和 5 个实训项目，培养学生部署、调测、配置车联网系统和各类设备的技能，以及车联网简单应用的开发技能。为了适应不同专业和课程的教学目标和教学基础，本书对涉及的通信、控制、交通等领域的理论知识做了较深入的讲解。

本书适合作为高等职业院校计算机类、电子信息类和汽车类等相关专业的教材。

图书在版编目(CIP)数据

车联网技术与应用/曾浩，向科主编. —北京：中国铁道出版社有限公司，2021.9

“十四五”高等职业教育规划教材

ISBN 978-7-113-28227-1

Ⅰ.①车… Ⅱ.①曾… ②向… Ⅲ.①汽车-物联网-高等职业教育-教材 Ⅳ.①U469-39

中国版本图书馆 CIP 数据核字(2021)第 158952 号

书　　名：车联网技术与应用
作　　者：曾　浩　向　科

策　　划：王文欢　　　　**编辑部电话：**(010)83527746
责任编辑：张松涛　许　璐
封面设计：尚明龙
责任校对：孙　玫
责任印制：樊启鹏

出版发行：中国铁道出版社有限公司(100054，北京市西城区右安门西街 8 号)
网　　址：http://www.tdpress.com/51eds/
印　　刷：国铁印务有限公司
版　　次：2021 年 9 月第 1 版　2021 年 9 月第 1 次印刷
开　　本：787 mm×1 092 mm 1/16　**印张：**12.75　**字数：**333 千
书　　号：ISBN 978-7-113-28227-1
定　　价：39.00 元

前　言

随着我国汽车保有量的不断增加，车联网技术展现出广阔的市场前景。车联网是物联网技术在智能交通领域的重要分支，能够有效提高公路交通运输的效率和安全性，降低能源消耗，减轻驾驶人员的负担。未来车联网技术和自动驾驶技术将相互促进、协同发展，最终实现公路交通的高度智能化和自动化。由于我国公路交通运输的规模巨大，车联网技术人员可能会长期维持短缺的现状。

车联网是典型的多学科交叉领域，涉及车辆、交通、通信、信息、电子、机械、控制等诸多学科。这一领域技术人员的培养难度非常大，国内外还没有系统的教学研究与实践，市面上的教材品种也较为稀少。

基于通信与信息工程领域的积累，四川邮电职业技术学院建设了智能车联技术融合创新平台，形成了多学科技术融合、面向车联网垂直行业应用的教学基地，并开发了校本实训手册。通过行业和企业调研，编者梳理了车联网技术产业化的方向，结合以往的教学经验和工程实践，编写了本书。

本书以培养车联网系统运维人才为目标，重点讲解车载通信系统的原理、部署与应用开发，兼顾汽车总线、智能汽车等相关内容。由于车联网技术的交叉性，学生未必具备足够的背景知识，故本书对理论的阐述较为深入，授课教师可以根据教学目标和教学对象做适当的取舍和补充。本书还设计了17个实验和5个实训项目，作为理论知识的延伸，以培养学生的实践能力。

本书是在高职层面开展车联网技术教育的一次尝试。由于编者水平有限，书中难免存在不足之处，敬请广大读者批评指正。

编　者
2021年4月

目 录
CONTENTS

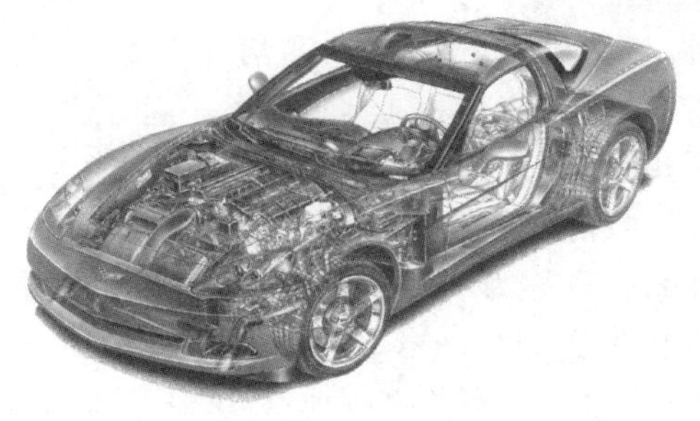

第1章 绪论

1.1 车联网的基本概念

车联网实现车与车之间、车与基础设施之间、车与周围建筑物或动态障碍物之间信息的交换，并可实现车辆与行人、与非机动车之间信息的应答。如同互联网连接了各地的孤立的计算机。车联网把独立的车辆、车辆沿途的基础设施障碍物联结起来，随时随地获取道路交通状况，选择最佳行车路线，确保道路交通安全，提高交通通信效率。由车载智能终端组成的移动无线自组织网络构筑车辆间的通信网络，使其能通过移动 IP 技术接入互联网，使车辆中的驾乘人员共享互联网信息。

车联网的网络结点以车辆为主，汽车移动速度快，具有高动态特性。网络拓扑结构变化频繁，路径寿命相对较短；车联网中的车辆结点间的通信受到天气状况、周围建筑物、意外障碍物及道路交通状况等因素的干扰；网络连通性的稳定与否会影响车联网有效实施；网络的安全性和可靠性更深刻影响到车联网应用过程，事关生命财产；车辆能装备较高性能的车载计算机以及辅助外设(如 GPS,GIS 等)。

车联网运用信息技术、通信技术、传感器技术、控制技术、计算机技术、系统集成技术和云计算虚拟化等多个先进学科和网络资源，使交通运输系统有序化，综合管控能力得到最大限度的提高。车联网的运行需要依托有源的信息物理系统(Cyber-Physical Systems,CPS)结点作为车辆的主要设备，采用互联网 CPS 结点作为固定设施中的主要设备。CPS 是指利用计算机技术监测及控制物理设备行为的嵌入式系统，称为网络化物理系统。有源 CPS 结点具备主动感知能力，支持移动性较好；其联网能力、计算能力和存储能力等功能较强。而互联网 CPS 则具有更高的可靠性和安全性。

1.2 车联网技术的过去、现在和未来

1.2.1 车联网技术的背景

1. 汽车和无线电通信

汽车和无线电通信是在一百多年前先后诞生的，这两个事物涉及的技术有很多共性。在

19世纪末期大家都在思考一个共同的问题，就是怎么把人从地域束缚中解放出来：一方面，实现物理本体的转移，即通过汽车等工具把人们快速地从A地送到B地；另一方面，在物理上人不移动的情况下怎么把信息传输出去，即远端的通信。最初，英文里面的交通和通信是一个词，即"communication"，意思就是远距离沟通。从20世纪90年代开始，汽车和通信走到了一起，汽车里陆续装备了基于2G、3G和4G的移动通信设备。有了这些设备人们逐渐实现了基于通信能力的导航和信息预告等业务。在具备了2G蜂窝通信能力之后，智能交通在解决交通安全方面做了一个很有意思的事情，就是"紧急呼叫"(emergency call，eCall，也常称为"紧急救援")。eCall使用移动电话和卫星定位功能，在发生交通事故后，与最近的救援中心的统一号码(如中国的122、欧盟的112)建立电话连接，除语音连接之外，车载eCall系统还上报传输有关事故地点、事故类型和车辆的信息。

近年来，移动通信完成从第二代移动通信技术(2G)、第三代移动通信技术(3G)、第四代移动通信技术(4G)到第五代移动通信技术(5G)的过渡，现今汽车上也开始陆续安装5G模块。目前，汽车正在不断向智能驾驶的方向发展，当前正处在过渡过程中的网联阶段，这个阶段的核心特征是出现了基于通信的V2V(Vehicle to Vehicle，车到车)和V2I(Vehicle to Infrastructure，车到基础设施)、V2P(Vehicle to Pedestrian，车到人)通信技术，将车和车之间、车和周围的万物之间连接起来。汽车获得了互相连接的能力，也就具备了智能特性，并通过智能衍生出一些服务。5G的快速发展，将为V2X(Vehicle to X，车到其他)提供更高的通信能力和安全性，推动汽车技术进一步发展，并让汽车具有非常高的智能。未来一个时期，汽车和通信的结合会将经历从信息化到网联化，再到智能化、云端化的三个阶段，汽车将会变得更加智能化和云端化。

本书在应用方面重点关注信息化的eCall和网联化的V2V两个方面。在介绍网联汽车的时候，首先回顾一下什么是网联汽车。关于网联汽车，从名称来说就有多种，除"网联汽车"这个名称外，有人说应称为"智能网联汽车"，有人说应称为"车联网"，还有人说更大的范畴应称为"智能交通系统"。不同行业、领域的人站的立场和角度不一样，就有了不同的看法和认识。交通行业的人看问题的时候是整个交通系统，包括路和路边的基础设施，以及车和车、路的有机协同，这个系统用来完成运输服务，因此，应称为"智能交通系统"。通信行业的人从网络的角度出发，用网络把大家连接起来，于是就有了"车联网"的概念。车联网的概念主要体现连接性，不仅包括车与车之间的直接连接，还包括通过运营商网络连接。通信行业在谈车联网的时候，可能过多地强调了网络，却忽略了对应用的定义。智能交通系统和车联网这两者之间的交集是智能网联汽车，车联网是车和车之间的互联，以及车和具有通信能力的个人之间的互联，而在智能交通系统中，智能网联汽车是一个很重要的组成部分，是一个承载方。2015年9月29日，国务院常务会议决定，将"开展智能网联汽车示范试点"，因此，在我国讨论的"网联汽车"主要是"智能网联汽车"。这个概念更多的是从制造的角度出发的，如汽车行业的主机厂商、部件厂商大多是从这个角度出发的。囿于作者的知识背景，本书将从车联网的视角来分析相关的技术、标准、方案和相关的频谱需求。

2. 自动驾驶

很多人说智能网联汽车就是自动驾驶，实际上不是，网联汽车是为自动驾驶服务的。汽车行业常常引用国际自动机工程师协会定义的五级自动驾驶概念：零级属于无自动驾驶，也就是没有任何自动辅助驾驶技术的汽车，一百多年前的汽车就是这样；一级自动驾驶属于驾驶辅助系统，能持续提供转向或加速和制动控制，但只在限制条件和特定情况下提供，现在的汽车大部分都能达到一级自动驾驶水平；二级自动驾驶属于半自动驾驶，也是辅助驾驶系统，但既能提供转向，也能提供加速和制动控制，同样是在限制条件下提供；三级自动驾驶属于有条件的自动驾驶，比如现在的新款特斯拉汽车、奥迪 A8L 等，有很多智能特性，人不参与操作的时候也可以行驶，但是三级自动驾驶的一个很重要的特点是责任方始终是人，人必须始终出现在现场，并时刻准备接管，即一旦有事情发生而汽车处理不了时就需要人立即接管；四级自动驾驶属于高度自动驾驶，汽车基本上在做所有的事情，除了某些特殊情况，一般无须人类干预，但是必须要有驾驶人员在场；五级自动驾驶可以说属于完全自动驾驶，完全不需要驾驶人员了。

目前，汽车处于从二级自动驾驶到三级自动驾驶的过渡期，传统的汽车行业引进了车联网技术，增加了先进的驾驶员辅助系统。一方面，当汽车处于二级自动驾驶阶段时，决策主体和责任都是人，人要负责对路面的所有情况进行观察并负责决策，决定加速还是减速，制动还是变道等。围绕人这个主体，通过车联网技术，给人提供更多的信息，帮助人决策，提高行驶的安全性和效率，比如，前方有拥堵可以提前变道绕行。另一方面，现在很多互联网公司（如谷歌、Uber、百度等）正在研究自动驾驶，他们直接跨越中间的二、三级自动驾驶阶段，进入四、五级自动驾驶阶段。此时，他们更多是从智能化的角度来解决效率和安全性问题。智能化包括几个重要环节：感知、决策和执行，各个环节之间必须彼此贯通。互联网公司认为他们研究的自动驾驶汽车的感知能力已经很强，包括车里面自身的感知和通信能力协作式的感知，因而他们直接跳到决策环节讨论自动驾驶的决策问题。但是我们认为，要想真正进入自动驾驶阶段，一定要有网联阶段，因为网联要在除车辆自身的声光电传感器（如激光雷达、毫米波雷达、超声波和摄像头等）之外，通过互联网的方式和网联汽车的方式为决策提供一些额外的信息，帮助汽车进行决策。实际上，也只有掌握各方面的信息之后才能更智能、更有效地做出决策。这也是汽车行业一个基本的看法。

3. 紧急救援

紧急救援是汽车和通信相结合之后最有特色的一个项目。从国家交通运输部网站和国家卫生健康委员会网站上获得的数据可知，近年来，我国每年发生的涉及人员伤亡的交通事故有 20 万余起，造成死亡的人数基本上维持在 6 万以上。总体看，这几年尽管车辆的保有量不断增长，但随着驾驶员素质的不断提高，交通设施的不断改善，我国交通事故的绝对数量稳中有降，但是每起事故的死亡率，过去几年中并没有发生太大的变化，从官方数据来看还是每三起伤亡事故中有一个人死亡。另外，所有由交通事故造成死亡的人员，绝大部分（90% 以上）是在到达医院之前就失去了生命，但是，被顺利送达医院的伤员成功救助的概率非常高。同时发现：现在的救援手段非常低效，近几年的改进也非常小。最重要的是，在事故发生之后没有及时地把事故信息传送到救援中心，也没有办法有效地派出消防、医疗、公安人员进行救治，造成很多生命消逝在事故现场。怎么解决这个问题呢？现在，一部分汽车的内后视镜上有一个红色的按钮“SOS”，这是一个手工的报警机制。在欧洲已经开始实施一些自动的报警机制，目的是在车辆发生事故的时候，以分钟为单位，尽快地自动完成报警，告知需要救援人员所在的地理位置、事故的严重程度，以便尽早组织救援。数据告诉我们，只要能够尽快报警，并让救援人员尽快到达现场，绝大部分受伤人员的生命都可以挽回。紧急救援最早在欧洲提出。2005 年，在汽车有了通信能力之后，欧洲人第一个想到的就是怎么降低交通事故的伤亡率，他们研究了如何解决车辆事故的紧急报警问题，并在 2008 年制定了欧洲标准。这个标准只是第一步，随后进行了多轮测试。2011—2013 年，经过大量测试之后确定了这个技术的可用性；2015 年，欧盟正式以法律的形式规定：从 2018 年 3 月 31 日开始，欧洲所有的车辆都必须安装紧急自动报警装置，即 eCall。实际上，俄罗斯在 2015 年就开始强制推行紧急救援设备的安装了。

在欧洲推进的同时，国内的一些机构也认识到这个问题。2012 年，中国车载信息产业联盟（TIAA）成立，联盟成立之初的目标就是解决紧急救援问题。2014 年，大家对中国国内的紧急救援的系统结构达成共识，并且做了一些实验加以验证，然后基于这些结果推进标准化。近期，希望能把这些标准落实并进入立项阶段，随后可以根据标准进行研究开发，从而推动产业发展。

那么，什么是欧洲地区的 eCall？

首先，看看现在的方式。在中国，当发生交通事故之后，一般需要拨打电话给 122 进行交通事故报警，如果有人员受伤就要拨打 120 呼叫医疗救护人员进行急救，如果车辆变形严重或者发生了火灾，还需要拨打 119 把消防人员叫来灭火和破拆。此时，人正处在危急混乱当中，拨打这么多电话，往往会遗失掉很多信息。常常有人在发生事故的时候，救援人员会问他在什么地方，但是他根本说不清楚，这就导致救援人员不能快速到达现场。怎么解决这个问题呢？欧盟委员会的想法就是在车里安装传感器来判断事故的发生，比如，当气囊爆裂时，车机（安装在汽车里面的车载信息娱乐产品的简称）自动拨打欧洲统一的紧急救援电话 112，自动把当前的车辆牌号、地理位置、车里的乘客情况、车的前进方向等信息报告给救援中心，即救援中心在接听语音电话之前就已经收到了需待救援的车辆的基本信息。在数据传送之后进行语音通话时，救援人员可以跟车里的乘客或者司机进行沟通，进一步了解事故的情况，然后根据这些信息进行判断并在第一时间制订救援方案，同时组织救援。欧洲地区的 eCall 采用的技术手段是基于在一个语音通路中传送数据。目前所有移动运营商都在向全 IP 过渡，主流运营商已经部署或正在计划部署长期演进语音承载（Voice over Long-Term Evolution，VoLTE）语音服务。考虑到 VoLTE 部署后 2G 网络会陆续退网，紧急救援也需要向 LTE 和 IP 化过渡，未来会采用基于 IMS 的下一代紧急呼叫技术，不仅可以传送基本救援信息，甚至可以传送事故现场的照片或者进行视频辅助救援。

其次，需要谈谈紧急救援服务的商业模式。整个欧洲紧急救援服务体系的建设，是由欧盟委员会强制各个国家的政府建立紧急救援呼叫中心来完成的，实行电话统一接听，并由他们负责接警和统一服务。2018 年，欧盟委员会积极推进 eCall 的落实。那么，紧急救援模式在中国应该怎么推进呢？欧洲经验是可以借鉴的。一方面，需要建立紧急救援的国家标准，并且积极推动政府出台法规，强制车辆安装紧急救援设备，要真正实施并完成可能需要比较长的时间。另一方面，可能还需要一些 PPP 的模式，引入民间资本来帮助政府建立公共服务。借鉴欧洲 eCall 的架构，在此基础上进行适当的调整和改进，使之更适合中国模式。可以把救援和通信部分拆分，把通信部分交给汽车主机厂商及其合作的信息服务商，由其负责给车辆提供 eCall 设备和通信能力，并且开通呼叫中心来接受报警。接警中心（TSP）接警之后了解事故信息，但是他们没有很好的调度派遣能力，那么他们把收集到的信息传给一个业务代理。在中国，这个业务代理可能是一个商业机构，它有能力跟所有的紧急救援机构对接，包括公安、消防、医疗，完成救援派遣。这两者各自都可以形成一些商业机构，独立运行。在这个模式做好之后，国内现在开始陆陆续续有企业提供这样的服务。

这种紧急救援服务关注在事故发生之后，怎么通过通信的手段进行救援，降低伤亡率？紧急救援，是在事故发生之后提供救援，有没有手段降低事故发生的概率，让交通出行变得更加可靠和安全呢？在这种需求下，可以在 4G/5G 移动通信网络的基础上，结合车联网技术，解决、改善车车、车路、车人的通信，以此降低交通事故发生率。现今，几乎人人都在使用 4G/5G 手机，现在已开始把具有 4G、5G 能力的终端安装到汽车上，预计 2021 年全球 60% 的车辆都会有 4G 通信能力，搭载 5G 通信能力的车辆开始出现。基于这样的想法，可以利用这些技术来改善交通状况。

4. 未来汽车

对未来汽车的理解，通信行业和汽车行业的认识目前是比较一致的。未来汽车首先是永远连接的，是一种基于连接的体系；在连接之后，汽车行业和互联网公司一起努力让汽车不断地增强自动化的能力。同时，未来汽车会非常智能，通过网联汽车获取大量数据，并对数据进行实时处理。汽车具有了数据处理的能力，结合连接性、自动化能力之后，整个社会的经济和生活都将发生巨大的改变，未来的交通会非常安全。未来车辆出行更加环保，交通效率更高，汽车会非常智能地找到最佳的路线行驶，减少碳排放，同时通行时间变得更加可测。提高交通效率是现今天面临的重要问题，例如在北京，从一个地点到另一个地点，在深夜交通状况良好的时候，可能只要几分钟就可以到达，但是在白天可能需要90分钟甚至更长才能到达。很显然，在白天的交通通勤时间是不可预测的。当汽车有了网联能力之后，这些问题将会大幅改善。

未来汽车的趋势体现在两个方面：一方面，连接性不断增强，除了从3G到4G的演进，到正在快速发展的5G，车内提供强大的Wi-Fi、广播能力；另一方面，车内车载系统的功能会非常强大，会有更加强大的计算能力引入到车里面，给车提供基于计算机的识别能力、虚拟现实能力、增强现实能力，给车和驾驶者提供更多的信息。这两个方面结合在一起，能够给车提供自动驾驶能力，给驾驶人员提供更多的信息。

从远景的展望当中可以看到，车联网充当着一个非常重要的角色。在通信行业里，把车联网称为V2X，这里的V是汽车，X指将来与车连接的一切事物。未来汽车，不仅车和车之间会互相通信，而且车还可能和周边万物进行沟通，例如，车和车之间沟通“你要当心，我要刹车了，你要小心不要撞上我”，同时车和行人沟通，行人说“我要过马路了，车要当心”；车会和路进行沟通，路会告诉它前方有一个红灯，这个红灯可能过5 s会变绿，所以你不用开那么快，这样到路口就能直接绿灯通过。因此，通过这种方式能够提高交通的安全性。

从汽车行业看连接性，最重要的就是先进驾驶员辅助系统（Advanced Driver Assistance Systems，ADAS）。今天的汽车行业围绕汽车自身的感知能力做了很多工作。采用了激光雷达、毫米波雷达和各种超声波传感器，还有基于摄像头的主动识别技术。装备了这些设备的汽车能感知很多信息，但是这些感知结果有一个共同的局限，即它们都是在视觉范围内的。换言之，装备这些设备的汽车可以看到车周边十几米范围内的情况，但是，如果右边出现一辆大卡车，就会把整个右侧的方向阻挡掉，上述的感知设备无法看到被阻挡的物体。在通信能力引入之后，汽车的感知能力会得到极大扩展，在几百米的通信范围内，即便被卡车或建筑遮挡，装备了模块的车辆依然可以互相通信。可以说，V2X解决了视线被遮挡的难题，为车辆提供了较远距离获取信息的能力。

有了这样一个能力后，不妨通过几个场景，再来看V2X到底能给汽车行业带来什么变化。首先是上文提到的前向碰撞预警，即前方出现了事故。第一辆车出现事故，第二辆车司机看到后会及时制动，避免撞到第一辆车。但通常第三辆车的驾驶员会觉得非常突然，有时会来不及制动，与第二辆车发生追尾。这个场景就像在学习开车的时候，教练都会说开车的时候要留足够的安全距离，避免出现紧急情况反应不及。当驾驶员水平有所提升，教练会告诉他说你不能只盯着前面的车，还要看到更远那辆车的行驶状态，它如果制动你也赶快制动。当驾驶员的感知能力跨越前面那辆车看得更远的时候，就能很自信地把车开得更快。今天装备了上述感知设备的汽车，由于只能获得视线内的信息，所以今天的自动驾驶汽车往往行驶比较慢，像谷歌的汽车，现在智能性很强，但是速度并不高。其中一个例子就是左转场景，大卡车左转的时候把道路封闭了，特斯拉的传感器看不到。如果有V2X的通信能力，大卡车在左转，会给周边的车一个提示，告诉它这个道路暂时被占用了，其他车辆要小心。如果特斯拉有通信能力，几百米外就可以感知到，相应地进行减速或者停下来，就可以避免事故发生。另外一个很重要的场景是借道超车。今天在很多国道、省道或者乡村道路可以看到双向两车道行驶,如果前面有一辆车开得很慢,驾驶员想超车必须临时占用逆向车道。这时如果前面有大卡车挡住视线,就非常危险。有了 V2X 通信能力的汽车会彼此交换信息,在借道超车之前会跟要超车的汽车说,对向车道有车,不能借道超车,这时候会大量减少安全事故。同时,车可以做到自动驾驶、电动汽车可以自动寻找充电桩充电等,一系列应用都可以实现。

为了给汽车提供通信能力,美国在 1999 年已经分配了汽车通信的专用频谱,并基于 IEEE 802.11 协议增加了低时延等特性,完成专用短距离通信(Dedicated Short Range Communication,DSRC)标准。该产业目前已经可以提供成熟的产品给汽车生产、设计企业使用。但是,不得不说 DSRC 是十几年前的技术,今天看起来已经有点落后,它能做一些事情,但是有些限制,特别对有些应用场景处理起来就比较困难。在这种情况下,3GPP(3rd Generation Partnership Project)就是基于今天的 4G 技术设计出一个新的车联网技术,即基于蜂窝的车联网技术(Cellular V2X,C-V2X)。2016 年 6 月,3GPP 已经完成所有标准的制定,它的目标就是在性能上超越 DSRC,并解决在测试中发现的不足。

今天标准化的情况分为两方面,解决两件事情:一方面要解决车和车互相能沟通;另一方面要解决车和车之间互相沟通的时候传播距离受限的问题,即怎样才能传得更远。具体方案可以经过网络转发把事故相关的信息或者其他诸如修路信息传得更远。车与车直接通信和网络转发两种模式同时存在。说到车和车直接通信,也从技术的角度分成两种模式:第一种模式是网络覆盖外(Out-of-Coverage),即没有基站覆盖,车和车自己要组成网络相互沟通,这也是 DSRC 技术一开始就具有的能力,这种通信方式是基本能力;第二种是网络覆盖内(In-Coverage)、利用基站的辅助提供更好的通信能力。基于蜂窝的车联网技术这两种方式都会采用。

目前 C-V2X 已经在 2016 年完成第一个版本(3GPP Release 14),这个版本主要利用 ADAS 解决主动安全问题,目前 3GPP 正在制定基于 5G 新空口(5G New Radio,5G-NR)的通信标准,目标是为部分的自动驾驶场景提供支持。

3GPP 制定的 C-V2X 技术可以实现车辆高速相对而行的场景,另外可以解决大量车辆场景下的通信拥塞,以及在有严重遮挡时的车车通信场景,C-V2X 通过 GPS 实现节点同步之后可提高通信效率,这都是 DSRC 系统所不具备的。本书在后面的章节中会专门对这两种技术进行比较,其中的一个观察结果是:与 DSRC 的物理层技术 IEEE 802.11p 相比,C-V2X 可以将有效通信距离增加一倍。对于用户来讲,这个距离就是碰撞前的预警时间,如果用 DSRC 所能做到的预警时间是 3 ~4 s,有了 C-V2X,预警时间增加到 8 s 以上,驾驶员就有更多时间对碰撞进行预测,并进行及时反应决策,当驾驶员多了 3 ~5 s 的决策时间,会更从容地应对现场的情况,降低事故发生率。汽车制造企业听到这个结果,它们同样有兴趣了解并采用 C-V2X 技术。同时,由于天然的优势,C-V2X 不仅仅解决车对车(Vehicle to Vehicle,V2V)的问题,还能非常自然地解决车对网络(Vehicle to Network,V2N)的问题。

3GPP 的 c-V2X 和 IEEE 的 802.11p 都是底层通信的协议。从应用的角度看,我们的目标是让 c-V2X 取代 DSRC 的物理层技术,完全跟 DSRC 的上层应用协议对接,而这部分采用今天国际自动机工程师学会定义的通信消息协议:SAEJ 2375 和 SAEJ 2945.1。

1.2.2 车联网技术的发展现状

1. 美国

2012 年 8 月到 2013 年 8 月,为了推动车车通信技术和美国后续立法决策,美国交通部在密歇根州安娜堡东北部主导了基于车车、车路通信技术的安全试点示范部署项目(Safety Pilot Model Deployment),该项目侧重于较大规模使用效果的测试,收集的测试数据用以评价车到车的安全应用功能,评估支持车到基础设施安全应用消息方面的运营,以及全面了解道路安全原型系统的运营和实施特征。该项目为当时全球最大的车车、车路测试项目,测试路线长约 118 km,包括 29 个路边设备和 2 800 多辆各种类型的车辆(商业车队、公共汽车和私家车,车载设备包括 64 辆前装、300 辆后装、2 450 辆只发不收设备)参与了测试项目。此项测试显示采用车车通信技术能够减少 80% 的非酒精类交通事故。由于该项目由密歇根大学领导,项目所在地也被称为 M-City(M 是 Michigan 的首字母)。在安全试点示范部署项目测试验证的基础上,2014 年 8 月 NHTSA 公布了车车通信预立法草案,并于 2016 年启动了立法程序(NPRM)。出于各方面的问题,目前 NPRM 被暂停。现在的 NPRM 中只包括了 DSRC 技术,产业各方希望借助这个机会推进 C-V2X 技术,将 C-V2X 技术也加入未来的 NPRM 中。

美国交通部在 2015 年推出了智能交通系统(ITS)的五年(2015—2019 年)规划。规划主题为"改变社会前进方式",技术目标是"实现网联汽车应用"和"加快自动驾驶"。图 1-1(a)所示为五年规划定义的六个项目大类。2020 年 3 月,美国交通部发布《智能交通系统(ITS)战略规划 2020—2025》(以下简称"ITS 战略"),明确了"加速应用 ITS,转变社会运行方式"的愿景,以及"领导智能交通系统的合作和创新研究、开发和实施,以提供人员通勤和货物运输的安全性和流动性"的使命,描述了美国这五年智能交通发展的重点任务和保障措施,如图 1-2(b)所示。

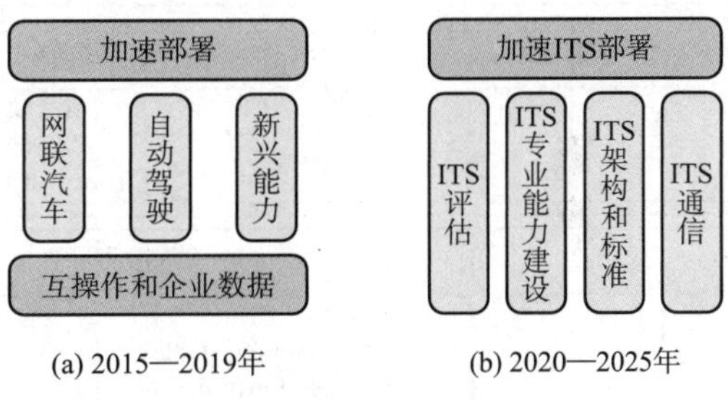

图 1-1　USDOT 五年项目类型

2. 欧洲

欧盟的车联网计划包括了政府资助项目、产业推动和立法强制三大措施。从 21 世纪初到现在,欧盟通过 FP5(Frame Programme 5)、FP6(Frame Programme 6)、FP7(Frame Programme 7)和 Horizon 2020 资助了大量的车联网研究项目,积累了大量的研究成果。在欧洲,车车通信联盟(Car 2 Car Communication Consortium,C2C-CC)是产业推动的主要动力,成员包括车企、配件商、运营商、研究机构在内的完整产业链。它的职能包括搜集产业需求并反馈给欧洲标准化委员会(European Committee for Standardization,CEN)和欧洲电信标准化协会(European Telecommunications Standards Institute,ETSI)制定标准、推动标准落地、组织产业测试等。在收到欧盟委员会委托后,CEN 和 ETSI 通过和国际标准化组织(International Standardization Organization,ISO)合作,制定了 ITSC(Intelligent Transportation Systems Communication)第一版标准。在 2014 年 2 月的 ETSI 第六届 ITS 论坛上,ETSI 和 CEN 正式宣布:ITSC 第一版标准已经全部完成并成为欧盟范围内的统一标准。目前,ETS1 和 CEN 正在制定第二版标准。图 1-2 所示为目前 CEN/ETSI 车联网标准体系。标准体系大体上被分为应用层、设施/消息层、传输和网络层、接入层和横跨多层的安全/管理部分。在图 1-2 中分别列出了各层的主要标准,仅供各位读者参考和查阅。值得关注的是,随着 3G、4G 移动通信网络多年的发展,相当数量的汽车集成了 3G 和 LTE 网络通信模块以提供信息娱乐类服务。由此,产业界开始考虑利用 LTE 网络提供低时延的车联网通信,通过将汽车的行驶安全模块与现有 LTE 通信模块集成,利用规模效应降低车联网模块的成本。2015 年,3GPP 正式立项开展相关研究,并于 2017 年 6 月完成了基于 LTE 的通信协议(LTE V2X)。其中,为响应交通产业测试和部署的需要，车车直接通信协议部分(LTE V2V)在2016年9月已先期完成。据悉，欧洲于近期开始调研、征集车联网方案，预计将在稍后启动立法程序。目前，欧洲ITSC物理层和MAC是基于IEEE 802.11p协议，产业界正在积极推动，希望能将基于LTE V2X的车联网技术也加入立法规定中。作为其中的工作之一，2017年产业界在ETSI发起了针对c-V2X的系列规范的制定和修订工作(包括修订和新制定)。同时，为了配合C-V2X成为全球V2X标准之一，产业界成立了5G汽车联盟(5G Automotive Association，5GAA)，以推动C-V2X的产业化进程。

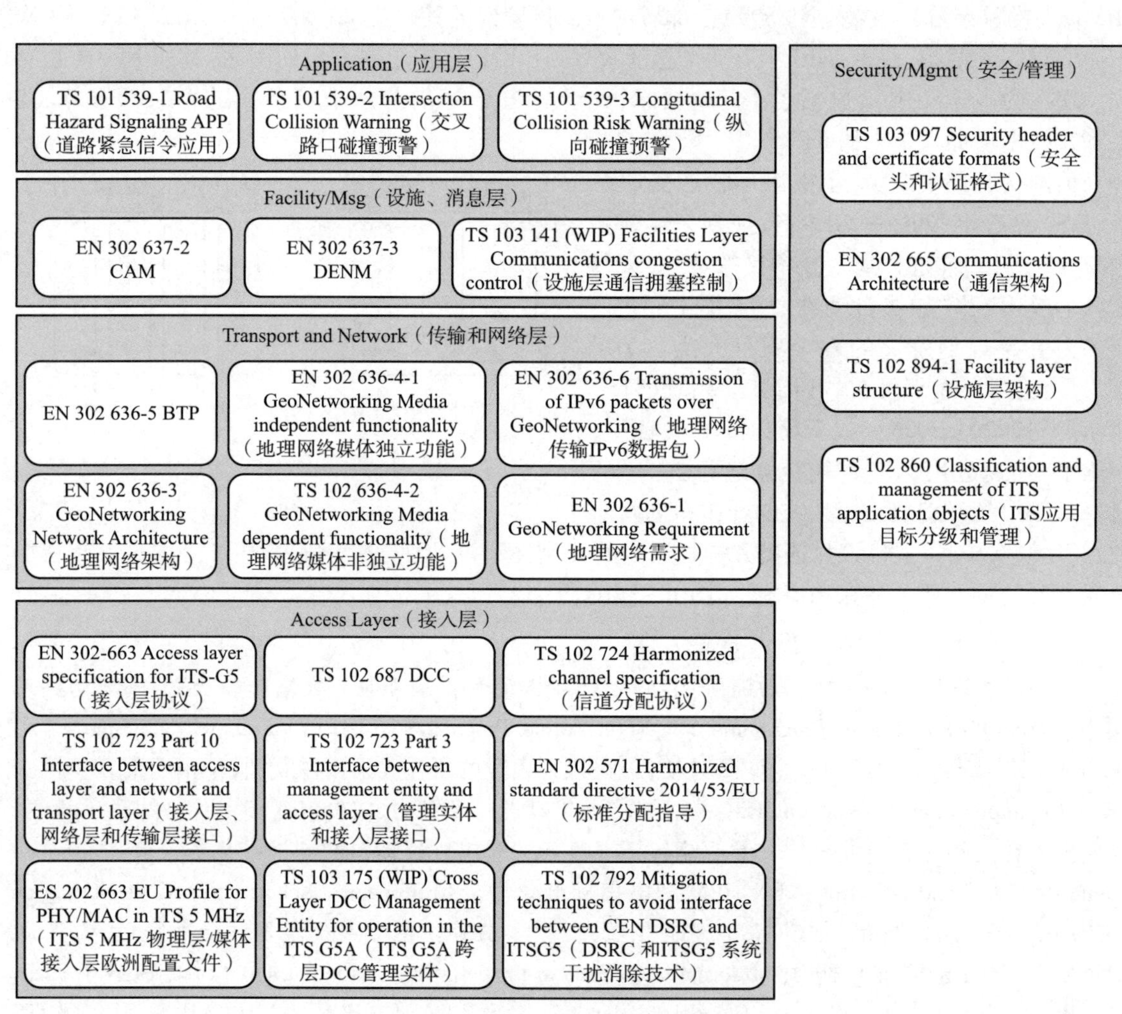

图1-2　CEN/ETSI车联网标准体系

同时，欧洲还正在建立基于eCall的事故救援体系，它支持在交通事故后自动或人工拨打报警中心电话，发送用于救援的最小数据集信息(位置、事故时间、严重程度和乘客数目等)。2005年，欧盟委员会委托ETSI和CEN制定了eCall标准。2008年，ETSI和3GPP合作完成了基于带内调制解调的无线通信部分的标准。2011年1月，为了协调欧盟各国部署紧急车载报警系统，完善各国边境事故的处理，在欧盟委员会资助下，欧九国(克罗地亚、捷克、芬兰、德国、希腊、意大利、荷兰、罗马尼亚和瑞典)共同发起欧盟eCall协调示范项目(Hannonised eCall European Pilot，HeERO)。

HeERO以112报警系统为平台，验证了eCall系统在边境的互操作和跨国协调性能。2013年1月，比利时、保加利亚、丹麦、卢森堡、西班牙和土耳其加入HeERO二期。2015年年底，HeERO二期项目结束，进入第三阶段的欧盟eCall基础设施协调示范项目（Infrastructure Harmonised eCall European Pilot，IHeERO）。IHeERO重点关注公共安全应答点（Public Safety Answering Point，PSAP）建设与跨国协调、PSAP一致性验证、研究PSAP数据集成等，为下一代112系统升级做准备。通过HeER0、i_HeER0的验证，eCall系统显示了稳定的性能。在此基础上，2015年俄罗斯首先强制执行基于eCall的ERAGLONASS，要求自2017年起所有上路的新车必须配装ERAGLONASs设备。欧盟2015年3月28日通过立法，从2018年3月31日开始执行eCall标准，之后所有的新车必须加装eCall设备。

随着全球LTE网络的大规模部署以及IP多媒体子系统（IP Multimedia Subsystem，JMS）和LTE（Voice over LTE）的逐步商用，并考虑到未来运营商可能逐渐淘汰电路域网络，业界开始探讨在JMS和VoLTE阶段支持eCall功能。在欧洲，2014年ETSI已经对基于IMS的下一代紧急呼叫（Next Generation eCall，NG eCall）进行了研究，并完成了研究报告TR103 140。同时，国际互联网工程任务组（The Internet Engineering Task Force，IETF）在2016年完成相应NG eCall信令和流程制定工作。3GPP的NG eCall相关规范也已于2017年完成。

1.2.3 车联网技术的未来发展趋势

目前，智能交通正处在一个攸关未来的抉择点。早期的智能交通主要是围绕高速公路而展开的，其中最主要的一项就是建立全面的高速公路收费系统，对全国的高速公路收费进行信息化管理。目前交通问题的重点和主要压力来自于城市道路拥堵。在道路建设跟不上汽车增长的情况下，解决拥堵问题，主要靠对车辆进行管理和调配。新加坡就把管理的重点转移到热点区域，对进入热点区域的车辆都实行收费，调节热点区域的车流量。

未来，智能交通的发展将向以热点区域为主、以车为对象的管理模式转变。因此，智能交通亟待建立以车为结点的信息系统——车联网。车联网就是综合现有的电子信息技术，将每辆汽车作为一个信息源，通过无线通信手段连接到网络中，进而实现对全国范围内车辆的统一管理。

车联网可以达到以下效果：

（1）管理部门无须再在各城市、各高速公路建设小范围的单一监控网，而是以极低的成本真正实现车辆、道路的全国统一管理。所有车辆实时在线，无论是本地汽车驶到外地，还是外地汽车驶来本地，管理部门都可以在网络上获得所需的车辆信息。

（2）对于车辆定期检验、排放控制、走私车及套牌车查处、盗抢车追踪等，都有简单快速高效的手段。

（3）通过对路口路段汽车数量、车速等数据的分析，可以实时掌握全国各城市及各条公路的交通状况，实现真正的智能交通指挥。必要时，管理部门还可以通过汽车电子信息网络，将指令或通告发送给汽车终端或现场指挥人员。

（4）可以设定热点区域，对驶入热点区域的汽车进行差别计价收费。

（5）汽车电子信息网络还可以实现全国高速公路的自动收费，无论是在城市内的高速公路，还是贯穿多个城市的长途高速公路，根据汽车在高速公路出入口经过的信息，直接实现不停车计费，准确快捷。

（6）可以实时收集反馈的车辆车况信息，对有问题的车辆提前干预。

 1.3 智能交通与智能网联汽车

1.3.1 智能交通系统

广义的智能交通系统(Intelligent Transportation System,ITS)是一个比较广泛的概念。20 世纪第二次世界大战后,全球社会经济发展大幅促进了交通业的迅速发展,尤其道路交通发展迅速。美、日、欧等发达国家和地区从 20 世纪五六十年代开始大力发展汽车工业和道路基础设施,形成了以道路交通方式为主,其中又以私人汽车为主的交通运输业。到了 70 年代,随着这种交通方式不合理性的逐渐暴露,发达国家开始大力发展以城市公共交通为主的公共交通,然而仍然无法解决交通事故、交通拥堵、交通污染的通病。于是各国从 20 世纪六七十年代开始寻找解决的方法,最终达成共识认为交通发展的趋势为两个"I",即智能交通系统(ITS)与一体化交通信息系统(Integrated Transport Information System,ITIS)。

在智能交通系统的名称出现之前,以美国、欧共体国家、日本为首的各个国家已经开始了相关方面的研究,不过此时名称并未统一。美国称之为智能车路系统(Intelligent Vehicle-Highway System,IVHS),并于 1990 年成立了美国智能车路学会(Intelligent Vehicle-Highway Society of AMERICA,IVHS AMERICA)。欧洲称之为先进运输技术(Advanced Transport Technology,ATT),于 1993 年成立了欧洲道路运输通信实施协调组织(European Road Transport Telematics Implementation Coordination Organization,ERTICO)。日本则于 1994 年 1 月成立了车辆道路与智能交通学会(Vehicle,Road and Traffic Intelligence Society,VERTIS),并于 2001 年 6 月更名为 ITS Japan。

美国智能车路学会在 1993 年春提出召开 IVHS 世界大会,欧洲 ERTICO 响应了该号召并建议于 1994 年 11 月在法国巴黎举行并提议定名为 ATT&IVHS 世界大会,日本 VERTIS 在此之后成立并建议将世界大会的名称定为 ITS 世界大会,得到了 IVHS AMERICA 和 ERTICO 的赞同。1994 年 9 月美国智能车路学会更名为美国智能运输学会(Intelligent Transport Society of AMERICA,ITS AMERICA),每年的大会也以此命名。从此这方面的研究有了统一的名称:智能运输系统。1992 年,国际标准化组织(ISO)设立了 204 技术委员会(TC204),即交通信息与控制系统技术(TICS)委员会,全面负责智能交通领域的标准化工作。2001 年 4 月,在夏威夷的全体会议上,一致通过将 TC204 更名为"智能运输系统(ITS)技术委员会"。

2010 年 7 月 7 日,欧盟将 ITS 定义为将现代信息和通信技术用于公路运输领域,包括基础设施、车辆和用户、交通管理和出行管理以及与其他运输方式的接口。ITS 可以有效改善运输效率的各个方面,如道路运输、交通管理、出行管理等。

智能运输系统的技术应用各异,除基本的系统,如汽车导航、交通信号控制系统、集装箱管理系统、可变消息标志、自动车牌识别和测速摄像头监控外,还包括对一些实时数据,如停车信息、天气信息、道路施工信息等的传播。从广义的智能交通系统上来说,其既包括上述车联网的各项技术,也包括智能网联汽车或者自动驾驶汽车在内的各个要素。下面介绍智能交通中的主要技术。

无线通信技术:智能交通系统提出了各种形式的无线通信技术,或者说各种无线通信技术在智能交通系统均有广泛应用,包括蜂窝移动通信系统(2G/3G/4G 以及 5G 等)、短距离通信技术(如 DSRC)、车联网无线通信(LTE-V2X)、Wi-Fi 技术和 C-V2X 技术等,上一小节描述的车联网技术也属于其中的一部分技术。

计算与微处理技术：随着汽车电子技术的进步与发展，汽车的车载计算机处理器能力越来越强。许多车辆目前已经具备了强大的线下计算能力以处理包括车辆控制、感知计算等各类业务。

感知技术：对于车辆而言，类似于智能网联汽车中的各种感知技术，目前已广泛应用到智能交通系统中。其应用的范围不仅仅局限于车辆，也包括各种路边设施、控制中心、服务平台等各个环节。

图像识别及处理技术：其应用包括车牌识别、测速摄像头、交通监控等各个方面。

1.3.2　智能网联汽车

在实施制造强国战略的发展规划过程中，工业和信息化部委托中国汽车工程学会牵头制订“节能与新能源汽车”技术路线图，并于 2016 年发布了《节能与新能源汽车技术路线图》，形成了“1 +7”的总体技术路线图，即包括总体研究、节能汽车、纯电动和插电式混合动力汽车、燃料电池汽车、智能网联汽车、汽车制造技术、动力电池技术和汽车轻量化技术。该技术路线图中明确了智能网联汽车的定义：“智能网联汽车是指搭载先进的车载传感器、控制器、执行器等装置，并融合现代通信与网络技术，实现车与 X（人、车、路、云等）智能信息交换、共享，具备复杂环境感知、智能决策、协同控制等功能，可实现安全、节能、高效、舒适行驶，并最终可实现替代人来操作的新一代汽车”。从该定义中，可以看出智能网联汽车主要包括环境感知、智能决策和协同控制三大系统，而支撑环境感知的装置和技术主要包括车载单车传感器（包括各种雷达、摄像头、加速度传感器等）、通过现代通信以及网络技术（包括蜂窝移动通信、V2X 通信以及精确定位等技术）获得更远距离的感知范围的“传感器”以及融合多种感知信息的多传感器融合技术等。进一步地说，该技术路线针对智能网联汽车的“智能”和“网联”分级分别进行了细化，其中“智能化”的具体分级如表 1-1 所示，而“网联化”的具体分级则如表 1-2 所示。

表 1-1　智能化分级

驾驶环境	智能化等级	等级名称	等级定义	控制	监视	失效应对	典型工况
人监控驾驶环境	1（DA）	驾驶辅助	系统根据环境信息执行转向和加减速中的一项操作，其他驾驶操作都由人完成	人与系统	人	人	车道内正常行驶，高速公路无车道干涉路段，泊车工况
	2（PA）	部分自动驾驶	系统根据环境信息执行转向和加减速操作，其他驾驶操作由人完成	人与系统	人	人	高速公路即市区无车道干涉路段，换道、环岛绕行、拥堵跟车等工况
自动驾驶系统监控驾驶环境	3（CA）	有条件自动驾驶	系统完成所有驾驶操作，根据系统要求，驾驶员需要提供适当干预	系统	系统	人	高速公路正常行驶工况，市区无车道干涉路段
	4（HA）	高度自动驾驶	系统完成所有驾驶操作，特定环境下系统会向驾驶员提出响应请求，驾驶员可以对系统请求不进行响应	系统	系统	系统	高速公路全部工况，市区无车道干涉路段
	5（FA）	完全自动驾驶	系统可以完成驾驶员能够完成的所有道路环境下的操作，不需要驾驶员介入	系统	系统	系统	所有行驶工况

表 1-2　网联化分级

网联化等级	等级名称	等级定义	控制	典型信息	典型工况
1	网联辅助信息交互	基于车-路、车-后台通信，实现导航等辅助信息的获取，以及车辆行驶数据与驾驶员操作等数据的上传	人	地图、交通流量、交通标志、油耗、里程等信息	传输实时性、可靠性要求较低
2	网联协同感知	基于车-车、车-路、车-人、车-后台通信，实时获取车辆周边交通环境信息，与车载传感器的感知信息融合，作为自车决策与控制系统的输入	人与系统	周边车辆、行人、非机动车位置，信号灯相位，道路预警等信息	传输实时性、可靠性要求较高
3	网联协同决策与控制	基于车-车、车-路、车-人、车-后台实时通信，实时并可靠获取车辆周边交通环境信息及车辆决策信息。车-车、车-路等各交通参与者之间的信息进行交互融合，形成车-车、车-路等各交通参与者之间的协同决策与控制	系统	车-车、车-路间的协同控制信息	传输实时性、可靠性要求最高

图 1-3 给出了“智能化”和“网联化”分级的具体关系（其中，纵轴为网联分级，横轴为智能分级），从中可以看出，作为智能网联汽车的两大组成部分，“智能”和“网联”是不可分割、互为补充和相互促进的。

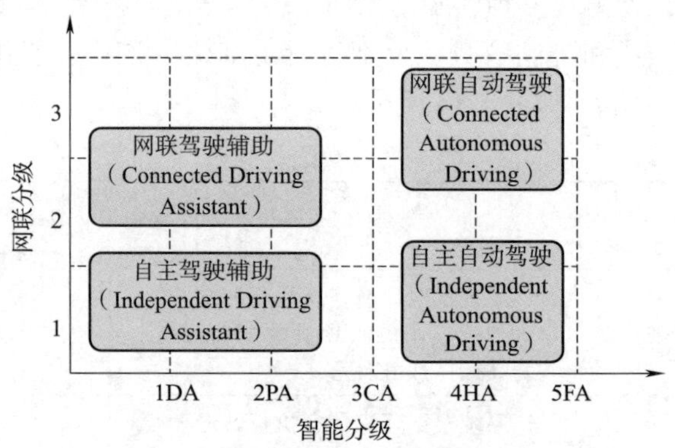

图 1-3　智能化和网联化分级映射

课后习题

1. 车联网的含义是什么？
2. 现有的车联网通信方式有哪些？它们各自的优缺点是什么？
3. 智能交通系统的含义是什么？
4. 自动驾驶汽车和智能网联汽车的区别是什么？
5. 你认为的未来智能交通是什么样的？

第2章 车联网技术架构

基于通信的车联网技术遵循了7层网络模型。同时，对于系统架构、安全、测试、用户数据等相对独立又横跨多层的重要功能实体进行了重点考虑。

车联网标准的推动和移动通信相似，来源于不同厂家的汽车之间能互相通信，以享受最大的技术红利。本章调查研究了美国、欧洲和ISO的标准体系，并重点介绍中国的标准体系。中国的车联网概念是一个很大的概念，包括智能网联汽车、智能交通、信息通信、车辆智能管理、电子产品与服务五个方面，中国车联网产业标准体系建设结构如图2-1所示。

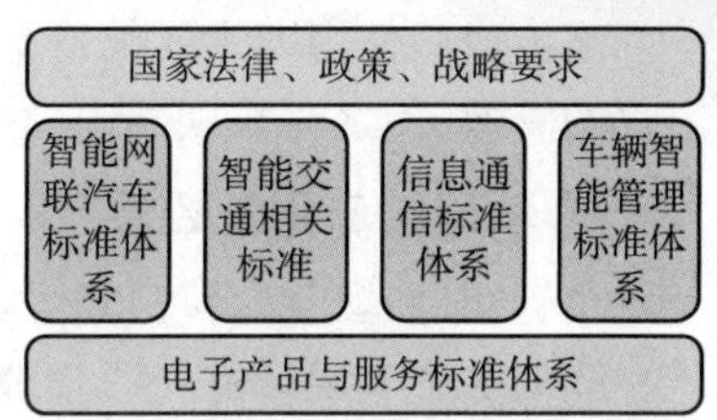

图2-1 中国车联网产业标准体系建设结构图

 2.1 车联网架构

无论是传统的Telematics，还是现在的V2X，就车联网的组成来看，主要还是由感知采集层、网络传输层和应用管控层这三大模块组成，如图2-2所示。

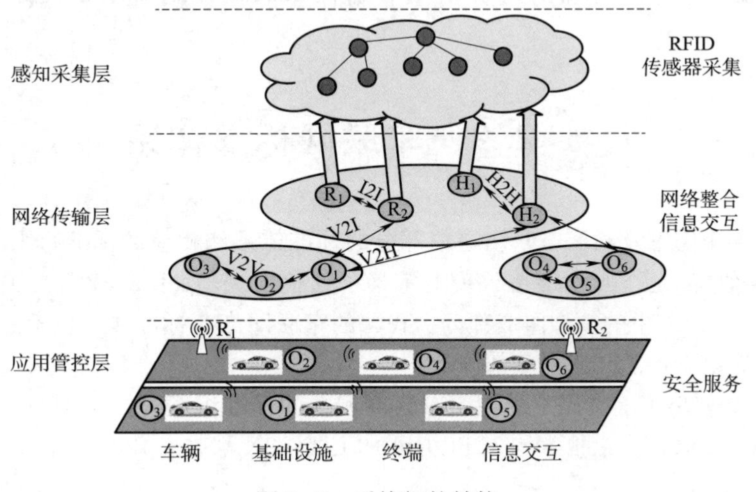

图2-2 系统拓扑结构

1. 车联网的感知采集层

车辆自身及道路交通信息的全面感知和采集，基于传感器(温度、速度及车辆工况)、读写器、摄像头、RFID标签、车辆定位等技术，实时感知获取车况及控制系统、车辆实时位置、道路环境、车辆与车辆、车辆与基础设施、车辆与人等信息，提供全面而基础的终端信息，将有源CPS节点网数据进行数据网处理。

感知采集层数据传输通过RFID技术实现，在自组织网络范围内(有源CPS结点之间)传输是保证车联网能把各自独立的车连在一起的前提。

2. 车联网的网络传输层

实现Internet接入，完成数据分析处理和远程宽阔范围的传输；制定专用的网络架构和协议模型，协同异构网络间相互通信，整合感知采集层的数据；向应用管控层屏蔽通信网络的类型，为应用程序提供透明的信息传输服务；利用对虚拟化、云计算等技术的综合应用，让网络资源为上层应用提供强大而充分的应用支持。

网络传输层使用的主要设备是互联网的CPS结点，其功能相当于传统网络里的路由器，但由于协议的转换，使之对车联网内的结点传输信息兼有强大的远程监控和管理功能。

3. 车联网的应用管控层

应用管控层基于符合现行相关网络体系标准和协议的基础，兼容未来可预见的网络拓展功能。车联网除了实现智能交通管理、车辆安全控制和交通事件风险预警外，还为车联网用户提供信息订阅、查询及事件告知等各类服务。

应用管控层的设备是提供网络服务的服务器和用户的车载计算机。应用程序进行数据处理对各项具体服务进行定义和实施。由人机交互界面定义与用户交互的方式和内容，采用中间件技术是实现车联网各类服务较好的选择。

车联网的管控能力既强大又安全可靠。其管控中心对入网车辆信息和路况信息严密管控，实现车辆间、车辆与道路基础设施间及不同网络之间自由、无缝链接和切换；实现车联网通信QoS管理，依据不同车辆入网信息与业务类型，提供相应的优先级网络服务。车联网通信能力与安全性紧密相连，提供密钥管理和身份鉴别，确保入网车辆信息的真实性；提供准确的位置信息，能实现对车辆位置和路径的可追溯性；充分的信息安全保护功能，保证信息数据在传输过程中不受篡改、丢失或破坏；提供精确的时钟信息。确保车联网实时业务。安全环节在时间上同步。

2.2 车联网标准体系

本节介绍了各个国家及地区车联网通信部分的标准体系和相应的标准组织。美国和欧洲的标准架构比较类似，都是按照七层协议模型定义了通信模块。而ISO模型更关注整车的通信，DSRC等通信部分只是其中的一个组成部分。我国的车联网产业标准体系包括总体要求、智能网联汽车、信息通信、电子产品和服务等部分。

图2-3进一步列出了上文提及的各个车联网相关的标准组织及其标准与标准体系的对应。图中没有列出5G V2X，但这个技术与3GPP R14的LTE-V2X都属于IP层以下。

	C-ITS	CCSA	ISO	ETSI/CEN	SAE	IEEE	3GPP R14
Overall Architecture（总体结构）	▲ GB/T 31024.1-2014			▲ EN 302 665	▲ J2945.1		
Application（应用）				▲ TS 101 S39 CEN TS 19 091 CEN TS 19 321	▲ J2945.1	▲ 1609.11(ETC) 1609.1(WAVE Overall)	
Application Support（应用支持）Message/facility（消息/设施）	➡ GB/T 20130075-T-469			▲ EN 302 637-2/3 TS 19 091	▲ J2735		
Networking（网络）	➡ GB/T 20130075-T-469		▲ 21210 29281-1	▲ EN 302 363		▲ 1609.3	
Adaptation（适配）	➡ GB/T 20130075-T-469		▲ 21218 ➡ 17515				
LLC（链路）	➡ GB/T 20130075-T-469	▲ LTE V2X Air Interface				▲ 1609.3	▲ 36.xxx
MAC/PHY（媒体接入/物理层）	○ GB/T 31024.2-2014	▲ LTE V2X Air Interface		▲ EN 302 663 TS 102 724 TS 102 687		▲ 802.11-2012 [802.11-2016]	▲ 36.xxx
Security（安全）		➡ LTE V2X Security		▲ TS 102 097		▲ 1609.2	➡
Device Profile（设置配置文件）	➡ 20130076-T-469	➡ LTE V2X eNB. UE.RSU-Comm.			▲ J2945.1		
Test Methods（部分测试方法）		➡ LTE V2X eNB. UE.RSU-Comm.			➡ omni Air	➡ [DSRC TTG]	➡ [V2V 50%]

Legend　▲ Complete　○ To be revised　➡ Ongoing

图 2-3　V2X架构与标准组织对应图

2.2.1 美国

1991 年,美国根据颁布的联邦地面交通效率法案(ISTEA),启动了制订智能交通系统(ITS)的计划,以对智能运输系统(ITS)进行研究,进行开发和操作性测试,并促进其实施。该计划旨在促进技术的部署,提高地面交通的效率,以及安全性和便利性,从而改善通路,挽救生命,节省时间,提高生产效率。

美国国家智能交通架构,是联邦智能交通计划中的重要技术成果,国家 ITS 架构作为一个明确的技术框架,用于指导 ITS 的部署。2017 年 6 月,美国交通部发布了“合作式智能交通参考架构”(ARC-IT)。ARC-IT 是对国家智能交通架构的重大升级,其内容覆盖了网联车智能交通参考架构(CVRIA)版本 2.2 和美国国家智能交通架构版本 8.1 的所有范围和内容。ARC-IT 提供的统一框架涵盖了所有的 ITS,包括所有的网联车辆应用。合作式智能交通参考架构从以下四个维度描述智能交通系统:

(1)从组织角度考虑 ITS。ARC-IT 确定了利益相关的组织(或企业)在整个规划、开发、运营、维护和使用 ITS 架构中的位置和作用,它定义了利益相关者角色和利益相关者之间的关系。

(2)从功能角度看待 ITS。定义了支持 ITS 用户的功能需求,流程和数据流提供了支持需求的功能和交互的结构化表示。

(3)从物理实体定义了提供 ITS 功能的物理对象(系统和设备)。信息流定义了物理对象之间的信息流,功能对象组织在每个物理对象内支持 ITS 所需的功能。

(4)从通信角度定义物理对象的通信方式。它将通信标准和配置文件定义为通信解决方案,指定如何在物理对象之间可靠、安全地共享信息。具备中间结点的解决方案,其通信视图如图 2-4 所示。

车载装置通信协议由下至上包括:物理层(Physical Layer)、数据链路层(Data Link Layer)、网络层(Network Layer)、传输层(Transport Layer)、会话层(Session Layer)、表示层(Presentation Layer)、应用层(Application Layer)、智能交通应用信息层(ITS Application Information Layer)。

路边设备通信协议由下至上包括:物理层、数据链路层、网络层、传输层、会话层。

业务监控系统侧通信协议由下至上,与车载单元侧相对应,通信协议包括:物理层、数据链路层、网络层、传输层、会话层、表示层、应用层、智能交通应用信息层。

美国国家智能交通参考架构如图 2-4 所示,ARC-IT 架构在各层参考和引用的技术协议反映了美国前期智能交通技术研究和试验的结果。其安全面在车载装置和路边设备的通信接口上,分为两部分:在表示层以下,安全方案采用 IETF 制定的 DTLS 协议;在表示层以上参考 IEEE 1609.2—2016。用于车载装置和路边设备的数据链路层和物理层协议仅列出了 IEEE 802.11—2013 技术。随着蜂窝车联网技术 c-V2X 的发展,c-V2X 技术引起美国 ITS 行业极大的关注,未来由 3GPP 制定的蜂窝车联网技术将会成为技术的一部分,并可能进行大规模的部署。

2.2.2 欧洲

ETSI 的 ITS 技术委员会(Technical Committee,TC)负责开发 ETSI 的智能交通标准。其标准体系中包括 ITS 整体通信架构、拥塞控制等管理机制、安全标准,以及物理层、网络层、传输层的协议制定。此外,技术委员会还负责将 ITS 标准进行全球化推广。

为了完成上述工作内容,ETSI 的 ITS 分为 5 个工作组,各工作组的职责如下:

<table>
<tr><td colspan="6">RSE 网关</td></tr>
<tr><td colspan="6">OBE 状态 —></td></tr>
<tr><td>Vehicle OBE
（车载装置）</td><td></td><td colspan="2">Roadside Equipment
（路边设备）</td><td></td><td>Service Monitor System
（业务监控系统）</td></tr>
<tr><td>ITS Application Information Layer Undefined
[智能交通应用信息层（未定义）]</td><td rowspan="2">Security Plane
IETF 1609.2</td><td colspan="2"></td><td rowspan="8">Security Plane
IETF DTLS</td><td>ITS Application Information Layer Undefined
[智能交通应用信息层（未定义）]</td></tr>
<tr><td>Application Layer Undefined
[应用层（未定义）]</td><td colspan="2"></td><td>Application Layer Undefined
[应用层（未定义）]</td></tr>
<tr><td>Presentation Layer
（表示层）
ISO ASN.1 UPER</td><td rowspan="6">Security Plane
IETF DTLS</td><td colspan="2"></td><td>Presentation Layer（表示层）
ISO ASN.1 UPER</td></tr>
<tr><td>Session Layer（会话层）
IETF DTLS</td><td>Session Layer
（会话层）
IETF DTLS</td><td>Session Layer（会话层）
IETF DTLS</td><td>Session Layer（会话层）
IETF DTLS</td></tr>
<tr><td>Transport Layer（传输层）
IETF UDP</td><td>Transport Layer
（传输层）
IETF UDP</td><td>Transport Layer（传输层）
IETF UDP</td><td>Transport Layer（传输层）
IETF UDP</td></tr>
<tr><td>Network Layer（网络层）
IETF IPv6</td><td>Network Layer
（网络层）
IETF IPv6</td><td>Network Layer（网络层）
IETF IPv6</td><td>Network Layer（网络层）
IETF IPv6</td></tr>
<tr><td>Data link Layer（数据链路层）
IEEE 1609.4, IEEE 802.11</td><td>Data link Layer
（数据链路层）
IEEE 1609.4, IEEE 802.11</td><td>Data link Layer（数据链路层）
LLC and MAC compatible with physical and network</td><td>Data link Layer（数据链路层）
LLC and MAC compatible with physical and network</td></tr>
<tr><td>Physical Layer（物理层）
IEEE 802.11</td><td>Physical Layer
（物理层）
IEEE 802.11</td><td>Physical Layer（物理层）
Backhaul PHY</td><td></td><td>Physical Layer（物理层）
IEEE 802.11</td></tr>
</table>

图 2-4　美国国家智能交通参考架构（通信视图-Communication View）

工作组 1（WG1）：应用需求和服务工作组，负责 ITS 应用和服务需求的制定。需求的收集对象可来自乘客、汽车工业的人员、交通网络操作员、货运和物流公司的人员，以及政府交通部门的人员。工作组在协调各方的需求后，为基于 V2V/V2I 的应用进行分类，定义支持 V2V/V2I 的基本应用功能、服务和接口，并规定应用程序协议和消息。此外，该工作组还会考虑一致性、互操作的测试过程和测试方法，以促进整个系统的协调和优化。

工作组 2（WG2）：架构和跨层工作组，负责制定总体架构和处理跨层问题，具体内容包括 ITs 架构设计、通信架构设计和跨层设计等。

工作组 3（WG3）：传输和网络工作组，负责完成数据传输和网络协议层的设计以及管理，具体包括制定不同应用服务的网络架构，协调所有 ITS 系统的网络架构以及协议架构，将专用 ITS 网络协议和传输协议与 Internet 协议和移动 IP 协议相结合，解决接入网之间的互联问题，确保网络和数据传输协议的有效性、可扩展性和可靠性。

工作组 4（WG4）：媒介以及媒介相关的工作组，负责完成 ITS 层 1 和层 2 的标准化工作。

工作组 5（WG5）：安全工作组，负责安全相关的技术规范，包括确保 ITS 解决方案符合隐私、数据保护、合法拦截和数据保留的监管要求，管理、协调 ITS 通信和制定数据传输安全规范，以及对候选协议和网元的安全性进行分析等。

上述各工作组将协调工作，完成 ETIS 中 ITS 的相关标准输出，输出的标准类型包括：EG（ETSI Guide）、TR（Technical Report）、TS（Technical Specification）、ES（ETIS Standard）和 EN（European Standard）。

2.2.3　ISO

CALM 作为首字母缩略词，最初表示的是 Continuous Air-interface Long and Medium Range（中、

长距离连续空中接口)，后来演进为 Communications Access for Land Mobiles(地面移动通信接入)。CALM 的目标是制定一个分层的解决方案，以使得车和基础设施之间、车车之间可以进行连续的或者准连续的通信。CALM 通信架构在 ISO 21217—2014 中描述。ISO 21217—2014 以智能交通台站(ITS-Station)为对象描述了 CALM 通信核心的接口，V2X 协议架构与 ITS-G5 工作组对应关系如图 2-5 所示，可了解 IN、MI、SI 及相关接口。

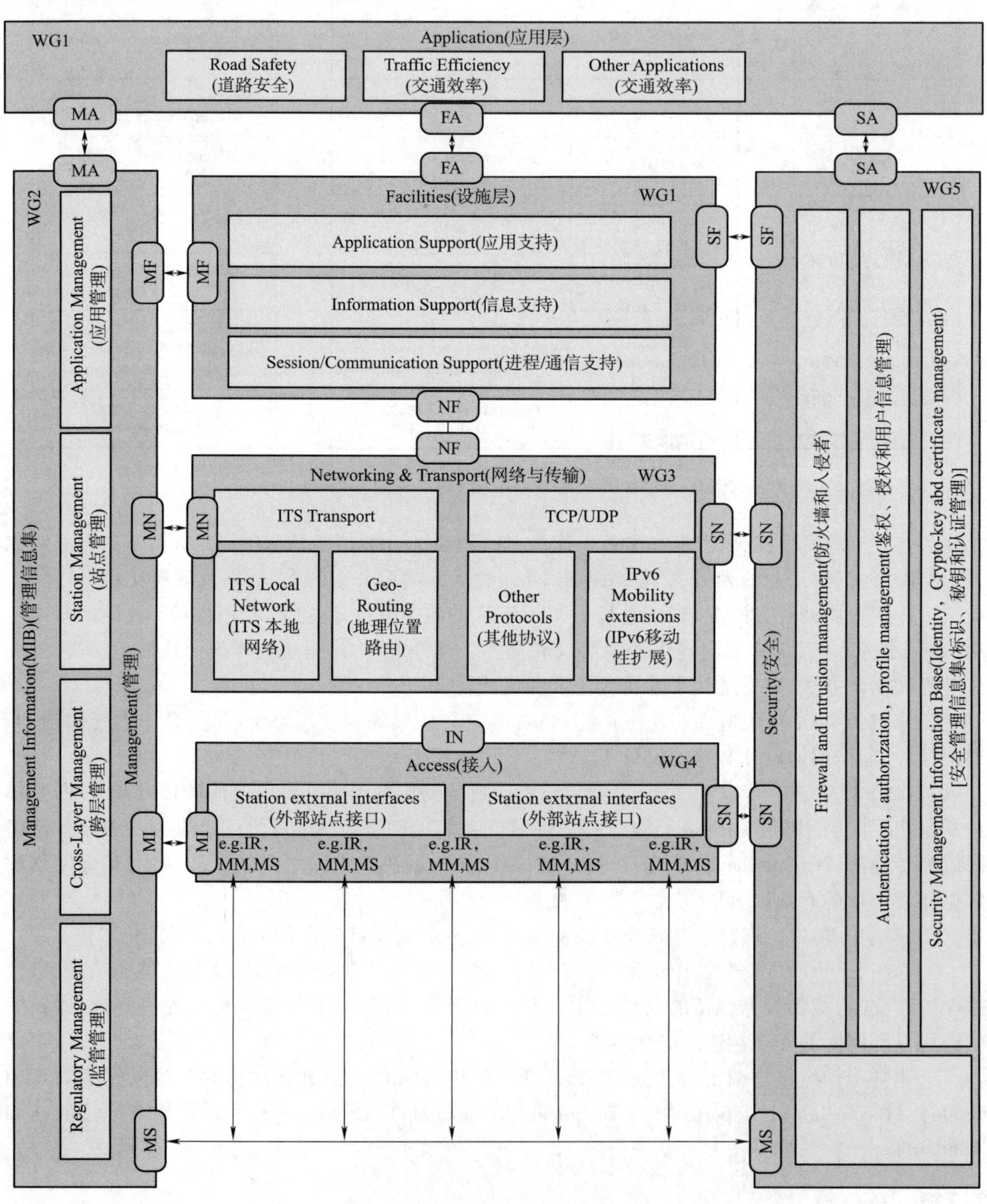

图 2-5　V2X 协议架构与 ITS-G5 工作组对应关系

ISO 智能交通系统协议体系如图 2-6 所示，该体系为跨越多种通信模式和多种传输方法的各种通信场景定义的一套通信协议和空中接口。国际标准化组织智能交通委员会第 16 工作组—ISOTC204WG16，自 2000 年以来一直在推动 CALM 的概念和架构的演进，以实现 CALM 功能具备互操作性。

在该协议体系中，网络层以 IPv6 为基础，实现了 ITS 应用业务和通信技术设施的分离。除了 IPv6，CALM 还支持非 IP 的网络层技术，例如，用于时间敏感的安全快速传递消息的 CALMFAST，但是 CALM 不支持 IP 和非 IP 网络之间的异构网络切换。

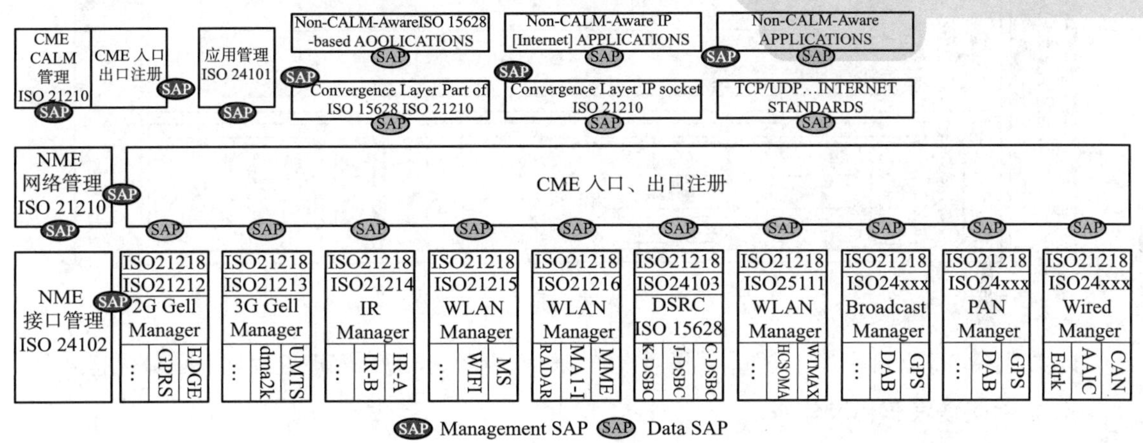

图 2-6　ISO 智能交通系统协议体系

从图 2-6 可知，CALM 在接入层包含多种协议技术，其中既包含 ITS 的专用无线通信技术 DSRC，也包含公共无线通信技术，如支持第二代移动通信技术 GPRS/EDGE 的 ISO 21212、支持第三代移动通信技术 UMTS 的 ISO 21213，以及支持无线局域网 WLAN 技术的 ISO 21215。为了在 CALM 通信架构中适配所有接入技术，要求所有接入技术支持统一的通信接口（Communication Interface，CI），ISO 21218 制定了 CALM 媒体接入服务点 IN-SAP，描述了 CALM 通信架构定义的 CAL 和 MAE 接口，规范接入层网络层的接口，这一接口适用于所有接入技术。

2.2.4　中国

为了加快并推动我国车联网的发展，发挥技术标准的规范和促进作用，2017 年 9 月，工业和信息化部、国家标准化管理委员会会同有关单位和组织开展了《国家车联网产业标准体系建设指南》系列文件的编制工作，内容包括总体要求、智能网联汽车、信息通信、电子产品和服务等部分。按照该标准体系，其总体建设目标为：针对车联网产业“十三五”发展需要，加快共性基础标准制定，加紧研制自动安全及辅助驾驶相关标准、车载电子产品关键技术标准、无线通信关键技术标准、先进驾驶辅助系统（ADAS）标准、面向车联网产业应用的 5GeV2X 关键技术标准制定，满足产业发展需求。到 2020 年，基本建成国家车联网产业标准体系。

车联网产业技术结构如图 2-7 所示。按照《国家车联网产业标准体系建设指南》，车联网产业中车（智能网联汽车）、网（信息通信）、路（智能交通相关）、牌（车辆智能管理）和电子产品与服务五大重点领域的标准可分为感知层（端）、网络层（管）和应用层（云）三个层次。感知层包含具有感知能力的智能网联汽车和各种基础设施。网络层解决车与车、车与路、车与设施、车与人等的互联互通。应用层是综合信息平台，主要面向各种车联网产业的应用，需要构筑数据平台、运营平台和支撑平台。

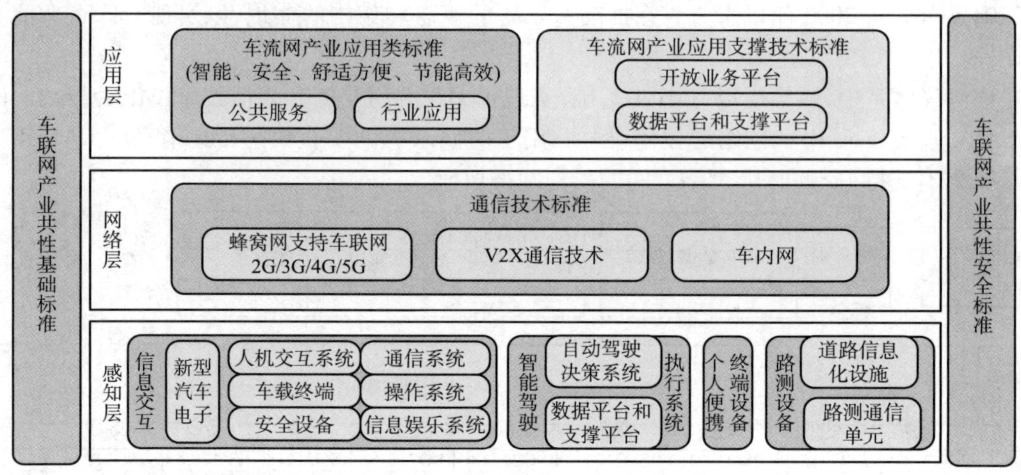

图 2-7　车联网产业技术结构图

具体到各个行业领域，该标准体系按照汽车、通信、电子、交通和管理五大行业领域进行划分。

1. 智能网联汽车标准体系

《国家车联网产业标准体系建设指南》中制定的智能网联汽车标准体系结构如图 2-8 所示。

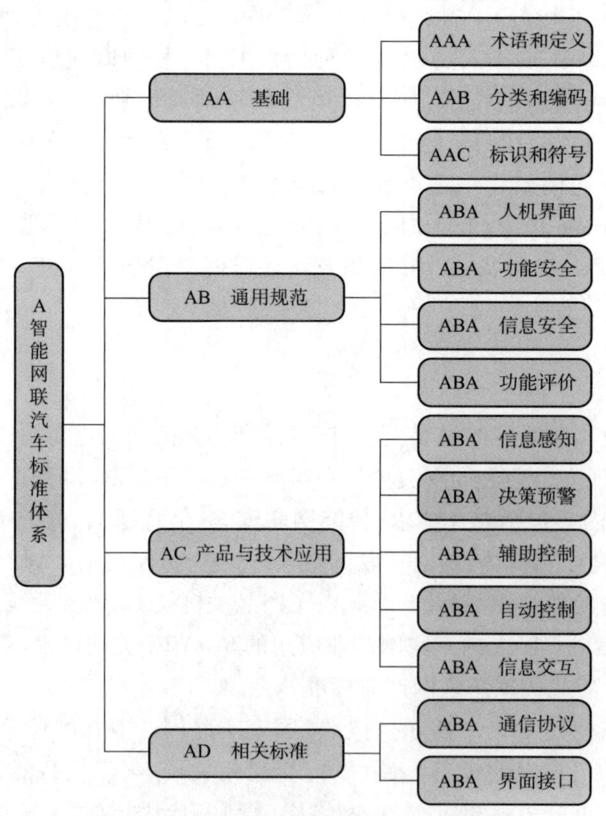

图 2-8　智能网联汽车标准体系结构

其中,基础类标准主要包括智能网联汽车术语和定义、分类和编码、标识和符号等三类基础标准。术语和定义标准用于统一智能网联汽车相关的基本概念。分类和编码标准用于帮助各方统一认识和理解智能网联标准化的对象、边界,以及各部分的层级关系和内在联系。标识和符号标准用于对各类产品、技术和功能对象进行标识与解析。

通用规范类标准从整车层面提出全局性的要求和规范,主要包括功能评价、人机界面、功能安全和信息安全等方面。功能评价标准主要从整车及系统层面提出智能化、网联化功能评价规范,以及相应的测试评价应用场景。人机界面着重考虑驾驶模式切换等问题。功能安全标准侧重于规范智能网联汽车各主要功能结点及其下属系统在安全保障能力方面的要求。信息安全标准主要针对车辆及车载系统通信、数据、软硬件安全,从整车、系统、关键节点以及车辆与外界接口等方面提出风险评估、安全防护与测试评价要求。

产品与技术应用类标准主要涵盖信息感知、决策预警、辅助控制、自动控制和信息交互等智能网联汽车核心技术和应用的功能、性能要求及试验方法。

相关标准主要包括车辆信息通信的基础通信协议,主要涵盖实现车与X(人、车、路、云端等)智能信息交互的中、短程通信和广域通信等方面的协议规范;在各种物理层和不同的应用层之间,还包含软、硬件界面接口的标准规范。

2. 信息通信标准体系

《国家车联网产业标准体系建设指南》中制定的信息通信标准体系结构如图2-9所示。其中,信息通信类基础标准主要包括:术语和定义、移动互联人车交互标准、电磁环境兼容性、天线技术和无线电源等。目前移动互联人车交互标准主要涉及手机终端与智能车载终端互联的技术要求及测试方法等;电磁环境兼容性标准主要围绕电磁环境与车、人之间的兼容特性评估;天线技术标准主要围绕车联网产业涉及的天线性能开展研究和标准制定;无线电源标准主要围绕整车无线供电与车载无线充电技术提出技术要求与评估方法,并进行标准化等。

通信协议和设备技术标准主要涉及V2X技术、卫星通信技术、导航与定位技术和车载通信设备及技术等方面。V2X技术标准包含LTE-V2X、5GNR-V2X等,主要包括:V2X接口标准、网络通信标准、基站设备规范和测试规范、网络层/应用层标准、终端间互操作标准、终端与网络设备互操作标准等。卫星通信技术标准包含天线、伺服系统和车载卫星通信系统等。导航与定位技术标准包括车载导航定位性能、定时技术和电磁兼容性的技术要求和测试方法。车载通信设备及技术标准主要包含车载网关设备、车载窄带语音通信设备、车载无线通信接口技术要求和检测方法等。

车联网产业相关的业务与应用包括:效率出行类应用、主动安全类应用、信息通信平台类应用、车载紧急救援应用、信息共享和使用、车联网产业基础数据和云服务等。业务与应用标准主要规定具体服务产品和系统的功能要求、性能要求以及对应的试验方法等。

网络与数据安全标准包括:安全体系架构、通信安全、数据安全、网络安全防护、安全监控、应急管理等。

3. 电子产品与服务标准体系

《国家车联网产业标准体系建设指南》中制定的电子产品与服务标准体系结构如图2-10所示。

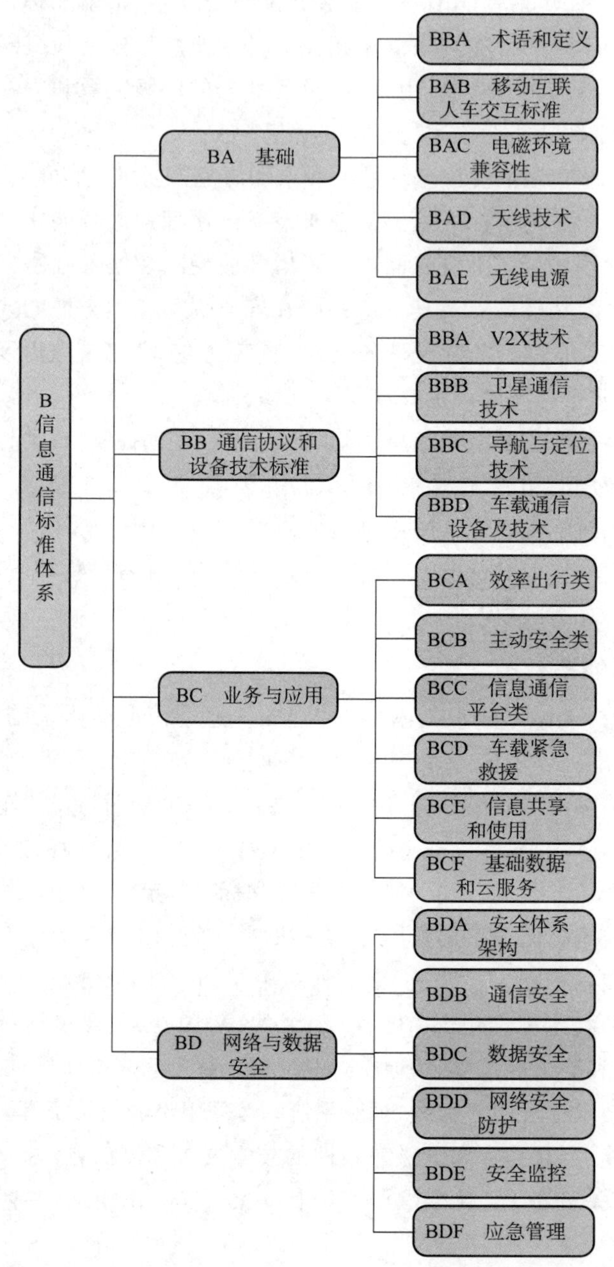

图2-9 信息通信标准体系结构

电子产品与服务标准体系主要包括基础、汽车电子产品、网络设备、服务与平台、汽车电子信息安全等标准。

基础类标准主要包括术语和定义、体系和架构、标识和编码等标准。术语和定义标准为其他各部分标准的制定提供支撑。体系和架构主要规范信息服务的体系框架,明确其边界及各部分的层级关系和内在联系。标识和编码可以支持对车载终端设备的辨识、寻址、路由和访问。

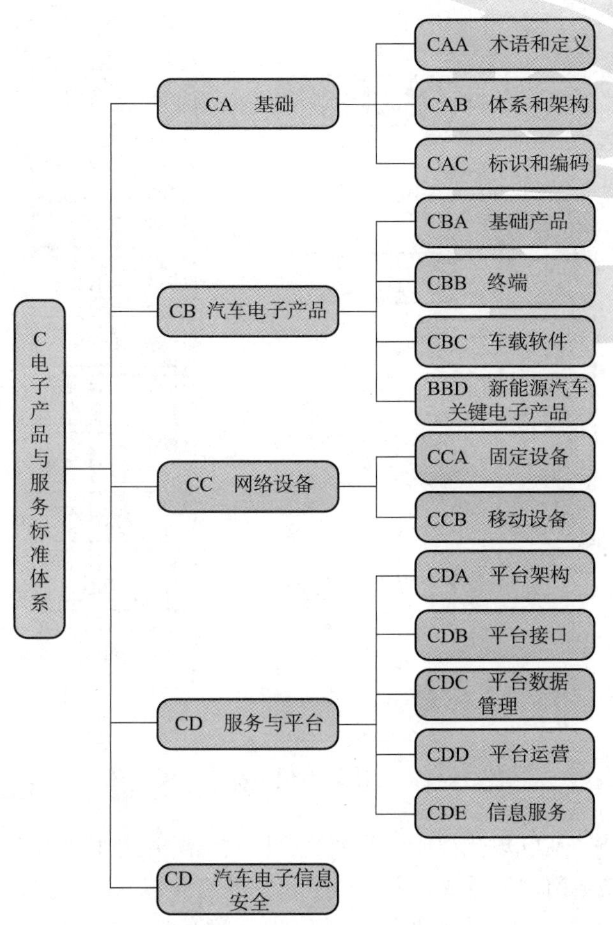

图 2-10 电子产品与服务标准体系结构

汽车电子产品类标准是指智能网联汽车、信息通信网络和车载信息服务中，具备感知、传递、计算、反馈、执行等单一功能的电子信息材料、零件、部件、嵌入式软件等方面的技术规范和测试标准。主要包括基础产品、终端、车载软件和新能源汽车关键电子产品等标准。

网络设备类标准主要包括固定设备和移动设备两个方面的标准。固定设备主要指路边单元等固定设备。移动设备主要指手持诊断设备、工程维修、车辆故障在线分析仪器等专门领域的设备。

服务与平台类标准包括平台架构、平台接口、平台数据管理、平台运营以及信息服务五个方面的标准。平台架构主要确定平台基本架构规范；平台接口规定了平台与终端、平台间、平台与上层管理系统等方面的接口标准；平台数据管理包括数据接口、数据管理和大数据应用方面的要求和规范；平台运营主要规定了平台运营功能要求；信息服务包括地理信息和位置服务、车载广播等标准。

汽车电子信息安全类标准包括车联网产业中系统安全、车载终端安全、移动应用软件和服务运营平台安全等标准。

4. 智能交通相关标准体系

《国家车联网产业标准体系建设指南》中制定的智能交通相关标准体系结构如图 2-11 所示。

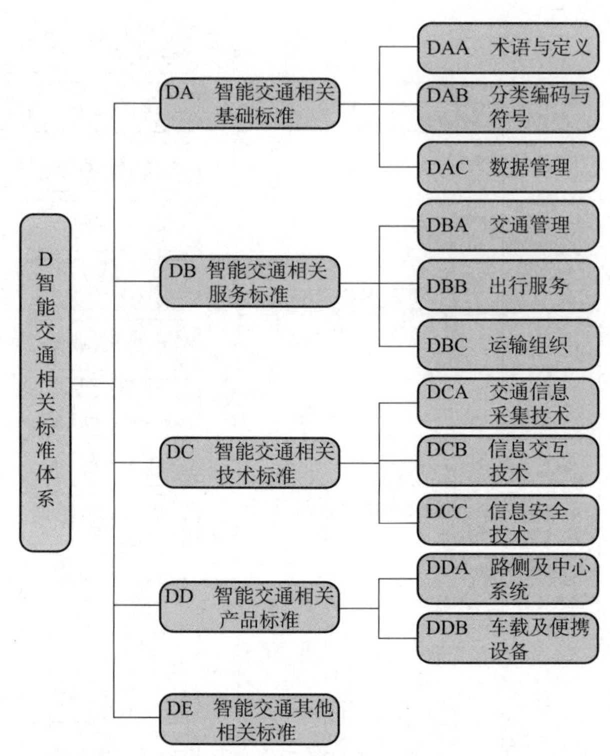

图 2-11　智能交通相关标准体系结构

智能交通相关标准体系以规范智能交通系统(ITS)技术、服务和产品为重点任务。智能驾驶、车路协同等重点技术是当前ITS领域的研究热点和发展趋势,是新一轮科学技术及产业发展的重要竞争领域,对提升交通安全、缓解交通拥堵、拉动上下游产业有着重要意义。

基础标准主要包括术语与定义、分类编码与符号、数据管理等。术语与定义主要包括智能运输系统相关术语、定义;分类编码与符号主要包括编码规则、代码结构和图形符号类标准;数据管理主要包括数据表达与管理、数据元、数据字典类标准等。

服务标准主要包括交通管理、出行服务、运输组织等。交通管理类标准主要包括交通管理与控制、事件管理与应急等标准;出行服务主要是面向出行者提供的各类服务,包括电子支付服务、一体化出行服务、智能驾驶服务等标准;运输组织主要是面向运输企业提供的各类服务,包括客运服务智能化、物流信息化、营运车辆运行服务等标准。

技术标准主要包括交通信息采集技术、信息交互技术和信息安全技术。交通信息采集技术是指交通设施、运输工具、交通运行、道路环境等信息采集、状态感知技术指标和参数。信息交互技术是指不同设备、系统、服务间的数据传输、信息交换等标准。信息安全技术是指数据安全、交易安全、身份认定、网络信任等相关标准。

产品标准主要包括路侧及中心系统和车载及便携设备等。路侧及中心系统是指路侧设施类设备的工艺、性能、安装等方面的要求和测试方法,以及中心或后台系统的性能、部署等方面的要求和测试方法;车载及便携设备是指车载、手持等移动终端、便携设备的工艺、性能、安装等方面的要求和测试方法。

其他标准主要包括与智能交通关系比较密切的其他交通运输类标准。

5. 车辆智能管理标准体系

《国家车联网产业标准体系建设指南》中制定的车辆智能管理标准体系结构如图 2-12 所示。

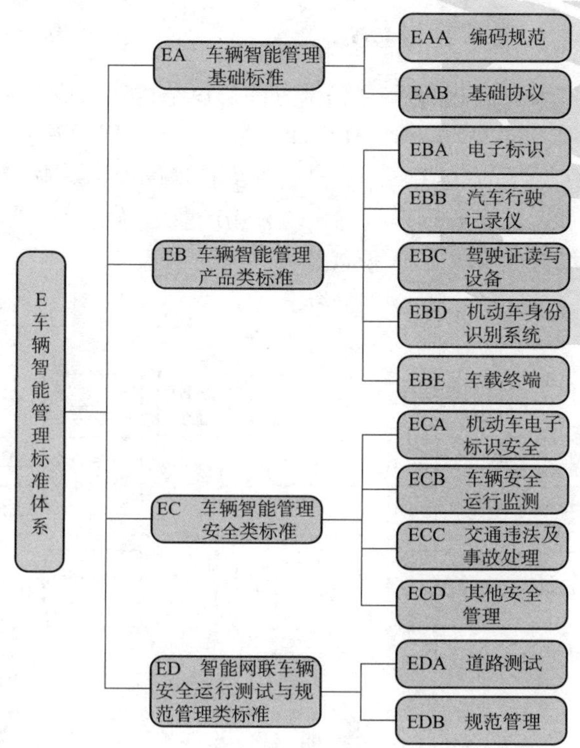

图2-12　车辆智能管理标准体系结构

车辆智能管理标准体系主要研究并制定相关法律法规，对交通安全行为进行有效规范，降低法律风险，促进车联网产业有序发展，主要包括：车辆智能管理相关的基础标准、产品类标准、安全类标准和安全运行测试与规范管理类标准等。

车辆智能管理基础标准主要包括机动车/驾驶员电子身份代码编码规范、机动车电子标识读写基础协议等。

车辆智能管理产品类标准主要包括机动车电子标识安装规范、机动车电子标识读写设备通用技术条件和安装规范、汽车行驶记录仪、驾驶证读写设备通用技术条件、机动车身份识别系统中间件技术要求、机动车身份识别系统架构、机动车身份识别系统信息交换和共享技术要求以及管理服务平台技术要求、机动车车载终端交通执法数据访问接口规范、智能车辆行驶记录仪技术要求等。

车辆智能管理安全类标准主要包括机动车电子标识安全技术要求、机动车电子标识读写设备安全技术要求、机动车电子身份模块安全技术要求、机动车电子标识密钥管理系统技术要求、机动车车辆身份识别系统安全技术要求、机动车车载终端安全技术要求、新能源及智能车辆安全运行监测记录技术要求、智能车辆交通违法行为取证规范、智能车辆交通事故责任认定方法和程序要求、道路交通安全违法行为、卫星定位技术取证规范、驾驶证读写。

智能网联车辆安全运行测试与规范管理类标准主要包括智能车辆公共道路测试管理规范、智能车辆公共道路测试申请程序指南、智能车辆测试基地建设和验收要求、智能车辆安全运行测试技术要求、智能车辆安全运行测试项目和方法、智能车辆测试与使用车牌、智能车辆注册程序要求、智能车辆驾驶教育和培训技术指南、智能车辆外观标识等。

2.2.5 车联网无线接入技术标准体系

基于欧洲和美国的V2X架构,本书将通信部分的协议结构抽象成了图2-13。对应于美国的标准,IP层以下主要是IEEE 802.11p和DSRC的一部分,而上层的消息等部分是由SAE负责。3GPP制定的c-V2X的设计目标是利用更为先进的蜂窝技术设计V2X协议,取代IEEE 802.11p协议,并与上次消息等层对接。在传输层及消息层均采用产业已经定义的上述协议结构和体系。图2-13给出了DSRC协议结构和LTE-V2X协议体系结构的示意。

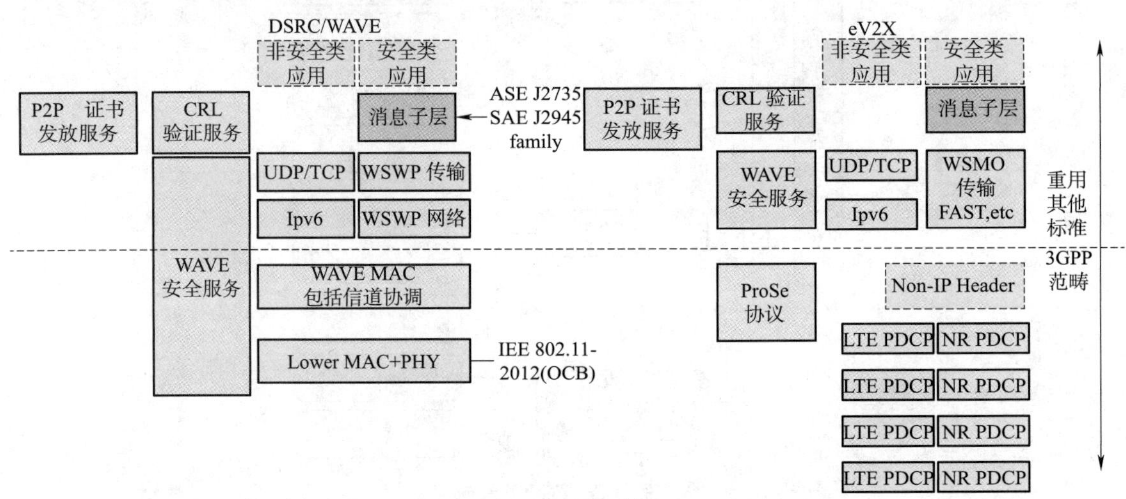

图2-13 协议结构

课后习题

1. 车联网的结构是什么?主要包含的内容是什么?
2. 比较美国、欧洲和中国的车联网标准体系的差别。
3. 对比分析DSRC和LTE-V2X两种无线通信方式。

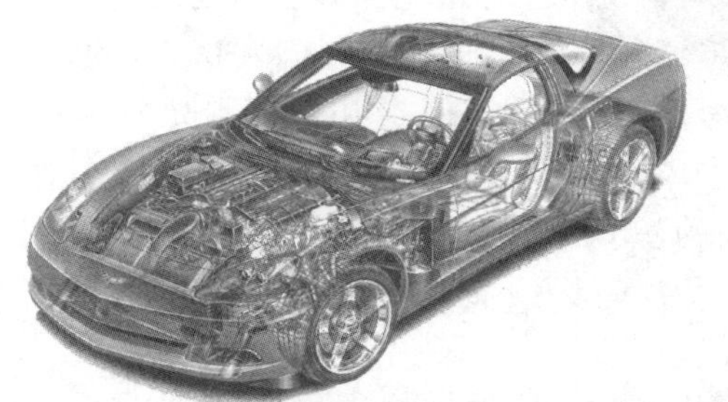

第3章 车联网专用短程通信技术

专用短程通信(Dedicated Short Range Communication,DSRC)也称专用短距离通信,这个术语在使用上常常引起一些混淆,就技术本身而言,代表的是一类通信技术,而不具体指某一个特定的技术解决方案或技术体制,这类技术通常用于某一个专业领域,为特定领域应用和业务需求提供通信解决方案。

本章着重介绍代表了DSRC的通信部分的IEEE 802.11p和1609协议,并介绍欧洲ITS-G5的标准化情况。同时,对于中国的DSRC(ETC)也做了相应的介绍。

3.1 专用短程通信

在美国,专用短程通信被广泛用于指代WAVE相关的频谱或者技术,例如:美国联邦通信委员会在为智能交通应用分配频谱时发布的文件中就使用了DSRC;国际自动机工程师协会(SAE International)制定的应用层消息标准也使用了DSRC。

在中国,DSRC主要指代工作在5.8 GHz的无线技术,如用于不停车收费的系统。近年随着V2V/V2X技术的发展,国内也有人用DSRC称呼美国基于IEEE 802.11p和1609的车车通信技术。

3.2 WAVE协议体系

IEEE主持制定了用于车载环境通信的系统架构(Wireless Access in Vehicle Environment,WAVE),为交通提供设备通信能力。WAVE针对车辆环境的通信进行优化,可支持的业务包括美国国家智能交通系统架构中认可的业务,以及由汽车行业和交通基础设施行业补充的业务,这些业务涉及车和交通基础设施、车和车以及车和人之间的通信。

在DSRC标准架构中,WAVE协议族位于协议栈传输层以下,其中IEEE 802.11p(下面简称为802.11p)定义通信实体的物理层和MAC层技术,IEEE 1609系列标准规范各通信实体安全、网络服务和多信道操作方法等方面。

802.11p 以 802.11 标准为基础,依据车载环境的专用短距离通信场景的要求进行扩展和修订。在物理层,802.11p 采用与 802.11a 相同的 OFDM 调制技术。为避免邻近车辆之间的干扰,802.11p 制定了较无线局域网场景更为严格的邻信道抑制指标 ACR,并配合 FCC 为 DSRC 的频率规划,选择采用了 10 MHz 带宽信道。802.11p 沿用增强分布式信道访问机制(Enhanced Distributed Channel Access,EDCA)以支持不同传输的差异化 QoS 要求。为了满足车联网主动道路安全应用对低时延的要求,802.11p 在 MAC 层设计了新的基本服务组(Basic Service Set,BSS)类型(Wave BSS,WBSS)。支持 802.11p 工作模式的 STA 设备间无须交互关联信息,就可以加入 WBSS,从而降低了通信连接建立过程的时延。

IEEE 1609.3 为车辆间通信(V2V)设计了两类消息格式:WSM(WAVE Short Message)和 WSA(WAVE Service Advertisement),以避免 UDP/IP 分组包的层层封装和开销太大。

IEEE 1609.4 规范了多信道操作的方法。美国联邦通信委员会(FCC)为车辆专用短程通信技术在 5.9 GHz 附近的频段(5.850 ~ 5.925 GHz)分配共计 7 个 10 MHz 的信道和一个 5 MHz 的保护带,其中一个信道是控制信道(CCH),其他为业务信道(SCH)。各终端在 CCH 期间监听相邻终端或邻近区域广播的 WSA 和传输 WSM,并可根据 WSA 指示跳转至特定业务信道(SCH)。

3.3 WAVE 的物理层

在物理层,WAVE 技术标准通常简称为 802.11p,该技术标准是由 IEEE 802.11 工作组制定的 802.11 标准的增补文件之一。该增补规范已经合并到 802.11—2012 版本中,作为 802.11 规范内容的一部分。

802.11 无线局域网技术规范是一个内容丰富的规范,随着无线通信技术的不断进步,IEEE 802.11 无线局域网技术工作组以增补规范的形式,制定 802.11 技术的演进版本,在新的技术解决方案引入无线局域网规范当中,支持新的无线局域网业务,拓展无线局域网技术在不同领域的应用。

1997 年,IEEE 发布了工作在 24 GHz 频率上的无线局域网技术规范的第一个版本,其物理层包含红外、跳频和直接序列扩频技术三种技术体制,最高支持的数据速率为 2 Mbps。1999 年,IEEE 802.11 发布了工作在 5 GHz 频段并采用正交频分复用(OFDM)技术的物理层技术规范 802.11a,它支持 5 MHz、10 MHz 和 20 MHz 多种信道带宽配置,最高数据速率可以支持到 54 Mbps,在 802 m 标准中称为 OFDM-PHY。802 m 工作组除了对无线局域网的物理层技术进行修订和增补,也对涉及无线局域网的其他相关技术内容进行修订和增补,并根据新增补技术的发展和成熟情况,在一定时间将技术内容的增补篇合并到 802.11 的规范当中。

经过持续的修订和增补,目前规范的最新版本,即 2012 年颁布的 802.11—2012 中已经包括了 7 个物理层技术;此外,新的增补篇 802.11ac 也已实现了商用,下一代的无线局域网技术 802.11ax 也在积极地推进商用。

为了适用于车车通信的无线环境,以及车车通信对消息传递低时延的要求,802.11 技术工作组为车载环境下无线局域网技术的应用单独制定了一个增补篇,也就是经常提到的 802.11p。该技术所采用的物理层技术在 802.11OFDM-PHY 中进行了规范,基于 OFDM 技术,在 10 MHz 信道带宽上包含 52 个子载波,其中 48 个为数据子载波,4 个为导频子载波,默认传送速率为 6 Mbps。

针对车车通信所需要的低时延的要求,802.11p 设计了 OCB(Outside of the Context of a BSS)模

式,并给出了用于车车通信的 EDCA 参数,以降低 802.11p 设备在发送 V2X 消息时的时延,关于这一部分技术的内容将在本书的 3.4 节 WAVE MAC 层进行描述。

WAVE 的物理层协议数据单位(PPDU)帧结构如图 3-1 所示,包括 PLCP 导引序列,PLCP 头域,物理层服务数据单元(PSDU),尾比特和填充比特。PLCP 导引序列包含 12 个 OFDM 符号,由重复的长短"训练序列"组成。PLOP 头域包括长度、速率、保留、奇偶校验尾比特及服务字段,其中速率、预留比特(保留)、长度、奇偶校验和尾比特共 24 个比特,承载在一个 OFDM 符号上,记为信号字段;该字段进行 1/2 码率的卷积编码,并采用 BPSK 调制,发送速率为 6 Mbps。PLCP 数据部分的发送速率由 PLCP 头域信息的速率字段指出,其长度根据 PLCP 头域中的长度字段确定。

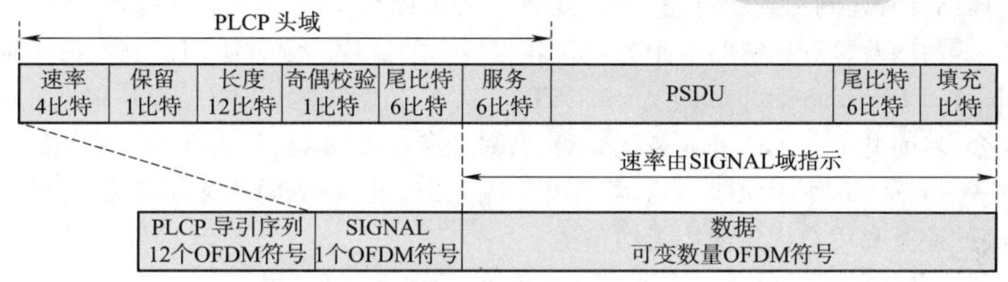

图 3-1　PPDU 结构

WAVE 802.11p 物理层支持的调制方式有 BPSK、QPSK、16QAM、64QAM,编码速率支持 1/2、3/4、2/3,高阶调制和更高的编码速率意味着更高的数据速率,但是同时也要求更好的传播信道条件,以保证信号在传递过程中产生的错误不会超过自身纠错能力,在信号的接收侧可以正确解调信号。

除了 10 MHz 信道带宽,WAVE 支持将 2 个 10 MHz 的信道合并,即采用 20 MHz 的信道带宽进行数据传输。

3.4　WAVE MAC 层

WAVE 的 MAC 层机制由两部分功能组成,一方面 WAVE 的 MAC 层采用 802.11 规范定义的用于无线局域网的 MAC 技术,另一方面,在 IEEE 1609.4 中对 802.11 的 MAC 功能进行了扩展,规范多信道工作过程,以支持设备工作在 FCC 分配给智能交通业务的多个信道上。

3.4.1　OCB 模式

普通的无线局域网设备在发送数据帧之前,需与目标通信方先建立起一个基本服务组(Basic Service Set,BSS),处于同一 BSS 内的设备可以相互发送数据帧。但在车辆行驶的高速环境下,无线环境快速变化,通信的参与方也在发生着快速的变化。如果通信双方必须先建立 BSS,才能发送数据,那么 WAVE 设备间通信会引入的延迟将难以满足设备车车通信对于时延的要求。对此,802.11p 制定了特定的 OCB 工作模式,以允许 WAVE 设备在没有建立起 BSS 时也可以相互发送数据帧,即处于通信距离内的 WAVE 设备,可以直接发送数据帧,而无须事先协商 BSS 上下文。当该模式启动时,设备将不采用 802.11 规定的鉴权、管理和数据一致性流程,数据帧可以发送给同处于通信距离内的一个单独的或者一组目标 MAC 地址。

3.4.2 增强分布式信道接入(EDCA)

WAVE 设备在发送数据之前,先监听无线信道上是否正在进行数据传送,判断链路是否空闲。如果检测到无线信道上有数据传送,即标记信道为“忙”状态,WAVE 设备会延迟(回退)一段时间,再次进行链路忙闲状态检测,直到检测到链路状态为空,开始进行数据的发送。这一技术被称作载波侦听多点接入/碰撞避免(Carrier Sense Multiple Access/Collision Avoidance,CSMA/CA)。802.11 协议规范了 CSMA/CA 媒体访问机制的具体过程和参数。规范中共规定了三种媒体接入的机制,分别为分布式协调(DCF)、中心点协调(PCF)以及混合协调(HCF)机制,并规定了每种媒体接入方式详细设备检测和判断链路的忙/空状态的流程和参数,规范了检测到链路状态忙时回退的算法和参数,以及检测到链路空闲时进行数据发送的流程。混合协调机制支持增强分布式信道接入(Enhanced Distributed Channel Access,EDCA),在该工作模式下支持设备根据业务的优先级要求访问媒介,目前共定义了四种业务优先级:背景业务(AC_BK)、尽力而为(AC_BE)、视频(AC_VI)和语音(AC_VO),每种优先级包含两个用户优先级。当有不同优先级业务的数据帧待发送时,优先级高的业务和用户优先使用无线信道。

WAVE 的设备访问无线信道时采用 EDCA 模式,设备获得发送机会(Transmission Opportunity,TXOP),并在无线信道上发送数据。IEEE 802.11p 中 EDCA 流程如图 3-2 所示。

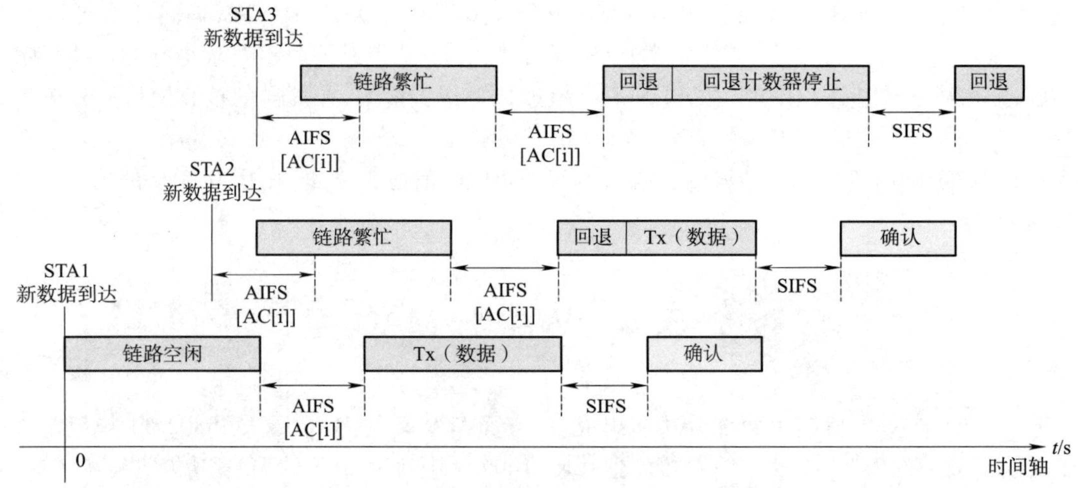

图 3-2 IEEE 802.11p 中的 EDCA 流程

1. 无线信道忙闲检测

设备发送数据前分别对所占用的信道进行能量检测(Energy Detect)和信号检测(Signal Detect),如果两种检测的结果都表明信道状态为“闲”,则认为信道可用于发送数据。

对于能量检测,如果检测到信道上射频能量小于门限值则判断链路为闲。

对于信号检测,无线发送设备检测目标无线信道上是否可探测到 802.11 的帧的导引序列。如果检测到导引序列,则信道为忙;如果没有检测到导引序列,则以能量检测的结果作为判断信道忙/闲的结果。

2. 帧间等待

探测到无线信道为空闲状态后,在发送无线帧之前,无线链路应保持空闲状态一段时间。根据所发送的不同无线帧类型,链路应保持空闲的时间不同。

(1)短帧间隔(Short Inter Frame Space,SIFS):用于特定的MAC层控制帧,如ACK,CTS帧等,SIFS不区分业务优先级,对于所有业务优先级的取值为固定值。

(2)仲裁帧间间隔(Arbitration Inter Frame Space,AIFS)用于发送新的数据帧、管理帧和部分控制帧,如下式:

$$AIFS[AC] = aSIFSTime + AIFSN[AC] \times aSlotTime$$

其中,aSlotTime为固定值,根据不同的业务优先级,AIFSN取不同值。

(3)扩展帧间间隔(Extended Inter Frame Space,EIFS),用于接收错误后传送新的数据帧。

3. 发送帧前随机时延(Back off Time)

该随机时延仅用于新的数据帧的传送。设备在竞争窗口CW,即[0,CW]中随机选择一个数值R,随机时延的时间等于R乘以时隙时间,该时隙时间为9 μs,如以下公式所示:

$$BackoffTime = R \times aSlotTime$$

竞争窗口的大小从窗口最小值开始,加果在竞争过程中发现链路变为"忙"(busy),则在链路空闲DIES时间后,重传该数据帧所用的CW窗口在[aCWmin,aCWmax]范围内选择为$2n-1$序列中的下一个值。

当开启OCB模式时,EDCA的TXOP限制为0,这意味着802.11p设备每发送一个数据都应以竞争的方式获取发送机会。此时,EDCA参数的默认值见表3-1。

表3-1　当启用OCB模式时,EDCA参数的默认取值

AC	CWmin	CWmax	AIFSN
AC_BK	aCWmin	aCWmax	9
AC_BE	aCWmin	aCWmax	6
AC_VI	(aCWmin)/2 - 1	aCWmax	3
AC_VO	(aCWmin)/4 - 1	(aCWmin)/2 - 1	2

3.4.3　WAVE多信道操作

美国为智能交通通信划分了75 MHz的频谱资源,共7个10 MHz无线信道。WAVE设备在多个信道上工作需要信道间的相互协调,由此,IEEE 1609工作组制定了1609.4以规范和协调WAVE设备在多信道上的工作,作为802.11MAC机制的增强,同802.11LLC和802.11的物理层的协调工作。

1609.4制定了在多信道工作的情况下,不同信道上的发送接收间隔间同步和协调的机制,负责用户数据在恰当的时间、正确的信道传送设定参数,并根据用户优先级和接入优先级,将待发送和接收的数据送到指定的信道进行传送。

多个信道划分为两类:控制信道(CCH)和服务信道(SCH),WAVE设备可以在一个或多个信道上发送。WAVE设备发送的三种802.11物理层帧包括管理帧、数据帧和控制帧。控制帧在802.11协议中规定。主要的管理帧是时间通告帧(TA)和制造商特定的通告帧(VSA),用于发布时间同步信息,VSA用于交换WAVE的服务通告。对于上层的数据交互,WAVE支持发送1609.3规定的非IP数据WSM,也支持IP数据。包含WSM的数据帧可以在CCH或者SCH上传送,包含IP的数据帧只能在SCH上传送。

WAVE设备可以工作在连续模式,即连续工作在控制信道上,也可以工作在切换模式,即在

CCH 和 SCH 间切换工作，具体切换可参见图 3-3 所示的信道接入示意图。用于同步的时间间隔分为 CCH 和 SCH，CCH 间隔和 SCH 间隔的和为同步间隔（Sync Interval）。在每个信道间隔开始显示保护间隔，保护间隔用于无线设备的切换和不同设备间的时间不同步的时候。

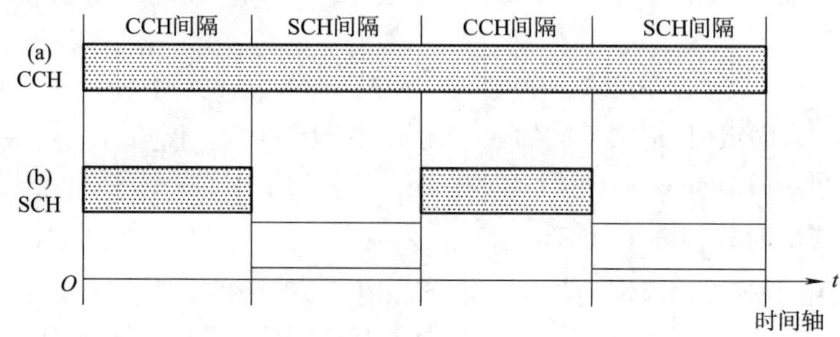

图 3-3　信道接入示意图：(a) 连续；(b) 交替

同步间隔的长度为 1 s，WAVE 设备以世界标准时间（UTC）为基准，在每 UTC 秒，同步间隔的开始与 UTC 秒的开始对齐。

高层会给每个待发送的数据包设定优先级。在 CCH 上发送的 WSM 建议使用 802.11p 的默认 EDCA 参数，在 SCH 上发送的管理帧 WSMP（WAVE Short Message Protocol），可以单独设置 EDCA 参数，默认值建议使用 802.11p 规定的默认值。

3.5　WAVE 逻辑链路层

与 OSI 开放标准互联的 7 层协议相对应，WAVE 的逻辑链路层（LLC）协议在 IEEE 1609.3 的最新版本中进行了规范。根据 2016 年颁布的 1069.3 归的最新版本，WAVE 逻辑链路层的头信息为 2 Byte 指示信息，如图 3-4 所示。这 2 Byte 信息应当是按照 802 标准定义的 EtherType 类型，即指示上层协议的类型。当前支持的上层的协议包括 IPv6 和 WSMP。

086DD：IPv6
086DD：WSMP

图 3-4　逻辑链路层的头信息

3.6　WAVE 短消息协议

WAVE 短消息协议（WSMP）可用来传送与安全相关的应用层消息，WSMP 可以被承载在 CCH 或 SCH 信道上传送。当接收方接收到一个 WSMP 消息时，根据 WSMP 地址域携带的信息决定将数据交由上层的那个应用来处理。按照 1609.3 最新版本的规定，地址域应包含 PSID，上层应用可根据 PSID 信息决定。WAVE 短消息协议数据单元如图 3-5 所示。

WSMP-N-Header	WSMP-T-Header	WSMP SDU (1609.3)

图 3-5　WAVE 短消息协议数据单元

当接收到一个 WSMP 的服务数据单元时，根据 PSID 将数据派发给不同的上层应用。对

WSMP 承载的协议的安全保护，由上层协议负责，上层协议可以对数据进行签名和保护。

WSMP 也用于传送 WAVE 业务公告（WSA），该公告用于广播 WAVE 系统的业务配置信息。WAVE 设备规定两种角色：业务提供者发送 WAVE 业务通告（WSA）；作为业务用户角色的 WAVE 设备则监听接收到的 WAVE 业务通告。业务发送者可以在 CCH 信道或者 SCH 信道上的任何时隙传送 WSA，但是，通常 WSA 在 CCH 的时隙 0 上发送。

3.7　欧洲智能交通接入技术 ITS-G5

欧洲合作式智能交通（Cooperative ITS）系统接入层技术统称为 ITS-G5，这里 G5 代表 5 GHz 附近的频段。ITS-G5 根据应用场景，将频段划分为四种，分别是：

（1）ITS-G5A：智能交通道路安全应用，信道带宽为 30 MHz，使用 5 875 MHz、5 905 MHz；

（2）ITS-G5B：智能交通非安全应用，信道带宽为 20 MHz，使用 5 855 MHz、5 875 MHz；

（3）ITS-G5C：与无线局域网 RLAN［也称为宽带无线接入网（BRAN），或者无线局域网（WLAN）］共用，信道带宽可以为 10 MHz 或者 20 MHz，仅限于车路之间的应用，使用 5 470 MHz、5 725 MHz；

（4）ITS-G5D：未来 ITS 应用，使用 5 905 MHz、5 925 MHz。

ITS-G5 接入技术的标准架构如图 3-6 所示。该技术物理层（PHY）和媒体接入层（MAC）以 802.11p 为基础制定。与 WAVE 技术不同，ITS-G5 的逻辑链路层（LLC）在本书编制时仍保持与 IEEE 1609.3—2010 版本一致，即采用 802.2 规定的面向无连接的非确认类型 1 协议，子网接入协议为 SNAP。ITS-G5 还扩展了 802.11 的逻辑链路层功能，制定了 ETSI 102687 和 ETSI 102724，用以支持多信道操作。在双收发器 ITS-G5 配置中，在第一收发器固定到 CCH 的情况下，另一个收发器可以动态切换到 SCH 上。

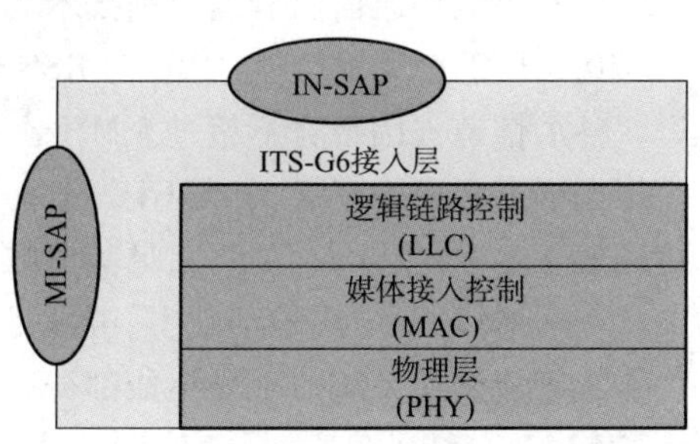

图 3-6　ITS-G5 接入的标准架构

在接入层之上，欧洲智能交通的网络层协议可以采用 IPv6 或 GeoNetworking。GeoNetworking 是一个路由协议，它支持基于地址位置进行寻址的自组织网络工作方式，数据包可以发送给个单独的 ITS 台站，也可以发送给某一地理区域里的所有 ITS 台站。目标的地理区域可以为圆形、矩形和椭圆形。GeoNetworking 支持五种数据包处理模式：地理单播、地理广播、地理任意播、单跳广播和拓扑范围。在 GeoNetworking 协议之上，基本传输协议（Basic Transfer Protocol，DTP）提供无连接、可靠的端到端数据包传输，类似于 UDP，用以承载应用层消息。

3.8　中国 ETC 专用短程通信

现阶段在中国，专用短程通信（DSRC）通常专指用于电子不停车收费系统（ETC）的专用短程通信技术。

中国 1996 年开始引入 ETC 系统。交通运输部公路科学研究院牵头制定了《电子收费专用短

程通信》的国家推荐标准 GB/T 20851 系列,该系列标准包括:

(1)GB/T 20851.1 电子收费专用短程通信第 1 部分:物理层。

(2)GB/T 20851.2 电子收费专用短程通信第 2 部分:数据链路层。

(3)GB/T 20851.3 电子收费专用短程通信第 3 部分:应用层。

(4)GB/T 20851.4 电子收费专用短程通信第 4 部分:设备应用。

(5)GB/T 20851.4 电子收费专用短程通信第 5 部分:物理层主要参数测试方法。

在 ETC 协议架构中,路测设备应用过程(RSU)和车载设备应用进程(OBU)对应关系如图 3-7 所示。

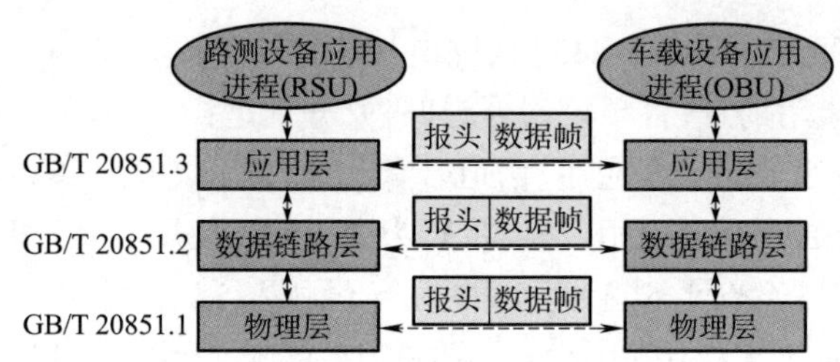

图 3-7 RSU 和 OBU 对应关系

ETC 专用短程通信以射频识别技术为核心,RSU 向 OBU 传送信息的下行链路使用 5.830 GHz 和 5.840 GHz 两个无线信道;OBU 向 RSU 传送信息的上行链路使用 5.790 GHz 和 5.800 GHz 两个信道。各个信道占用带宽不超过 5 MHz。

根据国家标准的规定,A 类 ETC 设备采用 ASK 调制,RSU 最高传送速率为 256 kbit/s,OBU 最高传送速率为 500 kbit/s,主要满足基本的 ETC 应用;B 类 ETC 采用 FSK 调制,RSU 最高传送速率为 1 Mbit/s,在 ETC 应用的基础上,可满足较高速率的数据传输应用。

作为智能交通系统的重要组成部分,电子不停车收费系统已经在国际上多个地区得到了广泛应用,表 3-2 总结了各主要国家及地区用于电子收费等道路交通应用专用短程通信系统的技术特点,可供读者参考。

表 3-2 各地区 DSRC 系统比较

比较项	美国	欧洲	日本	中国
工作频率	5.8 GHz 915 MHz	5.8 GHz	5.8 GHz	5.8 GHz
工作方式	主、被动方式共用	被动式	被动式	被动式
调制方式	N/A	ASK/BPSK	ASK	ASK/BPSK
链路协议	TDMA	HDLC	FCMS, MDS ACTS	HDLC
编码方式	曼彻斯特	FMO,NRZI	曼彻斯特	FMO,RZI
传输速率	500 kbit/s	上行:500 bit/s 下行:250 bit/s	1 Mbit/s	上行:500 kbit/s 下行:250 bit/s

课后习题

1. 我们国家采用的专用短程通信的工作频段是(　　)。
A. 800 ~900 MHz　　B. 2.4 GHz　　C. 5.795 ~5.815 GHz
2. WAVE 的物理层包含哪些内容?
3. WAVE 的 OCB 工作模式指什么?
4. WAVE 多信道操作包括________和________。
5. 比较欧美日和我国的 DSRC 技术?
6. ETC 的上行链路使用________和________两个无线信道;下行链路使用________和________两个信道。

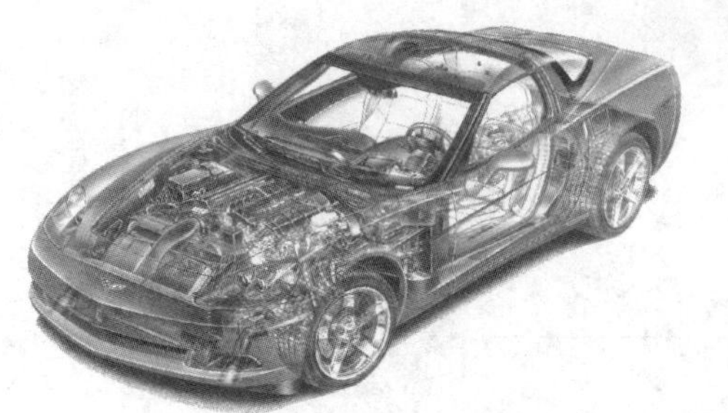

第 4 章 Cellular V2X 技术

3GPP 从 Release 14 开启了基于 LTE 技术的 V2X 系统设计。稍后，随着标准进入 5G 时代，基于 NR 的 V2X 系统设计被纳入日程。因此，业界将 LTE-V2X 和 NR-V2X 统称为 Cellular V2X，简称 c-V2X，即以蜂窝通信技术为基础的 V2X。

 4.1 LTE-V2X

3GPP 在 Release 14 完成第一版本的 C-V2X 标准化，主要应用场景是面向高级驾驶辅助系统（Advanced Driver Assistance Systems，ADAS）的安全类应用，同时能支持一些低数据速率的其他类型应用。在 Release 15 中，C-V2X 的设计目标被定位为面向自动驾驶的 V2X 技术，通过 V2V 链路传输的数据速率被极大地提升，同时时延要求也被大大提高，这对传输技术提出极高的要求，包括 MIMO、64QAM、截短的 TTI 等技术都被纳入标准化研究范围。按照目前的计划，在 Release 16 中会展开基于 NR 的 V2X 系统的设计，主要解决受限于 LTE 系统设计而无法完全满足的 V2X 设计指标。

4.1.1 需求与应用场景

3GPP SA1 工作组负责制定 V2X 业务的需求。在 Release 13 阶段，SA1 首先搜集了 V2X 的应用案例，并通过应用案例整理出各种场景下的用户示例性数据。表 4-1 是 3GPP 发布的 TR 22.885 标准中面向 ADAS 的 V2X 示例性性能要求。根据不同场景（城市、高速等）提出了时延和可靠性要求。随后，SA1 制定了具体的设计目标规范，其中对可支持的移动速度、通信时延、传输可靠性、安全隐私、覆盖范围、消息发送频率和大小等方面提出了要求。SA1 定义的需求在后续 RAN 和 SA 的系统设计中被作为重要输入。

表 4-1 V2X 业务示例性性能要求

项　目	有效通信距离	绝对速度	两车相对速度	最大可容忍时延	最小无线数据接收可靠度（满足有效通信距离内和 100 ms 时延）	示例性累计传输可靠性
#1（城区）	200 m	50 km/h	100 km/h	100 ms	90%	99%

续表

项　　目	有效通信距离	绝对速度	两车相对速度	最大可容忍时延	最小无线数据接收可靠度（满足有效通信距离内和 100 ms 时延）	示例性累计传输可靠性
#2（高速）	320 m	160 km/h	280 km/h	100 ms	80%	96%
#3（德国高速-不限速）	320 m	280 km/h	280 km/h	100 ms	80%	96%
#4（城区-非视距）	150 m	50 km/h	100 km/h	100 ms	90%	99%
#5（城区交叉路口）	50 m	50 km/h	100 km/h	100 ms	95%	_
#6（大学校园、购物中心）	50 m	30 km/h	30 km/h	100 ms	90%	99%
#7（即将碰撞）	20 m	80 km/h	160 km/h	20 ms	95%	_

4.1.2　LTE V2X 工作模式和工作场景

1. 工作模式

LTE-V2X 以 LTE 技术为基础，同时参考 DSRC 的设计，包括以下 3 种工作模式：

（1）基于 PC5 接口的终端直通的 V2V 通信，如图 4-1 所示。

（2）基于 Uu 接口的 V2I 和 V2I2V 通信，如图 4-2 所示。

（3）基于 PC5 和 Uu 接口的 V2X 通信。

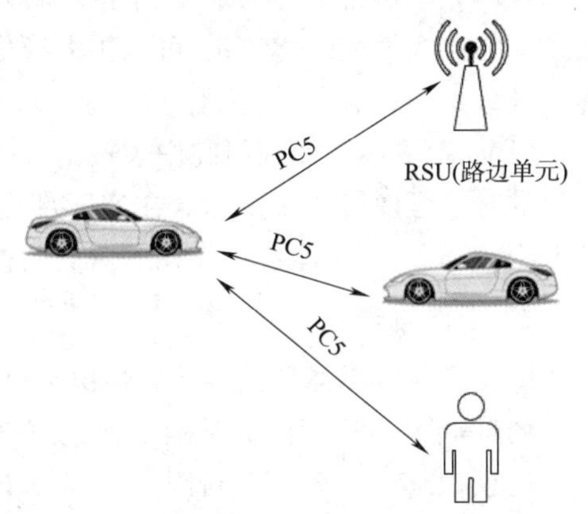

图 4-1　基于 PC5 接口的终端直通的 V2V 通信

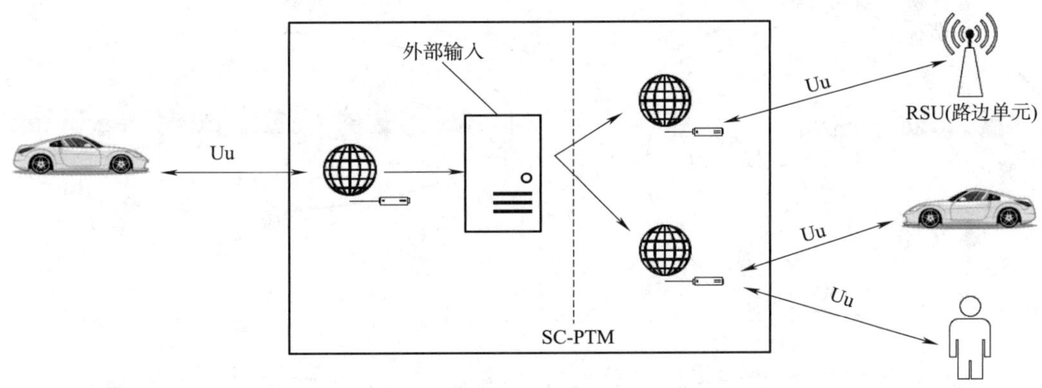

图 4-2　基于 Uu 接口的 V2I 和 V2I2V 通信

图 4-1 和图 4-2 中 RSU 是路边单元，V2X 应用服务器是 IP 层及以上的服务器，采用 SC-PTM 的方式组播/广播。

基于终端直通（PC5）的工作方式是基本工作方式，具有低时延、通信容量大和无须网络设备（基站或路边单元）即可工作的优点，是安全类业务的主要工作方式。根据 PC5 接口的资源分配方式，3GPP 将分为两种工作方式：

（1）Mode 3：V2V 通信使用的资源是由网络分配的。

（2）Mode 4：V2V 通信使用的资源是车辆在资源池中自选的。

两者相比较，其优缺点如表 4-2 所示。考虑到 Mode 3 对网络的依赖，目前业界更倾向选择 Mode 4 作为产品默认配置。

表 4-2　Mode 3 和 Mode 4 对比

工作方式	优　点	缺　点
Mode 3	网络调度，资源不会碰撞	依赖网络部署；可能存在较大时延；根据运营商部署情况，可能会使用运营商授权频谱
Mode 4	不依赖网络部署，可脱离网络工作；通常时延较低；无须使用运营商授权频谱	存在资源碰撞概率，需要使用一定的检测机制

同时，值得注意的是，对于 V2V 业务来说，并非仅有 PC5 直通方式，还有 V2I2V 的网络转发方式。在部分车辆密集的场景，基于网络转发的 V2V 可以利用网络下行广播特性来提高通信效率。这种工作方式最大的优势是，可以扩大通信的范围，在车辆密集的时候可以提高系统效率、减少碰撞。其最大的缺点是，与基于 PC5 的直通方式相比，时延较大。

目前，部分运营商在研究中表现出了一定的兴趣，认为这种方式在发送车辆事故或道路拥堵信息的时候可以传播得更远。在实际部署中，这种工作方式中的下行广播既可以是工作在 V2X 的专用频率上，还可能会工作在运营商的授权频谱上，具体取决于运营商的部署策略。

2. 工作场景

LTE-V2X 根据运营商的部署情况。可分为三种 V2X 部署场景，如图 4-3 所示。

场景 1：没有运营商的基础设施，仅有车与车之间直接通信业务。

场景 2：多个运营商各自服务一部分车辆，车辆之间需要跨 PLMN 互通。

场景 3：一个区域内仅有一个运营商，部分车辆工作在网络覆盖内，部分车辆工作在网络覆盖外。

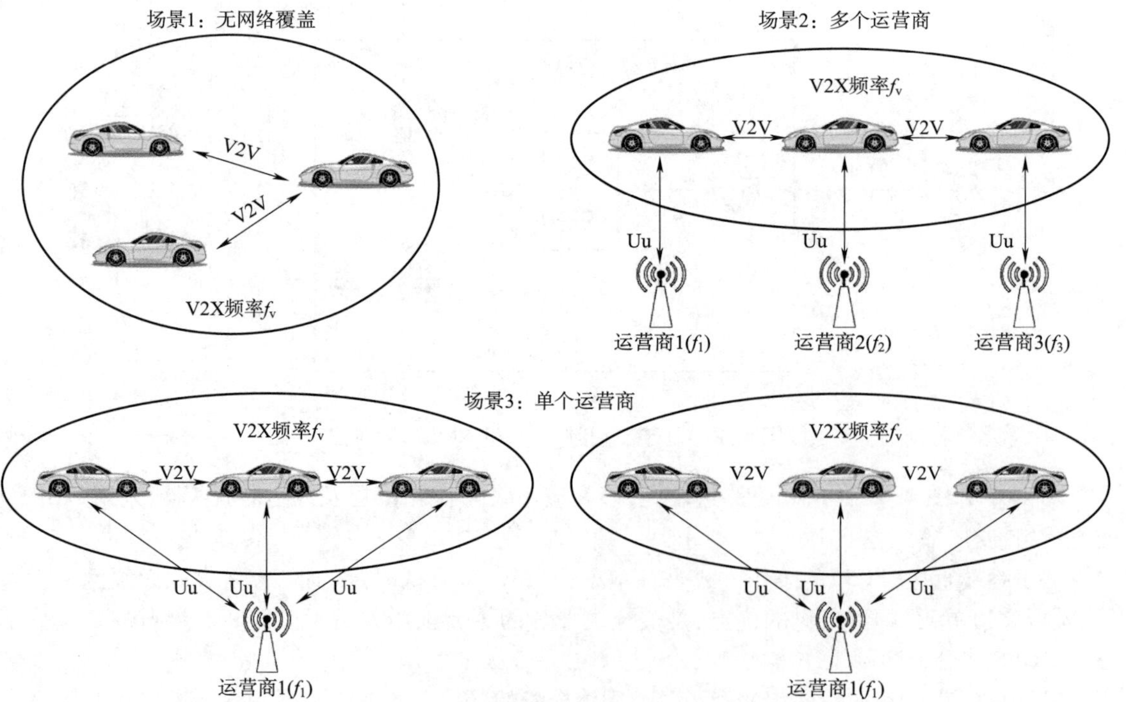

图 4-3　三种 V2X 部署场景

这三种场景中，场景 1 无须运营商投资建设网络，只需要车辆具有支持 PC5 直接通信能力即可。考虑到无缝覆盖的巨大投资和安全类业务要求没有通信盲区的特点，场景 1 被认为是安全类应用的默认部署场景。场景 2 考虑了多个运营商部署的场景，不同运营商在接口分别使用不同的授权频率，而在车辆之间的 PC5 接口使用同一频段发送、接收。场景 3 是单个运营商场景，两个子场景区别在于 Uu 接口使用的频率是否与 PC5 相同。场景 2 和场景 3 中的 f_1、f_2、和 f_3 可能是运营商的授权频率，而 f_v 可能是 V2V 专用频率，授权频率优势在于没有来自其他运营商和其他系统的干扰，而场景 3 的第 2 个子场景可能会出现 Uu 接口与 PC5 接口之间相互干扰协调的问题。

这三种场景都被纳入 3GPP 的研究范畴，区别在于资源分配、车辆互通和网络管理，在物理层设计并没有显著区别。

正如上文分析，C-V2X 最重要的特性是终端间基于 PC5 的直接通信，即 V2V 模式。3GPP Release 14 的 V2V 通信是基于 Release 12 的 D2D(sidelink)特性设计的，借用了终端之间基于 PC5 的直接通信机制，针对 V2V 的系统要求进行了优化设计。下文将从面临的挑战开始分析，从物理层和高层分别介绍 Release 14 的系统设计。

4.1.3　物理层技术

C-V2X 的物理层设计有三个挑战：

(1)车辆高速移动带来的多普勒频移。多普勒频移随着车速增加而增大，德国运营商和制造商提出 250 km/h 的单向最高车速，即对向而来的车辆需要在 500 km/h 的相对车速下保持有效通信，这种情况给信道估计带来巨大挑战。

(2)高频(5.9 GHz)带来的频偏。通信系统的频偏通常采用百分比来定义相对值，当载频为 5.9 GHz 时，0.3×10^{-6} 的相对频偏对应于接近 1 800 kHz 的绝对频偏。从系统角度来看，这种情况和高速移动的多普勒频移类似，会给信道估计带来巨大挑战。

(3)D2D 传输的半双工特性。D2D 系统设计时关注传输距离，采用了控制信息和数据分时传输的方式，同时采用了递增冗余的方式来提高接收成功率。由于 V2V 延续了 D2D 的半双工传输和接收方式，这种传输次数过多的机制会限制系统容量。

3GPP 在 Release 14 的标准化过程中分别针对以上技术挑战开展研究，并在以下几个方面增强了系统。

(1)针对多普勒频移和高频的频偏，3GPP 采用了增加导频密度的方法来增强信道估计性能。

(2)针对半双工特性，3GPP 改进了控制信息和数据信息传输方式。接下来将分别介绍这两种改进技术。

1. 增加密度的导频设计

LTE 的解调参考信号(Demodulation Reference Signal，DMRS)是用来辅助基站解调终端的物理上行共享信道(Physical Uplink Shared Channel，PUSCH)信号的，分别位于第 3 和第 10 个符号。仿真显示，两个符号的 DMRS 设计无法为高速和频偏联合影响下的信道做准确的估计，相应的物理层误码率也较大。图 4-4 是 3GPP RANI 提案的仿真结果，显示在高速(140 km/h)时误码率性能很差，在 10% 的位置遇到了误码平台(Error Floor)。

由于移动速度较低，在 Release 12 的 D2D 设计中，DMRS 沿用了图 4-5 所示的两个符号 DMRS 的设计。

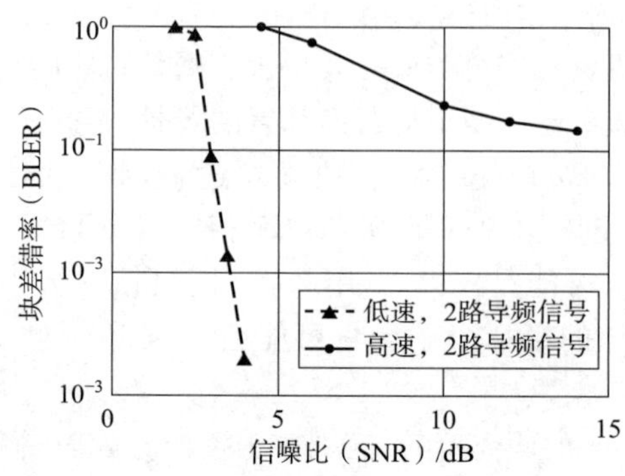

图 4-4　使用 LTE DMRS 的 V2V 性能
（低速 = 15 km/h，高速 = 140 km/h）

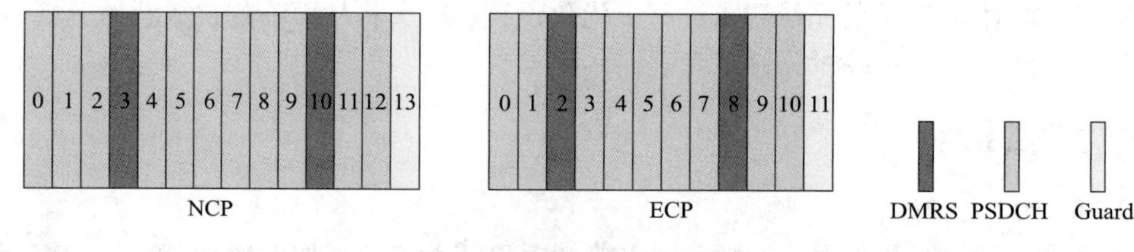

图 4-5　D2D DMRS 设计

针对 V2V 高速移动的要求，3GPP 开始考虑采用增加密度的 DMRS 设计，这时出现了三种方案：

（1）增加一倍 DMRS 密度，即如图 4-6 所示的采用每子帧 2 个 DMRS 设计。

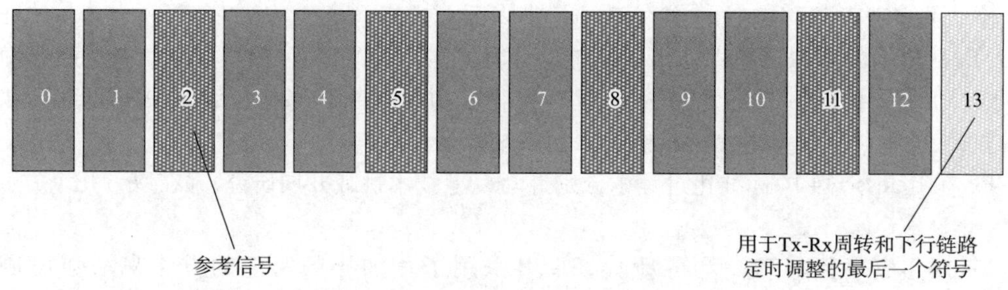

图 4-6　增加一倍密度后的 DMRS 设计

（2）采用新的导频设计，即如图 4-7 所示的占用部分频率的全部符号，在域插值进行信道估计，这种方案被称为 2H。

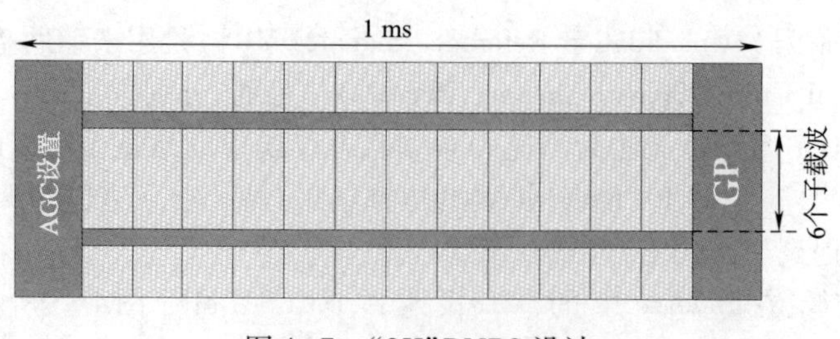

图 4-7　“2H”DMRS 设计

(3)增加子载波间隔,将 15 kHz 的 SCS 增大到 30 kHz。

在这三种方案中,第一种对现有标准影响最小,第二种和 DSRC 的导频设计一致,第三种改变了 LTE 基本参数,对标准影响最大。

通过评估,3GPP 认为这三种方案都可以满足数据解调要求,但是第一种方案对标准影响较小,最终采纳了这种方案。具体在每子帧 2 个 DMRS 设计中,还出现了 DMRS 占用不同符号的几种方案。最终,通过性能比较,采用了 DMRS 均匀摆放的方案。

同时,针对高速(250 km/h)的场景,BLER 性能如图 4-8 所示,3GPP 也做了分析,认为降低数据的调制与编码策略(Modulation and Coding Scheme,MCS)等级,4 个 DMRS 的设计完全可行。

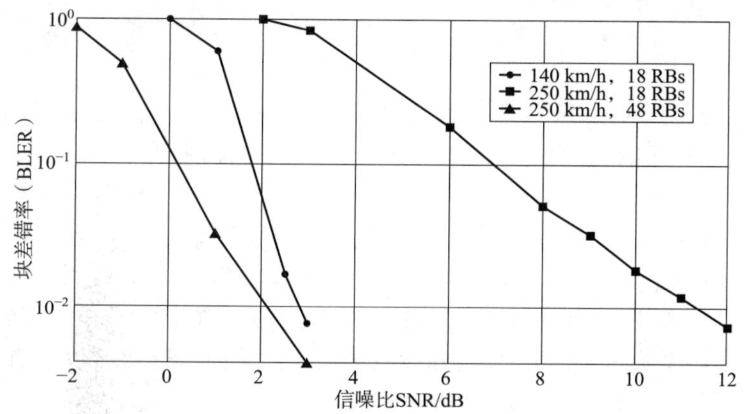

图 4-8　BLER 性能(300 Byte,QPSK,2 个天线发送,随机频率误差)

2. 改进的控制和数据传输

在 Release 12 D2D 的设计中,Mode 3 和 Mode 4 的控制信息与数据示意如图 4-9 所示,UE 需要发送控制信息(Control)和数据信息(Data),这两个部分在不同的时间发送,即 UE 先发送控制信息,然后发送对应的数据信息。这种发送方式的好处在于 UE 在特定时间只发送控制或数据信息,可以用全部功率发送控制或数据信息,对于扩展通信范围是有利的。这种发送方式的缺点也很明显,由于半双工限制,UE 在发送时无法监听,会有较大概率错过其他 UE 发送的消息。

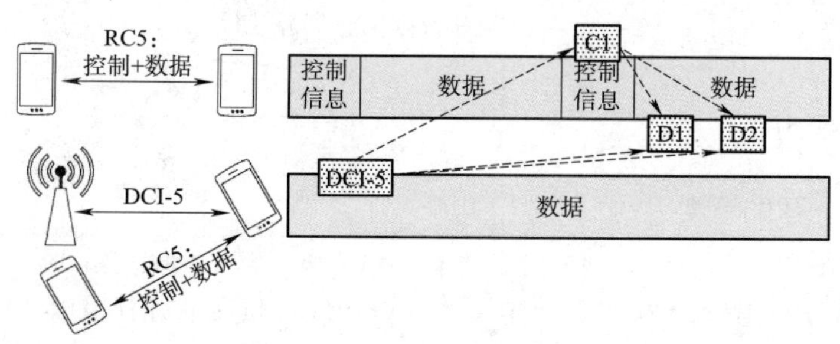

图 4-9　Mode 3 和 Mode 4 的控制信息与数据示意

使用 V2V 业务的车辆周期性发送信息,整个系统对于并发用户数量要求很高,因此时分发送控制和数据信息变得不可行,同时时分发送会让 UE 过多地处在发送状态而错过周围车辆的信息。因此,V2V 的控制和数据信息被定义为同时使用不同的频率资源发送。

在标准制定过程中，3GPP 出现了两种方案，即控制（PSCCH）和数据（PSSCH）相邻方案与控制和数据分离方案。前者要求控制和数据使用相邻的频率资源，好处在于用户间的干扰较小，相应的 UE 功率回退要求低；后者要求控制和数据使用不同的频率资源，好处在于可以支持专门的资源池设置，减小控制信息盲检测概率。两种方案各有优缺点，最终被同时列为标准中的选项，由终端实现决定。

图 4-10 是 PSSCH 和 PSCCH 信道配置在同一时间的发送示意图，同时包括了 PSSCH 和 PSCCH 相邻和不相邻两种通信模式。

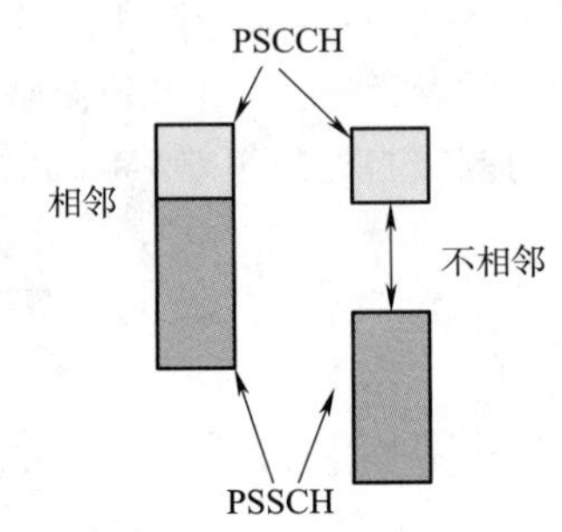

图 4-10　PSSCH 和 PSCCH 信道配置在同一时间的发送示意图

在控制和数据资源设计的时候，也相应地出现了图 4-11 中的两种方案，即控制资源池集中在边带传输的方案和控制与数据资源池在频域交叉传输的方案。标准同时支持这两种方案，具体配置由系统实现决定。

同时，为了增加控制信息的可靠性，将发送的时频资源增加一倍（到两个 RB，Resource Block），并不再要求 UE 合并不同的控制信息。

为保证数据的可靠性和传输距离，Release 12 的 D2D 支持数据多次传输。由于 V2V 传输时更关注周围车辆是否能够收到消息，对于距离较远的车辆并不特别在意，所以对于多次传输并没有特别要求。同时，考虑到多次传输会占用系统资源，限制系统的容量（支持同时发送消息的车辆数目），所以将消息最大传输次数限定在两次。

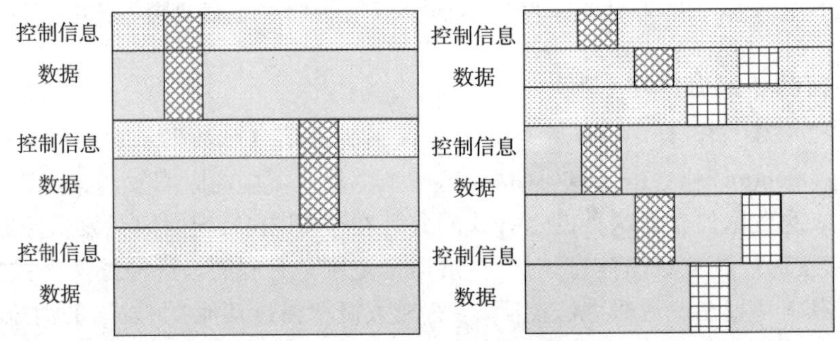

图 4-11　控制和数据信息资源池设计

4.1.4　资源分配方式

1. Mode 3——基站调度

Mode 3，即基站调度，基站为车辆分配资源有两种方式：半静态调度和动态分配。

V2V 的消息在欧洲、美国的标准体系定义不完全相同，但是，都可分为周期性消息和事件触发消息。周期性消息通常是车辆位置、行驶方向等信息的定期更新，频率通常为 1 ~ 10 Hz；事件触发消息在首次发送之后也会周期性发送一段时间。因此可以说，V2V/V2X 的消息具有周期性发送的特点。

针对这一特点，V2X 改进了半静态调度（Semi-Persistent Scheduling，SPS）算法。首先 UE 可以支持多达八个 SPS 配置，而且还可以同时被激活。在配置 SPS 时，基站会将 UE 上报信息作为参考，设定 SPS 开始时间、相邻两次传输间隔等信息。

采用图 4-12 所示的 SPS 方式配置资源后，可以节省基站的调度开销，同时附近车辆还可以根据调度信息“预测”未来资源使用情况，从而更加准确地选取传输资源。为了让读者准确了解信令流程，图 4-12 中保留了消息的英文描述，其中文含义如下：

（1）UE 通过 RRC 消息发给 eNB，请求为发送配置资源。

（2）eNB 通过 RRC 连接配置消息，为 UE 配置必要参数，并通过 DCI 5A 消息配置实际传输资源。

（3）UE 通过配置的 PC5 资源发送消息。

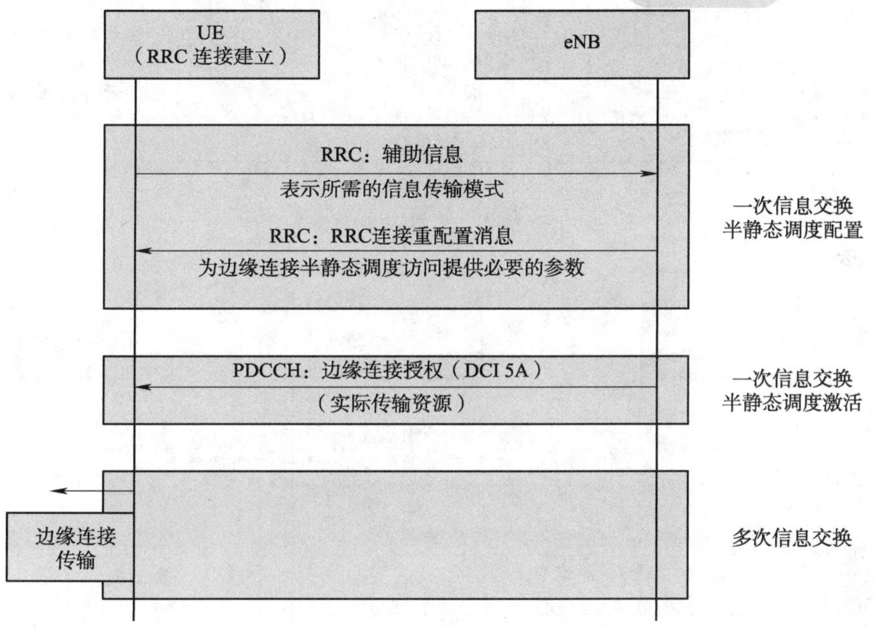

图 4-12　改进的半静态资源调度

此外，针对事件触发消息，基站还必须支持动态资源调度，这种方式主要适用于事件触发的消息，即图 4-13 中 UE 在每次传输之前均单独请求资源。与图 4-12 中的半静态配置不同，图 4-13 是动态资源调度，区别在于 eNB 为终端配置 RRC 连接参数之后，其信令流程中文含义如下：

（1）UE 通过 BSR 消息上报传输的数据大小和相应的占用资源数量。

（2）eNB 通过 DCI 5A 消息配置 UE 传输使用的资源，随后 UE 使用配置的资源进行 PC5 发送。

2. Mode 4——增强的用户感知资源分配方法

Mode 4 避免了基站调度资源的开销，同时缓解了车辆（终端）对基站及网络的依赖性。这种模式下，基于用户感知的资源分配方式如图 4-14 所示。其中文含义如下：

（1）由于无法保证车辆始终行驶在有网络覆盖的地区，V2X 控制单元会预先配置一些资源池供车辆在没有网络的情况下使用。

（2）当车辆处于网络覆盖下时，基站通过 SIB 消息（SIB21）或 RRC 信令配置车辆可使用的资源池信息，以供车辆在资源池中选择合适的资源发送。

Release 14 的 V2V 资源分配方案是结合用户感知的竞争式资源分配方法，有三个特点：

（1）使用了资源感知方法，即通过测量估计信道使用情况。

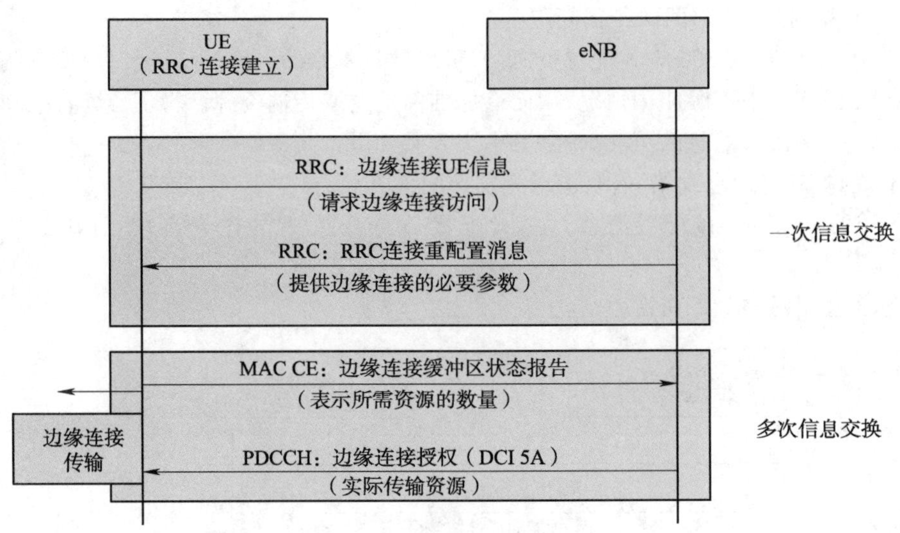

图 4-13　动态资源调度

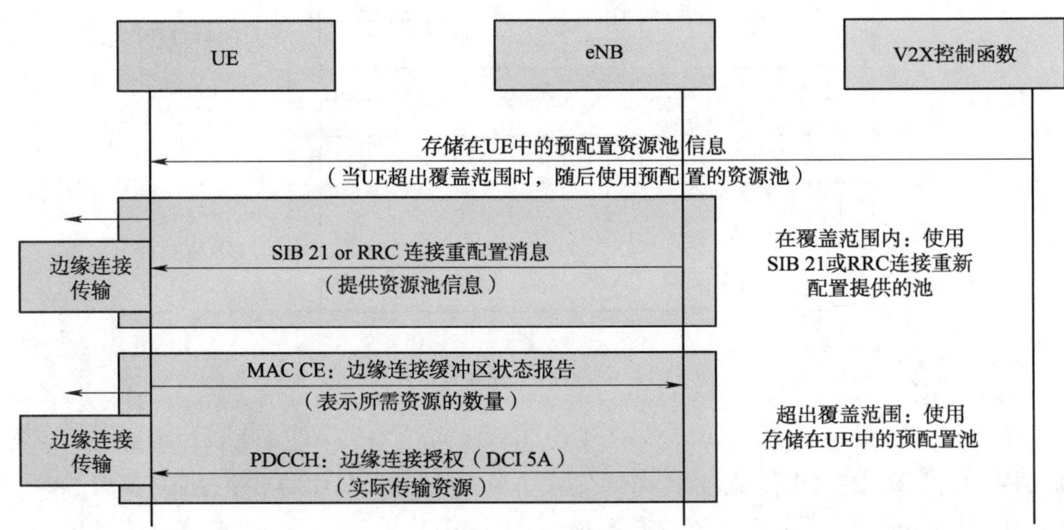

图 4-14　基于用户感知的资源分配方式

(2)UE 读取资源调度信息,通过 V2V 业务的半静态调度特性对未来的资源使用做出预测,躲避碰撞。

(3)结合不同数据的优先级,保证优先级较高的数据优先发送。

3GPP 比较了不同场景(高速公路、城市道路)使用增强的用户感知资源分配方法和 DSRC 调度方法的性能。在高速公路场景中的包正确接收率与传输距离的关系曲线如图 4-15 所示,采用增强的用户感知资源分配方法后与 DSRC 资源分方法比较,仿真条件:高速公路,140 km/h,仿真区域内 600 辆车。在城市道路场景中的包正确接收率与传输距离的关系曲线如图 4-16 所示,同样采用增强的用户感知资源分配方法后与 DSRC 资源分配方法比较,仿真条件:城市道路,60 km/h,仿真区域内 590 辆车。结果表明:

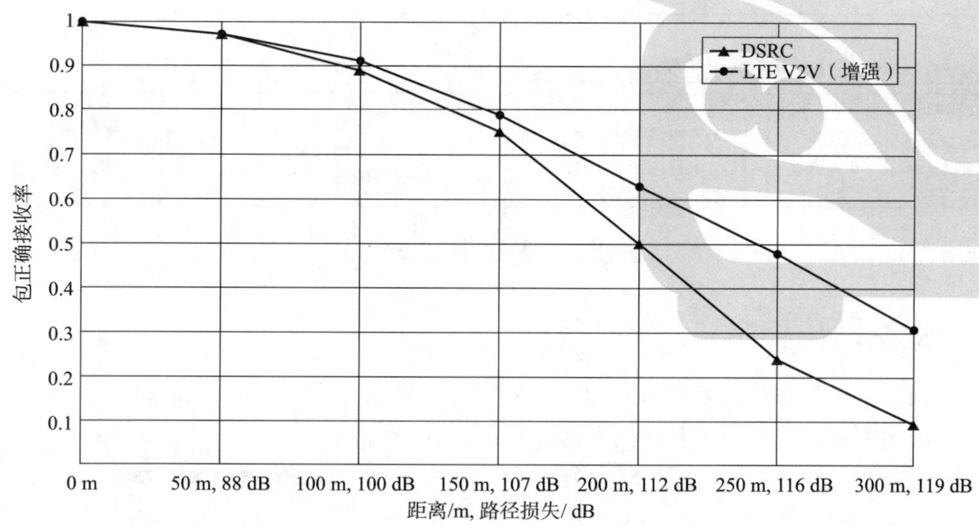

图 4-15　高速公路场景下包正确接收率与传输距离的关系曲线

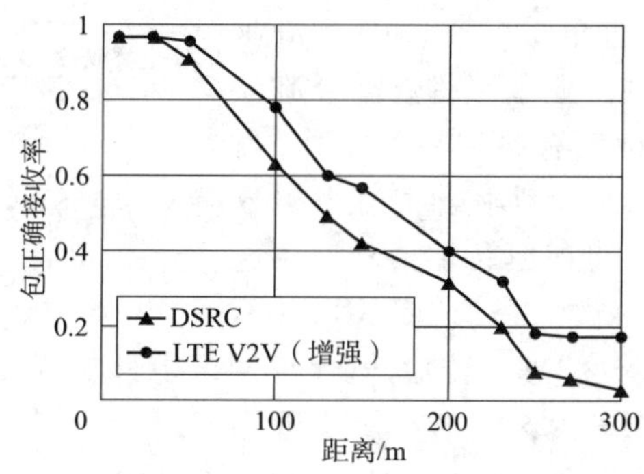

图 4-16　城市道路场景下包正确接收率与传输距离的关系曲线

（1）高速公路场景：随着通信距离的增加，改进算法的性能优势增加。

（2）城市道路场景：改进算法表现出稳定的性能优势。

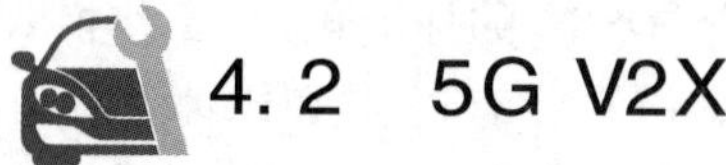

4.2　5G V2X

4.2.1　eV2X 需求与应用场景

SA1 在 Release 15 中进一步研究了面向自动驾驶的 eV2X 的标准制定。在研究中，3GPP 确定了图 4-17 中的四个增强方向，分别是车辆编队行驶、远程驾驶、车载传感器数据实时共享和增强体验驾驶。SA1 对这几个方面提出了更高的要求，以时延为例，远程驾驶要求端到端的时延不能超过 5 ms；同时在数据速率传输方面，增强体验驾驶和车载传感器数据实时共享等应用要求数十兆比特每秒的数据传输速率，当支持高度自动驾驶场景时，车载传感器数据共享要求高达 1 Gbit/s 的数据传输速率。

总体

精确定位、高车辆密度、可靠性、低时延、车辆转发消息、安全及隐私保护

车辆编队行驶：车辆动态形成编队、加入、退出：广播编队信息、共享数据

增强驾驶体验：半自动或自动驾驶

车载传感器数据实时共享：车辆之间共享传感器信息、视频图像等

远程驾驶：操作者远程驾驶车辆

图 4-17　eV2X 场景

4.2.2　研究计划

SA1 确定的 eV2X 场景是对 Release 13 V2X 的场景的升级，从低速率的安全类应用升级到了面向自动驾驶的高速率应用。目前基于 NR 的 V2X 立项正在讨论之中，图 4-18 是目前正在讨论的一种 LTE-V2X 和 NR-V2X 的互补技术的协作方式。

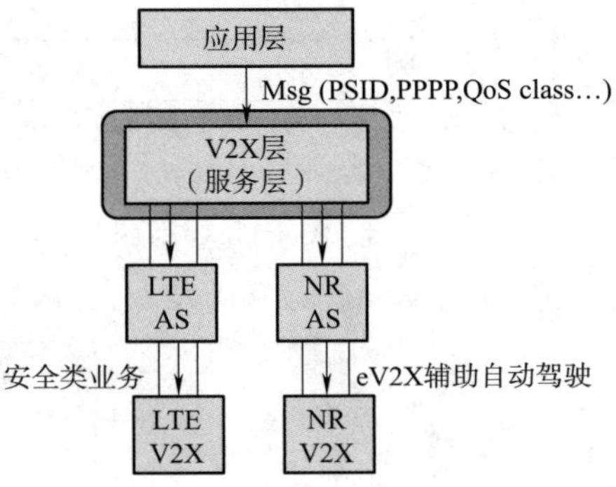

图 4-18　LTE-V2X 和 NR-V2X 的互补技术的协作方式

在图 4-18 中，V2X 业务在应用层发起时会根据不同的业务类型配置 PSID，V2X 业务层根据 PSID 分流业务。当 PSID 指示安全类业务时，业务层将数据分流至 LTE V2X 传输，这样可以支持现有终端继续工作；当 PSID 指示面向自动驾驶的 eV2X 新型业务时，业务被分流至 NR 传输，以满足高速率、低时延传输要求。在这种机制下，应用层对具体的接入方式（LTE 或 NR）并不知晓，同时接入层根据业务层分配进行传输，既保证网络中只支持 LTE-V2X 的存量汽车可以发送、接收安全类消息，又能让新车辆支持 eV2X 的新型业务。

4.3　DSRC 与 C-V2X 技术比较

从前面的介绍可知，C-V2X 是 3GPP Release 14、15、16 和未来基于 LTE/NR 的 V2X 技术的总称。本节将 C-V2X 技术与 802.11p（DSRC 的标准化）从工作模式、无线技术和用户三个方面进行全面比较。为了便于读者分辨 C-V2X 已有版本和未来协议的发展方向，本节将已经完成的 Release 14 和 Release 15 合并，将还未完成的 Release 16 部分单独列出。

表 4-3 比较了两类技术的工作模式。总体来说，802.11p 和 C-V2X 相当，区别主要在于：

（1）从传输时延来看，802.11p 可以满足 100 ms 内完成传输的要求，但并没有准确的数据：Release 14 的传输时延（PC5）是 4 ms 而 Release 16 的设计目标是小于或等于 1 ms。

（2）在网络通信能力方面，由于 C-V2X 是与成熟的 3GPP 接入网通信，能力要远远强于 802.11p 协议中的 RSU。

表 4-3　工作模式比较

无线技术	802.11p	C-V2X Release 14/15	C-V2X Release 16
协议是否完成	已完成	已完成	已完成

续表

无线技术	802.11p	C-V2X Release 14/15	C-V2X Release 16
是否支持低时延传输	是	是(Release 14 可低至 4 ms)	是(设计目标≤1 ms)
是否支持网络通信	有限支持,通过 AP 可与网络连接	是	是
是否可以不依赖网络通信	是	是	是
是否可以在 ITS 5.9 GHz 频段工作	是	是	是
是否可以不用 SIM 卡	是	是	是
在 V2V/V2I/V2P 链路是否具备信息安全和隐私保护功能	使用 IEEE 和欧洲 ITS-G5 或相关协议	使用 IEEE 和欧洲 ITS-G5 或相关协议	使用 IEEE 和欧洲 ITS-G5 或相关协议
在 V2N 链路是否具备安全和隐私保护功能	不具备	是	是
在 5.9 GHz ITS 频段共存	是,可与 C-V2X 技术在相邻信道共存	是,可与 802.11p 技术在相邻信道共存	是,可与 802.11p、LTE-V2X 和未来的 Wi-Fi 技术在相邻信道共存
是否有演进计划	不清晰	是	是,并与 Release 14/15 的 LTE-V2X 技术兼容

(3)演进路线方面,802.11p 暂时没有下一步的技术演进路线,即性能没有增强的计划,而 3GPP 正在规划 Release 16 面向自动驾驶的 V2X 技术。

无线技术比较如表 4-4 所示,802.11p 和 C-V2X 设计区别较大,这主要因为 802.11p 基于 802.11 进行了时延优化,而 C-V2X 基于 LTE 和 NR 空口技术进行了优化。主要区别如下:

(1)802.11p 是非同步系统,而 C-V2X 是同步系统。这主要是因为同步设计可以让 C-V2X 系统减小干扰,便于不同用户甚至 C-V2X 用户与蜂窝用户共存。

(2)C-V2X 的用户可以支持 FDM 和 TDM,而 802.11p 只能支持 TDM。

(3)信道编码不同,Release 16 的 V2X 技术将采用 NR 的 LDPC 设计,相比于 Turbo 码的解码时延和复杂度更低,性能也更优,与 802.11p 的卷积码比较,性能优势更加明显。

(4)波形方面,Release 14/15 采用了覆盖更好的 SC-FDM 技术,Release 16 目前还未确定,较大可能采用适用于 MIMO 的 OFDM 技术,以支持更大的数据传输速率,而 802.11p 也采用了 OFDM 技术。

(5)资源分配方面,802.11p 采用了 CSMA-CA 技术,而 Release 14/15 增加了基于 SPS 的信道预测,性能优于纯竞争式资源分配,Release 16 目前还无法预测。

(6)多天线支持方面,802.11p 没有规范这个内容,由终端自由实现;Release 14/15 规范了接收分集(强制)和发送分集(可选);Release 16 预期会采用至少 2 天线的发送/接收技术,可能会引入更多天线的发送/接收技术。

表 4-4　无线技术比较

无线技术	802.11p	C-V2X Release 14/15	C-V2X Release 16
是否同步	异步	同步	同步
信道带宽	10、20 MHz	Release 14(10、20 MHz)	10/20 MHz 和宽带(Wideband)(e.g. 40、60、80、100 MHz)
资源复用方式	TDM only	TDM and FDM	TDM and FDM possible

续表

无线技术	802.11p	C-V2X Release 14/15	C-V2X Release 16
数据信道编码	Convolutional	Turbo	Turbo
HARQ	不支持	支持	支持
波形	OFDM	SC-FDM	OFDM,但不排除其他可能性
资源选择方式	CSMA-CA	半静态传输结合 LBT	目前无法确定
MIMO	标准不支持	接收:强制要求 2 天线分集 发送:支持 2 天线发送分集	支持更多天线发送、接收分集
调制	最高 64QAM	最高 64QAM	最高 256QAM

表 4-5 从用户示例比较来看,802.11p 支持 Day 1 的安全类应用,Release 14/15 还支持增强的安全类应用,而 Release 16 是面向自动驾驶的应用(大带宽、高精度定位)。从性能来看,有两方面的优势:

(1)用户间干扰小,支持并发用户数更多。

(2)有效通信距离大,可以给驾驶员提供更长的制动反应时间。

表 4-5　用户示例比较

无线技术	802.11p	C-V2X Release 14/15	C-V2X Release 16
目标用例	仅 Day 1 安全	Day 1 安全和增强的安全类应用	面向辅助自动驾驶的用例,包括高吞吐量传感器数据共享、本地高清地图更新等
支持车辆高密度行驶	可以,高密度时性能有损失	可以,高密度时可以保证性能无损失	可以,高密度时可以保证性能无损失
支持车辆高移动性	可以	可以	可以
有效通信距离(90%正确率、280 km/h 相对速度)	最高 225 m	PC 5 直通模式超过 450 m,网络转发方式无限制	PC 5 直通模式超过 450 m,网络转发方式无限制
典型业务传输频率	10 ~ 20 Hz	最高可达到 50 Hz	超过 100 Hz

为了直观呈现 C-V2X 在性能上的改进,本书通过仿真比较了汽车分别采用 C-V2X(Release 14)和 DSRC 时的最大容许制动反应距离/时间(即汽车感知到前方危险后驾驶员拥有的反应距离/时间)。图 4-19 中的结果显示,相比于 DSRC,C-V2X 技术能够让驾驶员在更远距离的位置感知危险并开始制动,也就是驾驶员拥有更长的制动反应时间。图中例子是汽车以 140 km/h 行驶的时候,采用 C-V2X 的汽车拥有额外的 5.9 s(3.3 ~ 9.2 s)来决定是否制动。

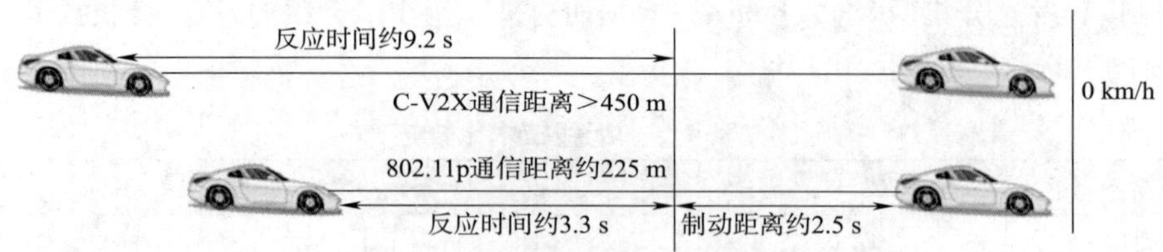

图 4-19　C-V2X 和 802.11p 的传输距离比较

实验 1　路侧 LTE-V RSU 设备安装

1. 实验目标

辅助学生熟悉 RSU 产品，掌握如何安装、对接红绿灯和毫米波雷达等。

2. 实验原理

通过熟悉 RSU 产品及安装手册，学生可采用自行安装、对接红绿灯和毫米波雷达。

3. 实验设备

移动红绿灯 1 台、微波雷达 1 台、RSU1 台。

4. 实验步骤

1）RSU 产品介绍及安装步骤

（1）DTVL3100-RSU 主设备及外接配件如图 4-20 所示。

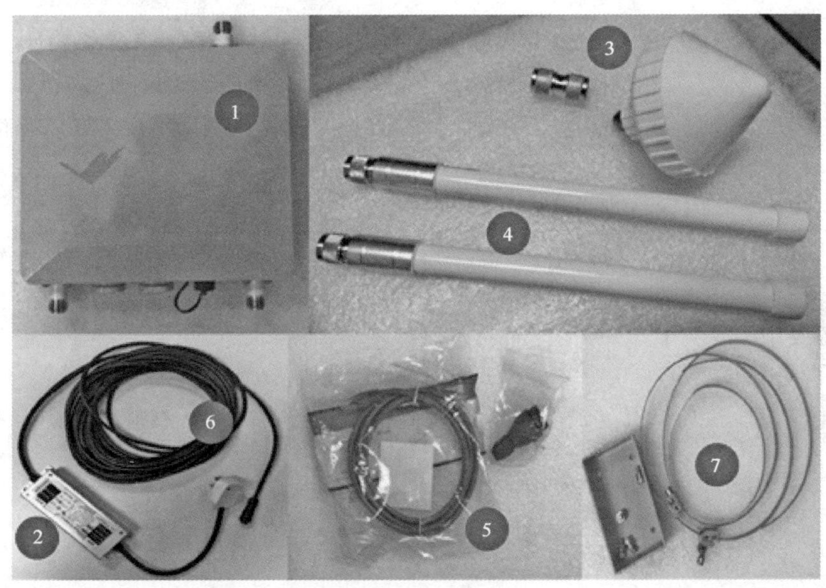

编　号	设备及外接配件名称	数　量
1	RSU 整机	1
2	220 V 交流转直流电源	1
3	GNSS 天线（带转接头）	1
4	RSU 柱状天线	2
5	网线防水接头	1
6	RSU 外接电源线	1
7	安装配件套件	1

图 4-20　DTVL3100-RSU 主设备及外接配件

(2)DTVL3100-RSU 对外接口如图 4-21 所示。

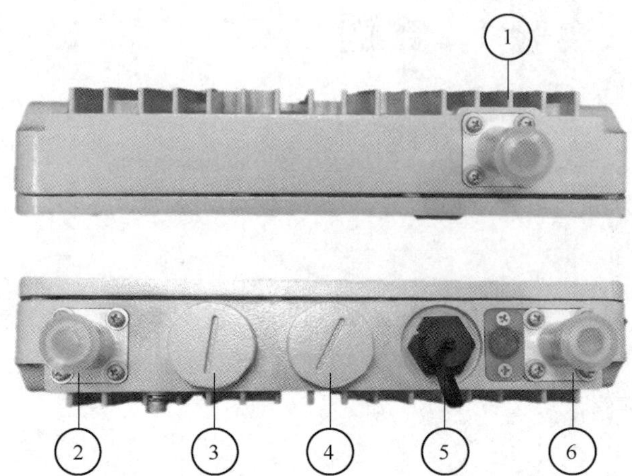

编号	对外接口名称	功能简述
①	GNSS 插口	连接 GNSS 天线
②	LTE-Vd 天线接口 TX/RX	射频天线插口,连接射频天线
③	RS-422 接口	连接外部接入设备
④	网口	网线插口,连接网线/PoE 供电
⑤	DC 12 V/24 V 电源接口	电源插口,与 RSU 外接电源线直接连接
⑥	LTE-Vd 天线接口 RX	射频天线插口,连接射频天线

图 4-21　DTVL3100-RSU 对外接口说明

2)设备组装与连接操作

(1)RSU 设备安装。

步骤一:射频天线和 GNSS 天线连接 RSU,保证射频天线和 GNSS 天线旋紧连接牢靠,如图 4-22 所示。

步骤二:SIM 卡安装,将 SIM 卡安装至图 4-23 中箭头卡槽内,并做好记录。

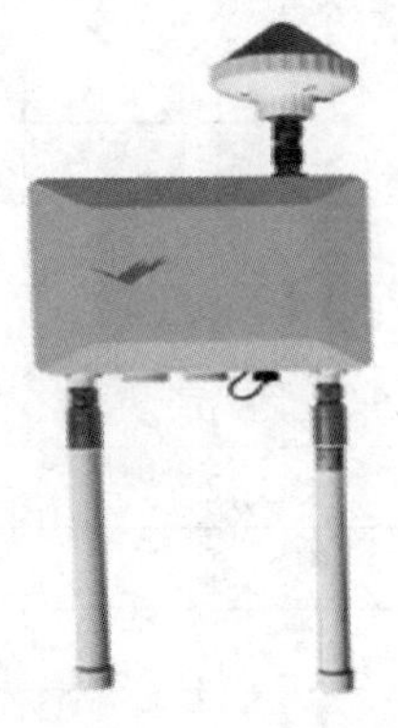

图 4-22　天线连接

图 4-23　SIM 卡安装

步骤三:电源线连接,保证正常供电。DTVL3100-RSU 支持3种供电方式,本项目主要选择交流供电,通过电源适配器转换 DC 24 V 为设备供电。支持3种方式如下:

①直流电供电。如抱杆有直流供电(9~36 V,推荐12 V或24 V),可将RSU外接电源线与直流电源直接连接。接线时注意接线正确,RSU外接电源线蓝色为负极,棕色为正极。

②交流电供电。将RSU电源线与220 V交流转直流电源(将防水接头引出的电源接头与220 V交流转直流电源相互对接后即可,如图4-24所示)相连接后供电。

注意:正极连接正极,负极连接负极,RSU电源线的中地线需引出一根延长线与抱杆连接或通过其他方法接地。

③PoE供电。支持使用PoE供电模块或PoE交换机通过网口直接供电,选择网线时要求cat5e超五类网线或cat6六类网线,8根线芯,每根均为高纯度单股无氧铜线芯,线芯直径为0.5 mm,室外防水型。

④网线防水接头安装。网线防水接头由两部分组成,先穿线,然后制作水晶头;插入RSU网口后,再依次旋紧接头两部分,保证防水可靠。

⑤RSU背板及抱箍安装。如图4-25所示,将背板放置于RSU背面,并对准螺钉孔。使用螺钉,将背板和RSU固定在一起后,将抱箍穿过背板。通过两条抱箍将RSU固定在抱杆上。通过接地线将设备接地柱和抱杆接地体可靠连接,保证设备良好接地。设备箱内需要配至少一路空气开关或三孔插座,预留3~5 m网线,以便系统调测。电源线和网线均采用室外型线缆,杆内敷设,外面部分采用波纹电工管防护。

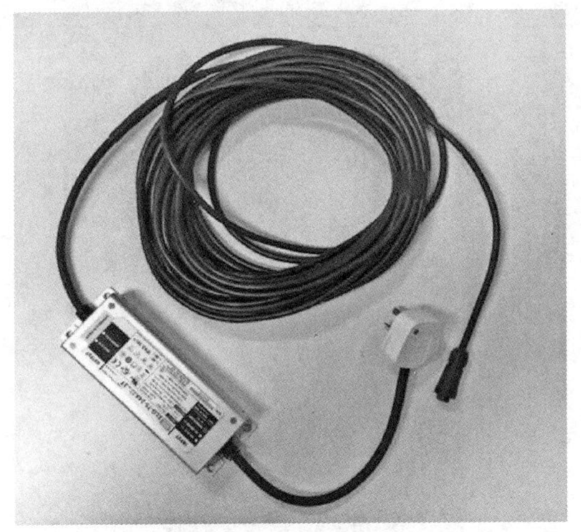

图4-24 交流转直流电源

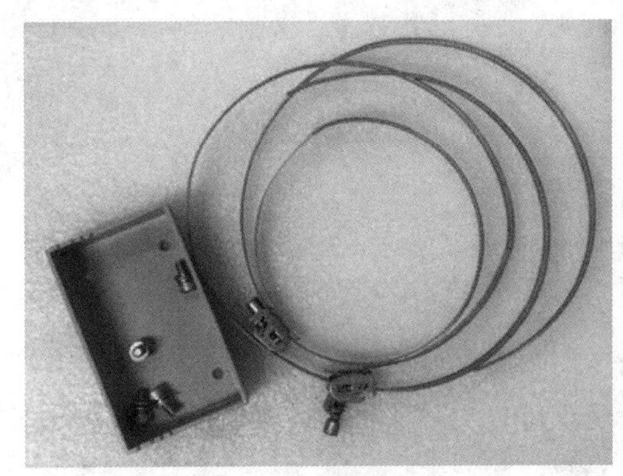

图4-25 RSU背板及抱箍安装

3)RSU与红绿灯对接

(1)红绿灯电源连接。

底座与灯箱电源线线序连接方法,如图4-26所示。

RSU与红绿灯网线连接:红绿灯底座控制器网口与RSU网口使用网线连接,如图4-27所示。

(2)移动式红绿灯的RSU供电对接。移动式红绿灯的RSU供电对接采用锂电池供电,如图4-28所示。需要重新制作电源接头,红色线为正极,黑色线为负极,当移动时红绿灯使用12 V锂电池供电,电池电压小于9 V须及时充电。

(3)对接完成效果如图4-29所示。

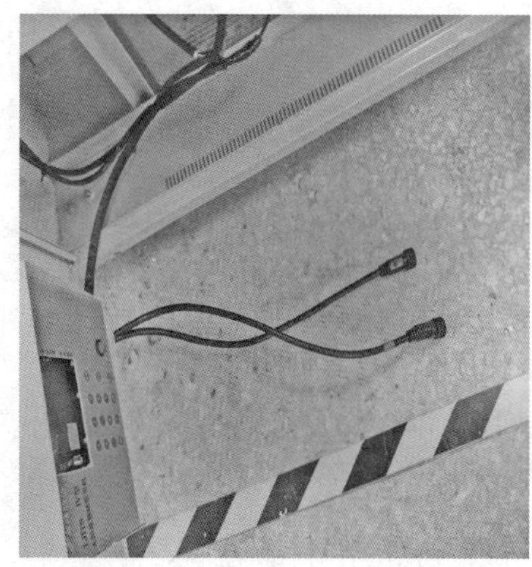

图 4-26　红绿灯电源连接示意图

图 4-27　RSU 与红绿灯连接示意图

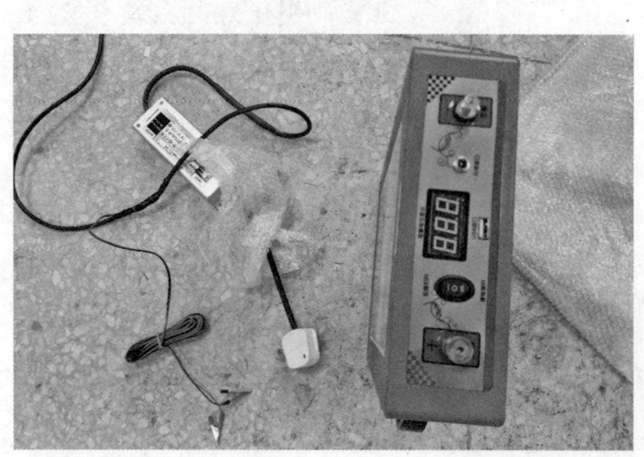

图 4-28　移动式红绿灯 RSU 供电电源

图 4-29　移动式红绿灯与 RSU 安装效果图

4)RSU 与毫米波雷达对接。

(1)雷达主设备及外接配件如图 4-30 所示。

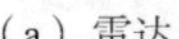
(a) 雷达

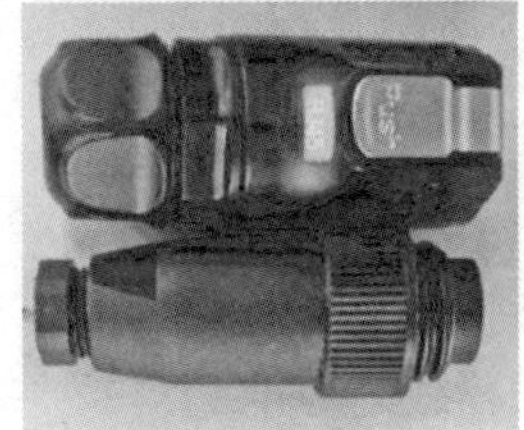
(b) RJ-45接头及电源接头

(c) 支架

(d) 24 V开关电源

图 4-30　雷达主设备及外接配件

(2)线缆铺设。

步骤一:网线选用超五类及更高传输级别的线缆,四芯电缆线选用 4×0.5 mm 的铜线,建议选用“天诚”线(注:每捆成品线都带有厂家防伪序列号,如果在设备点到机柜或背包的线缆超过 150 m,选用劣质线可能会导致传输数据的丢失)。

步骤二:确认从雷达安装位置至配电箱的实际长度,预留部分长度,剪取四芯电缆线和网线,进行穿线作业。

步骤三:暴露在外的线缆部分,必须在线缆上套上保护软管起到保护作用,防止日晒雨淋造成的氧化腐蚀。

将明线部分放在杆件上方,并进行固定,避免线缆散乱拖挂,影响美观,如图 4-31 所示。

(3)雷达安装。

步骤一:支架前端四颗十字螺钉用于固定设备至支架上,需要确认拧紧。支架上的内六角螺钉两颗用于固定,两颗用于调节雷达水平的左右角度,此步骤无须拧紧,在实际安装时调节好角度后再拧紧,如图 4-32 所示。

图 4-31　线缆敷设实例图

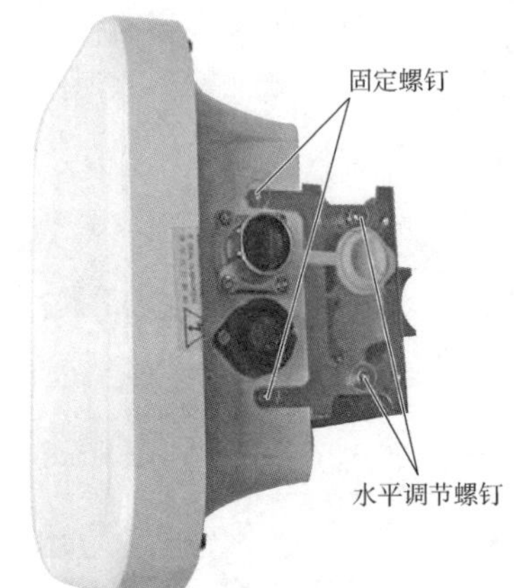

图 4-32　支架安装

步骤二:使用抱箍将雷达固定在所需安装横杆的指定位置上。使用一字螺丝刀将抱箍拧紧,如图 4-33 所示(备注:雷达上平面尽量和水平面平行)。

图 4-33 抱箍固定雷达

(4)雷达端线缆制作。

制作雷达端电缆线和网线接头,完成后接入雷达相应接口。

步骤一:雷达端电缆线制作,线序及定义如下:

1	2	3	4	5	6
DC 正极	DC 负极	RS-485 A	RS-485 B	空	空

先将航空插头拆开分解成图 4-34 所示各部件,再将线缆穿过航空插头尾端保护元件,剥好线后按定义接入端子,将线缆固定在线缆固定架上,拧紧各个保护元件。

图 4-34 电缆线雷达端制作图

步骤二:雷达端网线制作

将防水水晶头航插拆分成如下部件,再将网线穿过各保护元件,按线序制作 RJ-45 水晶头,如图 4-35(a)所示。制作完毕后,将水晶头插入前端保护元件对应接口中,再拧紧各保护元件,安装效果如图 4-35(b)所示。

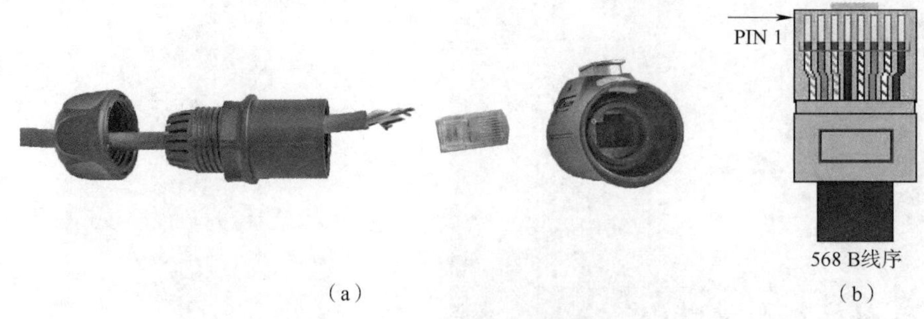

(a) (b)

图 4-35 雷达端网线制作图

步骤三:接入对应接口。

制作好雷达端电缆航插和水晶头航插后,接入雷达对应的接口上。

(5)设备箱内供电线制作。

设备使用直流 12～24 V 供电,配备了 DC 24 V 开关电源,按图4-36 接好 AC 220 V 和 DC 24 V 引线。

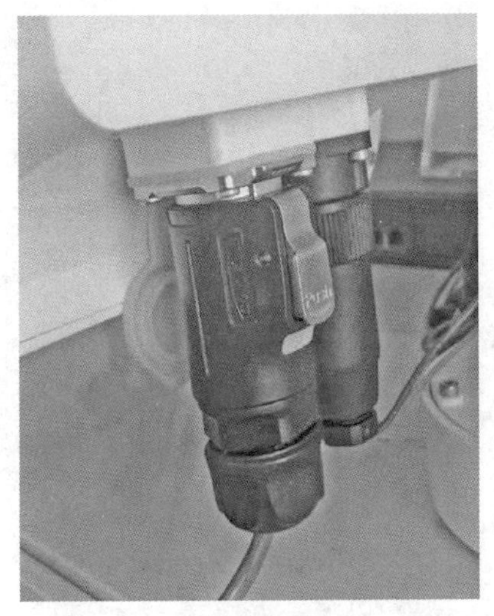

图4-36　网线及电缆线接头安装效果

图4-37　开关电源接线示意图

(6)网络连接。

将 RSU 网口与雷达网口连接可实现互通,将 RSU 和雷达使用交换机连接互通,可方便调测。

图4-38　安装完成效果图

实验2　车载 LTE-V OBU 设备安装

1. 实验目标

熟悉 VBOX 产品,掌握如何安装、对接车载 CAN 和显示屏等。

2. 实验原理

通过熟悉 VBOX 产品的安装，车机对接，学生可自行安装并使用 VBOX 设备。

3. 实验设备

VBOX 1 台、实验车至少 1 辆。

4. 实验步骤

1）VBOX 产品介绍

（1）VBOX 设备及外接配件如图 4-39 所示。

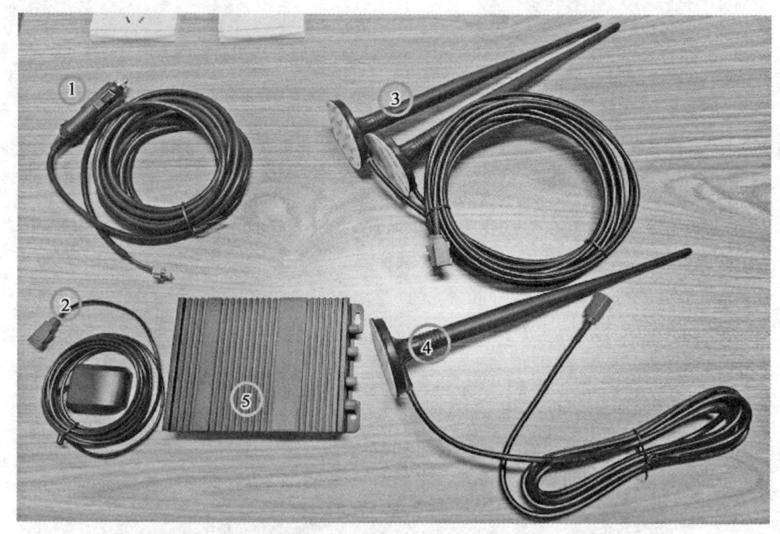

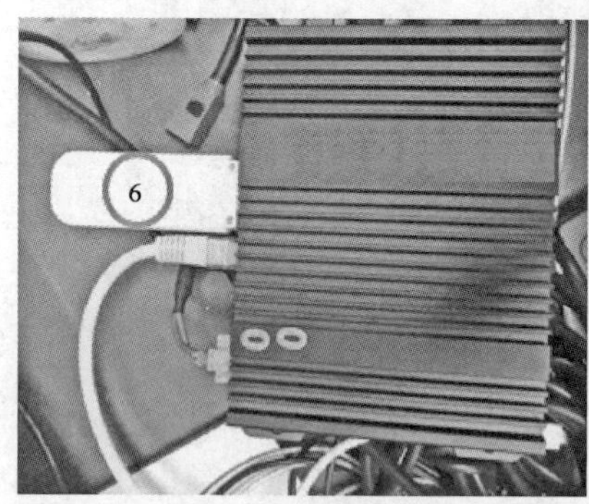

编　号	设备及外接配件名称	数　量
①	电源线	1
②	GNSS 天线	1
③	PC5 通信天线	2
④	Wi-Fi 天线	1
⑤	VBOX 主机	1
⑥	4G 无线上网卡	1

图 4-39　VBOX 设备及外接配件

(2)DTVL3100-VBOX 对外接口如图4-40所示。

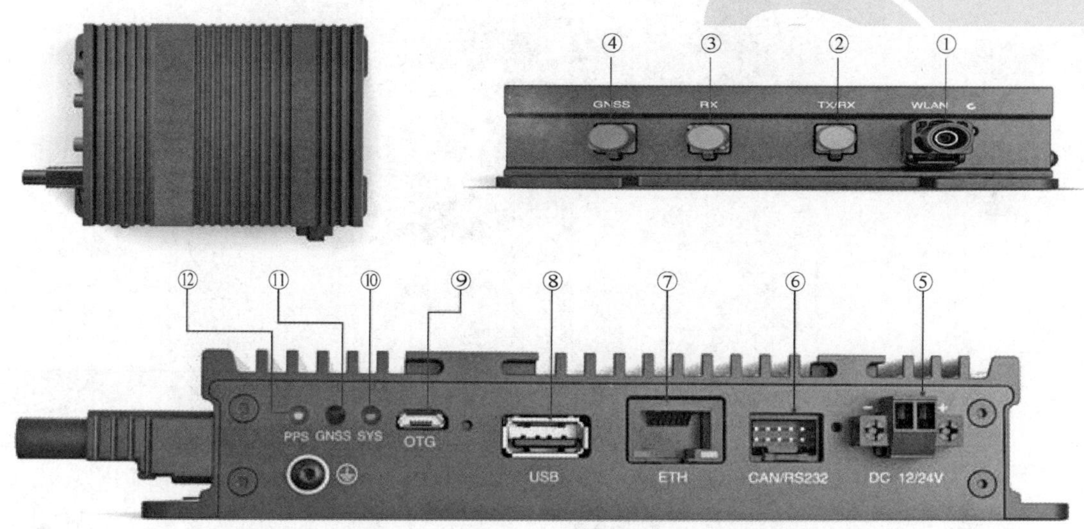

编号	对外接口说明	详细说明
①	WLAN 天线接口	FAKRA-E 接头
②	PC5 天线接口 1	FAKRA-Z 接头(TX/RX)
③	PC5 天线接口 2	FAKRA-Z 接头(RX)
④	GNSS 天线接口	FAKRA-C 接头
⑤	DC 12V/24V 电源输入接口	DC 6 V~39 V(典型值 12 V/24 V)
⑥	复合接口(含 CAN 和 UART)	含1路 CAN 2.0B,2路 UART 接口(RS-232 电平,无硬件流控)
⑦	以太网口	10/100BASE-T,RJ-45
⑧	USB Host 接口	USB 2.0 Host(用于外接公共蜂窝网络接入模块)
⑨	Micro USB OTG 接口	USB 2.0 OTG
⑩	系统指示灯	指示系统激活状态
⑪	GNSS 指示灯	指示 GNSS 锁定状态
⑫	PPS(秒脉冲)指示灯	指示 1PPS(秒脉冲)状态

图4-40 DTVL3100-VBOX 对外接口示意图

(3)VBOX 设备安装

步骤一:一般采用支架方式,安装于车辆中控台上方位置,连接射频天线、GNSS 天线、PC5 通信天线、Wi-Fi 天线以及电源按照图4-41标识接口连接,射频天线和 GNSS 天线通过馈线引出到车顶吸顶安装。

步骤二:车辆至少提供1路点烟器供电接口,DC 12 V/24 V 电源为 VBOX 设备供电,VBOX 长按电源按钮3 s 至屏幕显示开机画面,VBOX 接通电源等待设备启动。

步骤三:通过设备指示灯或调测工具查看系统运行状态。图4-40中,10为系统运行状态指示灯、11为 GNSS 状态指示灯、12为 PPS(秒脉冲)指示灯。其详细含义如表4-6所示。

图 4-41　VBOX 设备接口线

表 4-6　设备指示灯状态及含义

序号	指示灯名称	指示灯状态	含　义
1	系统运行状态指示	灭	未上电
		黄灯亮	系统启动，请求配置中
		红长亮	系统请求配置完成，但处于未激活状态
		绿闪烁	系统激活开始通信
2	GNSS 信号灯	灭	未上电或系统未启动
		红闪烁	GNSS 模块未锁定
		蓝闪烁	GNSS 模块锁定
3	PPS 秒脉冲	灭	未上电
		蓝或绿长亮	GNSS 模块未输出秒脉冲
		1 s 内蓝灯亮 100 ms，绿灯亮 900 ms	GNSS 模块输出秒脉冲

步骤四：平板通过 Wi-Fi 连接至 VBOX，开启 NETCAR 软件可显示各类 V2X 场景应用 UI 界面、预警信息及语音播报等。

步骤五：安装 4G 无线上网卡，配置 VBOX 连接配置。

(4)制作电源接口。

由于学校使用车辆没有点烟器，需要对 VBOX 设备电源接线头制作接插件。使用新制作的接插件头插上车辆电源即可给 VBOX 供电。

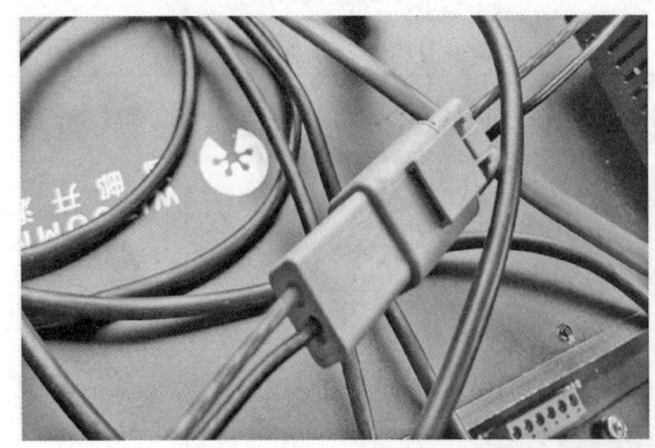

图 4-42　VBOX 供电电源接口

2)设备与 CAN 对接

(1)设备接口。

VBOX-CAN 接口线和 CAN 接口线及转接头如图 4-43 ~ 图 4-45 所示。

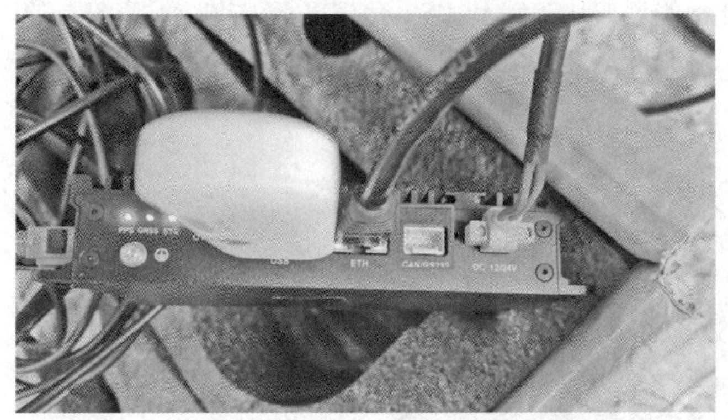

图 4-43　VBOX-CAN 接口线

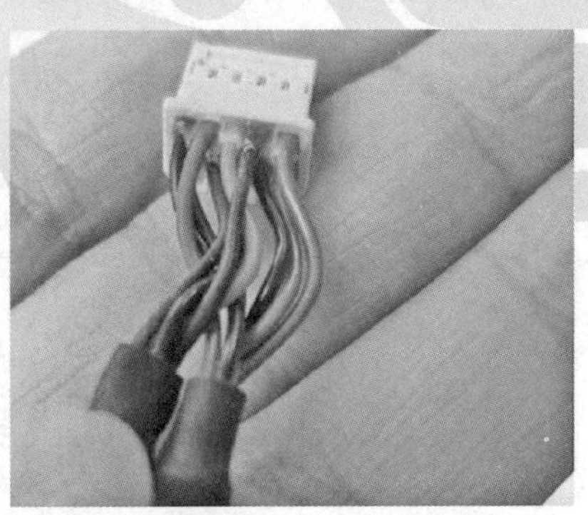

图 4-44　CAN 接口线

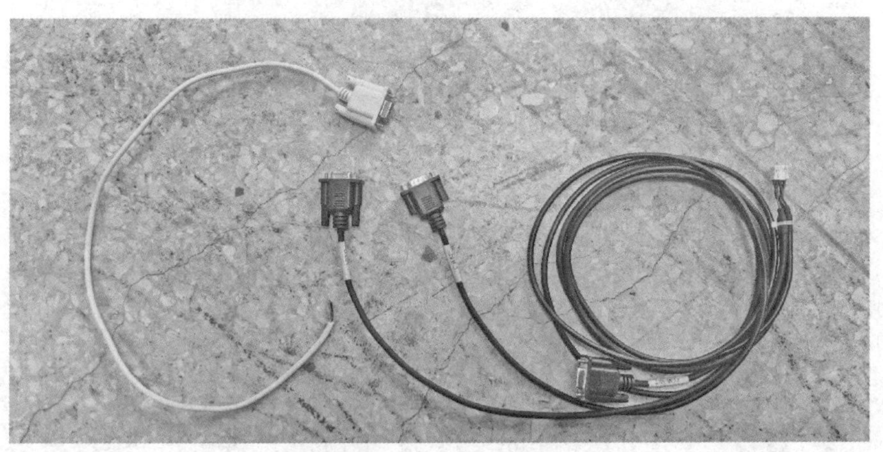

图 4-45　CAN 线及转接头

(2)CAN 接口线序。

目前 VBOX 使用了 4 个 CAN 接口,线序如图 4-46 所示。

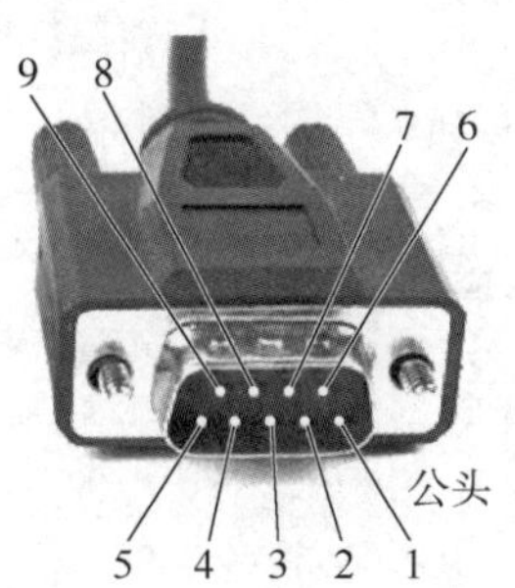

连接器类型：DB9-公。

引脚定义：

Pin2：CAN_L，与7双绞线；

Pin3：GND，屏蔽地；

Pin6：GND，屏蔽地；

Pin7：CAN_H，与2双绞线。

图 4-46　CAN 接口线序(DB9-公)

(3)接线方法:

DB9 线母头针脚 2 为低 CAN、7 为高 CAN,与车辆高低 CAN 对应即可,车辆紫色线为高 CAN,白色为低 CAN。

车载 CAN 只有两根高低 CAN 线,需要使用万用表找到 DB9 公头高低 CAN 线,如图 4-47 所示。

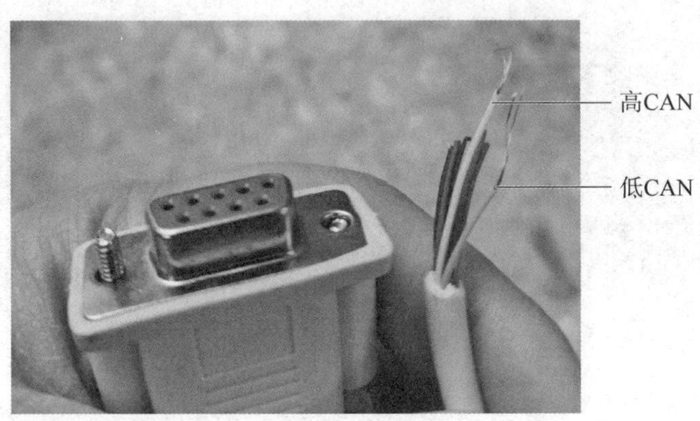

图 4-47 CAN 接口线序(DB9-母)

(4)连接完成后如图 4-48 所示。

图 4-48 VBOX 和 CAN 连接图

(5)NETCAR 软件屏幕显示。

步骤一:连接 VBOX 设备 Wi-Fi,Wi-Fi 密码如表 4-7 所示。

表 4-7 设备 Wi-Fi 密码

设备名称	设备序列号(ID 号)	Wi-Fi 名	密码
LTE-V 车载端设备-副	63100101916000048	VBOX191600048	12345678
LTE-V 车载端设备-主	63100101916000050	VBOX191600050	12345678

步骤二:打开 PAD 上的 NetCarAPP 软件。

图 4-49　NetCar 软件及屏幕显示

实验 3　NetCar 模拟演示

1. 实验目标

通过模拟软件 NetCar 完成实验室环境下的车路协同操作。

2. 实验原理

通过配置 NetCar 数据，模拟车辆行驶、停止、车辆类型切换等车辆控制操作和数据流向，熟悉 V2V 车路协同的场景。

3. 实验设备

RSU1 台、OBU 至少 2 台。

4. 实验步骤

1) NetCar 软件基本配置方法

常规数据可配置设备 ID(牌照)节点属性、应用语言，如图 4-50 所示。

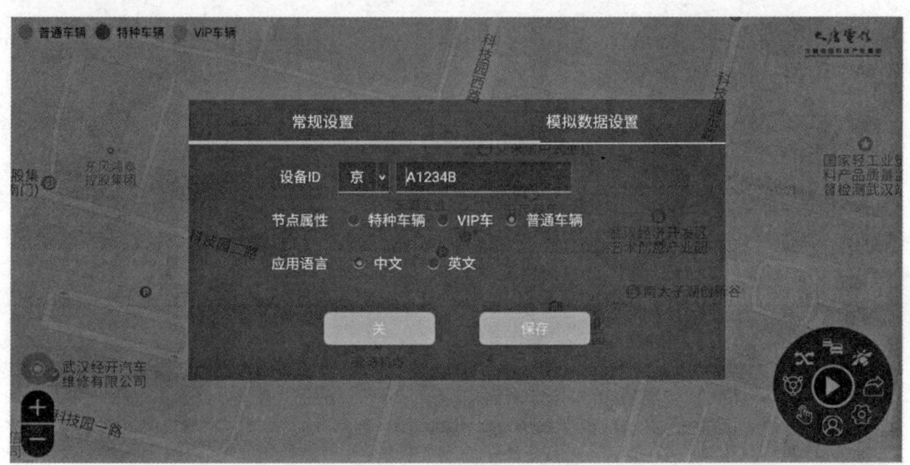

图 4-50　NetCar 软件常规设置

步骤一:模拟数据可配置开始经纬度、行驶速度、持续时间、行驶方向等信息,如图 4-51 所示。找到需要某一条道路上运行的开始经纬度信息,之后设置车辆行驶速度、持续时间(例如:设置为 10 s,10 s 后会自动重新回到开始设置的经纬度,重新行驶 10 s,重复运行)。行驶方向为顺时针方向,0 为北、90 为东,180 南、270 为西。

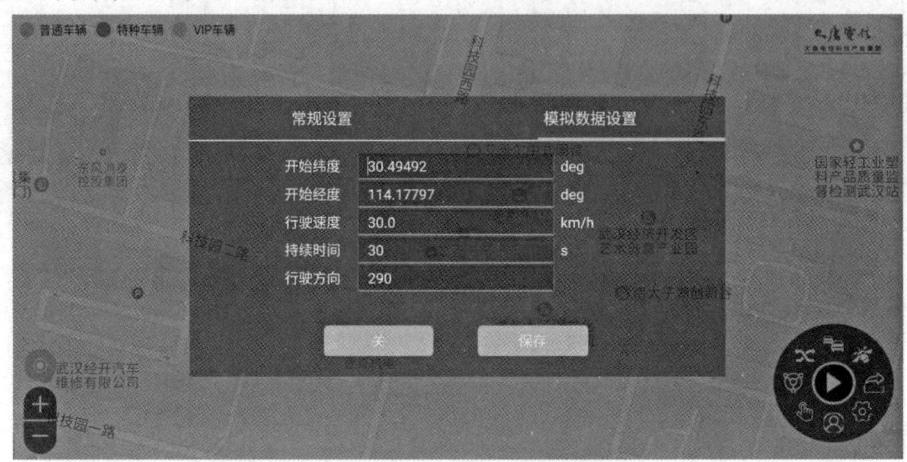

图 4-51 NetCar 软件车辆信息模拟数据设置

步骤二:模拟操作可执行模拟开始、模拟停止、车辆类型切换、地图切换、模拟数据配置、车辆控制等操作,如图 4-52 所示。

图 4-52 NetCar 软件模拟操作设置

2)场景模拟配置清单(见表 4-7)

表 4-8 场景模拟配置清单

序号	场景名称	类　型	验证场景
1	前向碰撞预警	V2V	RV 在 HV 前方慢行,HV 快速接近 RV,HV 播报预警信息,语音播报:“前方有车辆”
2	前向坡道预警	V2I	从教二楼门口向图书馆北向小路坡道行驶,上坡前 VBOX 能收到“前方有坡道”语音提示,车辆到达坡底,RSU 停止发送坡道语音提示

续表

序号	场景名称	类型	验证场景
3	弯道盲区车辆预警	V2I	主车从图书馆后坡道从下往上行驶,副车从雷达前 10 m 向东行驶,主车能收到雷达监测的副车信息,语音播报“前方有车”
4	移动信号灯车速引导	V2I	HV 在信号灯前方,收到 RSU 下发的信号灯相位信息,PAD 上显示相位信息和车速引导信息,显示建议车速
5	交叉路口碰撞预警	V2V	两辆车在交叉路口交叉行驶,两辆车均语音播报“前方右侧路口有来车”

3)场景模拟配置

(1)前向碰撞预警。两个 VBOX 配置相同的起点经纬度,后车速度比前车快 15 km/h,前车先启动模拟,后车后启动模拟,当后车快速接近主车时触发“前向碰撞预警”事件。

(2)前向坡道预警。将起点经纬度设置成教二楼门口,行驶方向为图书馆后面的坡道路口,配置适当的车速及模拟事件。当车辆距离坡道 10 m 时触发“前方坡道预警”事件。

(3)弯道盲区车辆预警。将主车起点经纬度设置成教二楼门口,行驶方向为图书馆后面的坡道路口,副车在坡道口向东行驶,主车配置合适的速度和行驶事件,模拟车辆和副车同时启动,能触发“弯道盲区车辆预警”事件。

注意:该模拟条件较为严苛,主车可使用模拟行驶,副车需要使用真实车辆行驶。

(4)移动信号灯车速引导。主车配置上行驶的模拟数据,当模拟车辆经过学校铁门时,开始出现红绿灯相位和车速引导信息。

(5)交叉路口碰撞预警。使用两个 VBOX 模式数据配置交叉路口从远端向路口行驶时,两个 VBOX 均能触发“交叉路口碰撞预警”。

课后习题

1. V2X 应用中,对于城区和高速环境下,最大可容忍时延是(　　)。

   A. 20 ms　　B. 50 ms　　C. 100 ms　　D. 200 ms

2. LTE-V2X 的工作模式包括________、________、________。

3. LTE-V2X 的部署场景包括________、________、________。

4. C-V2X 在物理层设计中,面临哪些挑战?

5. 比较 DSRC 与 C-V2X 两种通信方式。

6. C-V2X 的反应时间为________,最大传输距离为________;802.11p 的反应时间为________,最大传输距离为________。

第5章 车路协同数据采集与分析系统

5.1 车路信息交互场景与方法

5.1.1 交互场景

车路协同数据采集与分析系统基于车路协同系统模式，主要包含两部分——车载终端（On Board Unit，OBU）和路侧终端（Road Side Unit，RSU），能协同完成车辆运行数据的采集、处理、转发和评价工作。其结构如图5-1所示。

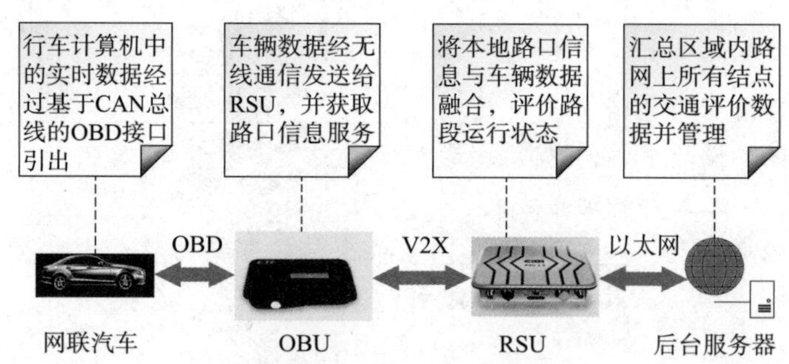

图5-1　数据交互系统结构

系统核心功能主要包含以下两个：

（1）智能网联汽车信息交互。智能车载终端，一直被看作是车联网功能的理想接入口，不仅承担着车辆的基本咨询、娱乐、导航功能，在车联网环境下更多的信息传递和辅助驾驶功能将通过它与驾驶员进行交互。因此，本系统中的车载终端将成为整个车辆的数据交互中心，在基本功能的基础上，通过采集车辆OBD数据完成车辆状态诊断、驾驶行为报告等辅助功能，并通过多种网络通信渠道将更多有价值的交通信息传递给驾驶员，如智能停车场的车位数据、前方路口的信号灯状态数据等。

(2)基于车辆数据的实时交通状态感知。车载设备与路侧终端在通信范围内将建立起稳定的车路通信。部分车辆数据将在路侧终端的指令下进行处理和上传。路侧终端将根据对单位时间内的所有有效数据进行处理和计算,最终得出该时段内的交通状态,并支持将该状态上传至远程服务器中。

交通评价系统通过车载终端与路侧终端协同工作,车载终端持续向与其建立连接的路侧终端主机发送车辆定位数据,路侧终端根据车辆位置向车载终端下达数据记录、处理与发送的命令,并校验上传数据的可靠性。图5-2所示也包括了该系统进行交通评价时的工作场景。

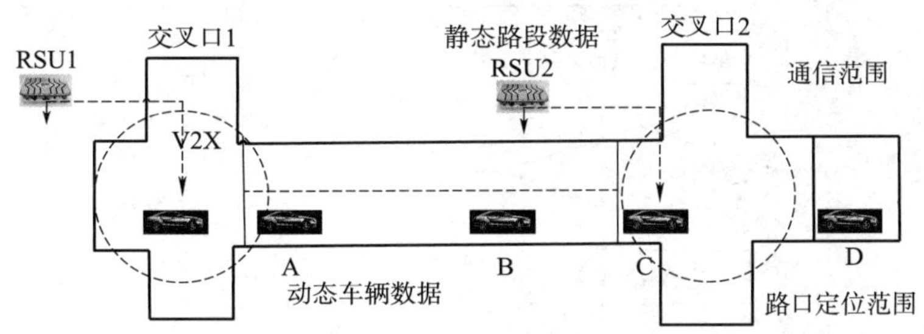

图5-2 车路数据交互场景

5.1.2 交互方法

当车辆离开上一个交叉口(点A)时,点A系统开始记录所需行车数据,在离开下一个交叉口(点D)时,将在路段上生成的数据发送给RSU2。从点A到点D间的时间间隔即为车辆在路段上的通过时间。

当车辆进入RSU2的通信范围(点B)时,双方将建立稳定的V2X通信。此后,车载终端发送当前车辆的基本信息,并在RSU2请求OBD数据之前连续发送定位信息。当车辆进入交叉口2(点C)时,由于车载终端中记载了上一次通信的主机RSU1信息,所以RSU2可以确定本次通信的数据来源于入口通道(RSU1→RSU2,即车从RSU1开向RSU2,即从A至D方向)。根据该原理,路侧终端将根据一定时间段内的实时车辆数据更新多个方向的路段评价结果。图5-3所示为评价系统的数据交互流程框图。

与传统浮动车数据采集系统相比,该方案具有如下优势:

(1)丰富的原始车辆数据。

(2)根据主机通信历史确定数据归属,不需根据定位信息匹配。

(3)数据在车载终端中自动统计计算,在开阔路口通信,减少通信过程中产生的错误数据和误差。

(4)人、车、路信息交互共享,前方路口状态可以提供给驾驶员。

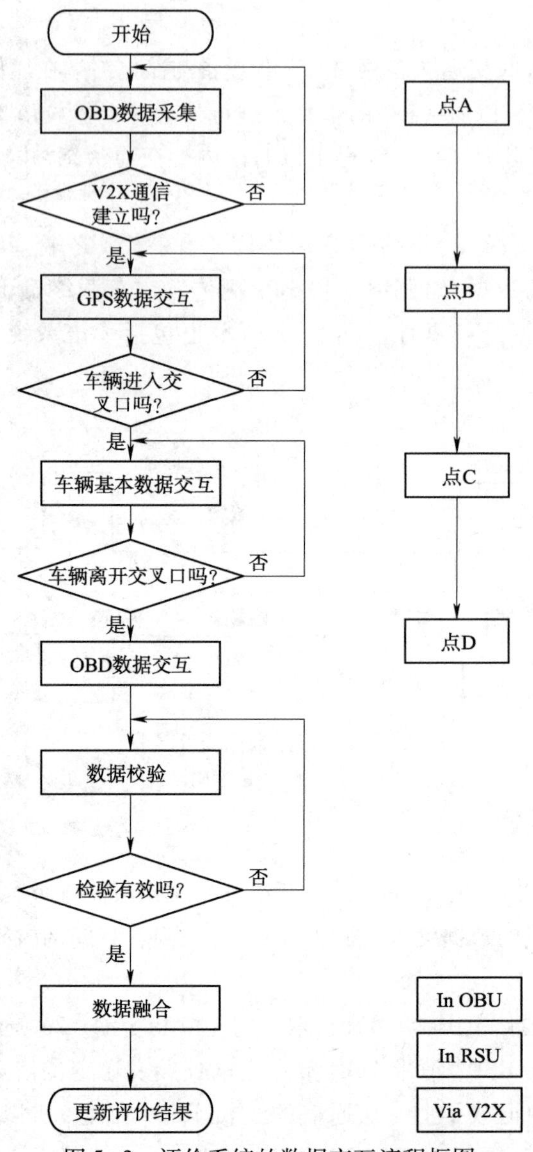

图 5-3　评价系统的数据交互流程框图

5.2　车路协同数据采集系统

系统还涉及软硬件多个方面的开发,开发过程中的主要内容包含以下两个方面:

(1)基于安卓(Android)系统的深度开发。方案中车载终端采用了 Android 系统作为开发平台,主要是考虑该系统开源免费的优势和丰富的应用资源。但这也带来了开发上的新问题,终端需求的如 CAN 总线和串行接口等相关通信功能由于对移动端设备来说并不常用,所以 Android 系统的开发套件对这些并不支持。这就导致要实现相关功能需要对原系统进行深度开发,将相关驱动程序写入底层的 Linux 系统来完成数据的交互功能,再以程序接口的形式向 Android 系统上层应用提供通信功能和数据收发功能,在一定程度上增加了开发的难度。

(2)高实时性的数据采集与通信功能设计。车载终端不仅需要实时采集车辆总线、GPS和移动网络数据,还需要对这些数据按照需求进行处理,并在合适的时间和地点与路侧终端进行交互,并反馈信息给驾驶员。这对终端系统的软硬件设计提出了较高的要求:一方面硬件设计上要保证多种通信模块的正常工作不受干扰,尤其是在环境复杂的车辆上其可以稳定工作;另一方面在软件设计中要合理安排多个线程协同工作,并尽可能降低对内存的占用,从而在数据交互过程中不影响软件系统其他功能的使用。

目前,交通评价的数据主要来源于固定式的检测器或移动式的浮动车,受技术条件所限,在实际应用中有诸多不便。本章介绍的设计总结了其不足,并结合智能网联汽车的技术特点,提出了基于车路协同的车辆数据采集和交通评价方法,该方法具有如下创新点:

(1)采用智能网联汽车行驶数据代替传统检测器数据。就交通状态的检测与评价方法而言,地磁、线圈、微波等传统固定式检测器的安装和维护成本高,提供的数据种类较少且精度不高,只能用于基本的道路状态与违章检测,且一整套设备只能服务于一个路口。智能网联汽车可实现OBD行驶数据共享,基于OBD数据不仅可以提供海量的高精度车辆行驶数据,同时借助路侧终端和无线通信,评价所需的车辆数据还可被有效收集;与此同时,车载终端也能将这些原始车辆数据提供给智能网联汽车诊断和辅助驾驶功能。

(2)面向智能网联汽车建立车路信息交互机制。浮动车法也是目前应用较为广泛的交通数据采集技术之一,属于移动式的检测手段,与固定式的检测器相比能提供更多的数据细节和更大的检测范围。但其所提供的数据并非来源于车辆本身,而是安装在车辆上的GPS,其信息包含车辆ID、经纬度、方向和速度。在GPS和移动信号较弱的地方,数据会有较大波动。数据上传后还需要根据定位信息对数据的归属路段进行匹配,容易产生误差。而这里设计的系统中的路侧终端均安装在空旷的交叉口旁,环境干扰小;通过近场无线网络来传输指令和数据;路侧终端根据车载终端的定位信息来下达数据打包和发送的指令,车辆数据的归属路段可以直接确定。因而,这种车路协同系统在数据采集和处理过程中提高了数据精度并降低了处理难度。更重要的是,它提供了一个双向信息交互的渠道,不仅车辆数据可以上传并汇总,路口的信息也可以发送给车载终端,在发生突发事件时也可以及时通知道路上的车辆。

5.2.1　车路数据交互软件系统方案论证

1. 检测数据方案

选取何种数据作为数据源,是交通评价系统首先要考虑的问题。目前主流的交通数据检测方案和其能提供的数据种类都无法令人满意,本路数据交互软件系统提出了基于车路协同模式的OBD无线传输数据作为评价交通状态的数据源,并与传统方法从多个方面进行了比较。

对比结果如表5-1所示。

表5-1　检测数据方案对比

监测数据	固定式检测器	浮动车系统	OBD无线传输
系统成本	高	较低	中等
实时性	较高	中等	较高
检测精度	较高	中等	较高
环境干扰	有影响	有影响	影响较低
数据种类	单	较少	较多

从上述对比可以看出，本章提出的软件系统设计方案具有较多的优点，弥补了传统方法的不足，因此选用该方案。

2. 协同通信方案

在车路协同模式中，位于车载终端内的OBD数据需要传输到路口节点的路侧终端中，这就需要借助无线通信网络。因此，本设计选取了几种适合的协同通信无线方案进行了对比，如表5-2所示。

表5-2 协同通信无线方案对比

通信方式	LTE-V	大功率 Zig Bee	大功率蓝牙
设备成本	高	低	低
通信延迟	低	较低	较高
通信距离	中等	较远	较近
通信带宽	高	较高	低
通信稳定性	稳定	较稳定	较不稳定
支持节点数	较多	多	少
数据安全	安全	较安全	较不安全
使用限制	较多	较少	较少
开发难度	高	较低	较低

从表5-2可以看出，应选用LTE-V模块作为目前智能网联汽车专用通信单元，这样基于LTE-V通信可按实际信息交互机制实现车路协同系统。

3. 车载终端系统方案

车载终端不仅要承担OBD数据采集、处理和无线转发的功能，在产品定位中它还是车辆的智能辅助中心，需要将各类信息反馈给驾驶员，并提供基本的车载资讯、娱乐、导航功能，因此需要嵌入式系统的支持。表5-3给出的车载终端系统方案是目前主流的嵌入式系统方案。

表5-3 车载终端系统方案对比

终端系统	Win CE	Linux	Android
系统成本	付费	部分开源	开源
稳定性	高	较高	中等
应用资源	较少	中等	丰富
集成开发难度	较低	较低	高
硬件支持	较多	较多	较少
安全性	较安全	中等	中等
UI 设计	传统	传统	美观
芯片供应	断货	充足	充足
系统升级频率	停止更新	低	高

从表 5-3 可以看出，Win CE 和 Linux 系统作为传统嵌入式系统具有成熟、稳定、安全的特点，但成本较高、芯片供应有断货可能、系统更新慢，与很多新技术功能的兼容性不够高；Android 系统作为高速发展的移动端系统，具有非常丰富的应用资源，便于产品的后续升级和优化，因此选择作为最终的车载终端系统。

5.2.2　车载终端软件系统

车载终端软件结构按照开发内容分为系统层、驱动层、应用层，如图 5-4 所示。这三个层次之间相互支持。

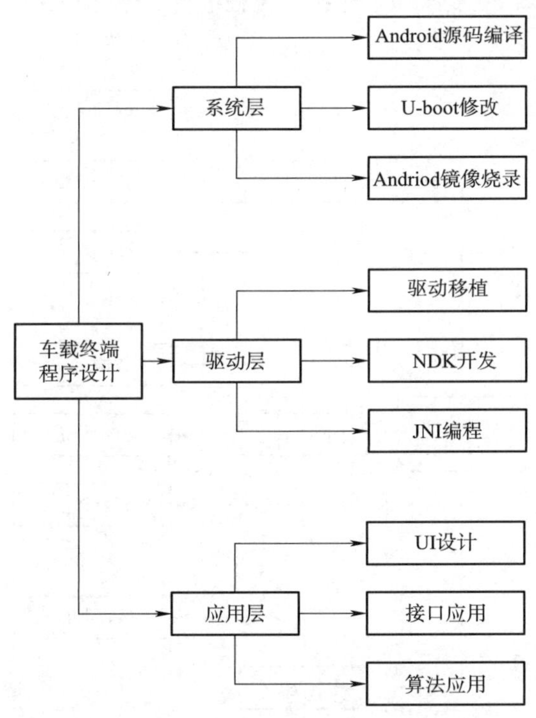

图 5-4　车载终端软件结构

1. 系统层

系统层主要涉及在 Linux 系统下完成 Android 源码的编译和烧录，确保 Android 系统可以在核心板上正常工作，并参照芯片官方手册修改 U-boot 配置以使各模块正常使用，同时根据 debug 日志查找潜在错误信息，为后续开发工作排除问题。

2. 驱动层

驱动层主要涉及 Android 系统中间件的程序开发，架起底层芯片和应用程序接口的数据通道。对于 Android SDK 所支持的底层驱动，基本芯片官方已经提供了对应的 Linux C 代码，只需要参照 C 程序的输入、输出和 Android SDK 写好对应的 JNI 代码即可。而对应 CAN 这一类 Android 底层不支持的驱动，则需要查找在 Linux 系统内核下支持的驱动程序，以 NDK 的形式加载到 Android 应用的工程中，再进行后续的驱动开发。这里所使用的是硬件配套的 Flex CAN 驱动。

3. 应用层

应用层主要涉及基于 Android Studio 工具的 Android App 开发，由于 Android 应用程序的逻辑功能和界面是分开的，因此也要分开设计。前期以使用 XML 语言的 UI 设计为主，并为本系统开发了 Android App 软件界面。在界面定型后，依次进行接口程序和算法应用程序的开发，前者主要涉及通过驱动程序接口与各类传感器、通信模块进行交互、传递数据；后者则根据协议或算法对数据进行处理，如对 OBD 数据的解析和评价数据的计算。

5.2.3 路侧终端软件系统

路侧终端没有操作系统，主要按照程序执行流程进行划分，分为初始化程序、主循环程序和中断程序，如图 5-5 所示。

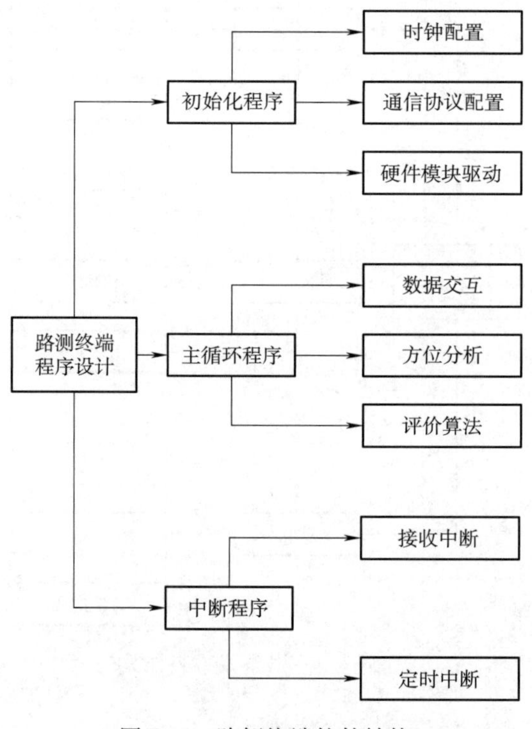

图 5-5 路侧终端软件结构

1. 初始化程序

初始化程序包含对芯片时钟、引脚的配置和串口、SPI 总线的通信参数设置，保证各模块的正常使用。

2. 主循环程序

通过信号机与建立起无线通信的车载终端进行数据交互；根据车载终端的经纬度信息计算车辆与路口的间距，从而下达对应的指令；在收到评价数据后进行数据校验，并根据评价算法计算一定时间内道路的状态。

3. 中断程序

中断程序分为接收中断和定时中断两部分。前者负责第一时间接收车载终端的实时信息；后者用于控制程序周期和时序，保证评价算法的精度，并进行数据上传与备份等操作。

实验4　车联网数据采集

1. 实验目标

1）认识GPS信息采集设备

全球定位系统（GPS）又称全球卫星定位系统，是美国国防部研制和维护的中距离圆形轨道卫星导航系统。它可以为地球表面绝大部分地区（98%）提供准确的定位、测速和高精度的标准时间。全球定位系统可满足位于全球地面任何一处或近地空间的军事用户连续且精确地确定三维位置、三维运动和时间的需求。该系统包括太空中的31颗GPS人造卫星，地面上1个主控站、3个数据注入站和5个监测站，及作为用户端的GPS接收机。最少只需其中4颗卫星，就能迅速确定用户端在地球上所处的位置及海拔；所能接收到的卫星信号数越多，解码出来的位置就越精确。

该系统由美国政府于1970年代开始进行研制，并于1994年全面建成。使用者只需拥有GPS接收机即可使用该服务，无须另外付费。GPS信号分为民用的标准定位服务（Standard Positioning Service，SPS）和军用的精确定位服务（Precise Positioning Service，PPS）两类。由于GPS无须任何授权即可任意使用，原本美国因为担心敌对国家或组织会利用GPS对美国发动攻击，故在民用信号中人为地加入选择性误差（Selective Availability，SA）以降低其精确度，使其最终定位精确度为100 m左右；军规的精度为10 m以下。2000年以后，比尔・克林顿政府决定取消对民用信号的干扰。因此，现在民用GPS也可以达到10 m左右的定位精度。

2）了解CAN总线协议

控制器局域网（Controller Area Network，CAN）是一种功能丰富的车用总线标准。被设计用于在不需要主机的情况下，允许网络上的单片机和仪器相互通信。它基于消息传递协议，设计之初在车辆上采用复用通信线缆，以降低铜线使用量，后来也被其他行业所使用。

2. 实验原理

GPS数据通过车顶的GPS天线获取后，输入车载网关的GPS接收器，经过处理后，通过串口线将数据输入控制终端中，可由此得知车辆的经纬度、速度、方向角、海拔等数据。

CAN总线同样通过专用的串口线将车辆数据返回到控制终端，控制终端可以由此得知车辆的行驶里程、挡位、控制模式、实际方向盘角度、实际加速踏板深度与制动踏板深度等数据。

3. 实验所需工具、设备和辅材

车载网关、GPS天线、CAN卡、GPS接收器和CAN卡专用串口线。

4. 实验步骤

1）GPS数据采集

GPS报文可以通过读取串口数据获取，C的termio库可以用来处理读取串口的工作，也可以使用串口读取工具来查看通信的报文。下载串口读取工具，如图5-6所示的串口助手软件。

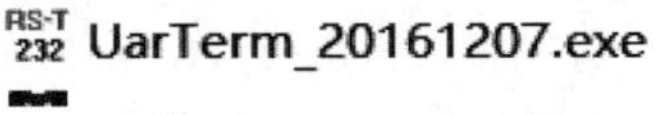

RS-T 232 UarTerm_20161207.exe

图5-6　串口助手软件

将 GPS 接收器通过串口线与计算机相连,读取报文数据,可以将数据保存下来,如图 5-7 所示。

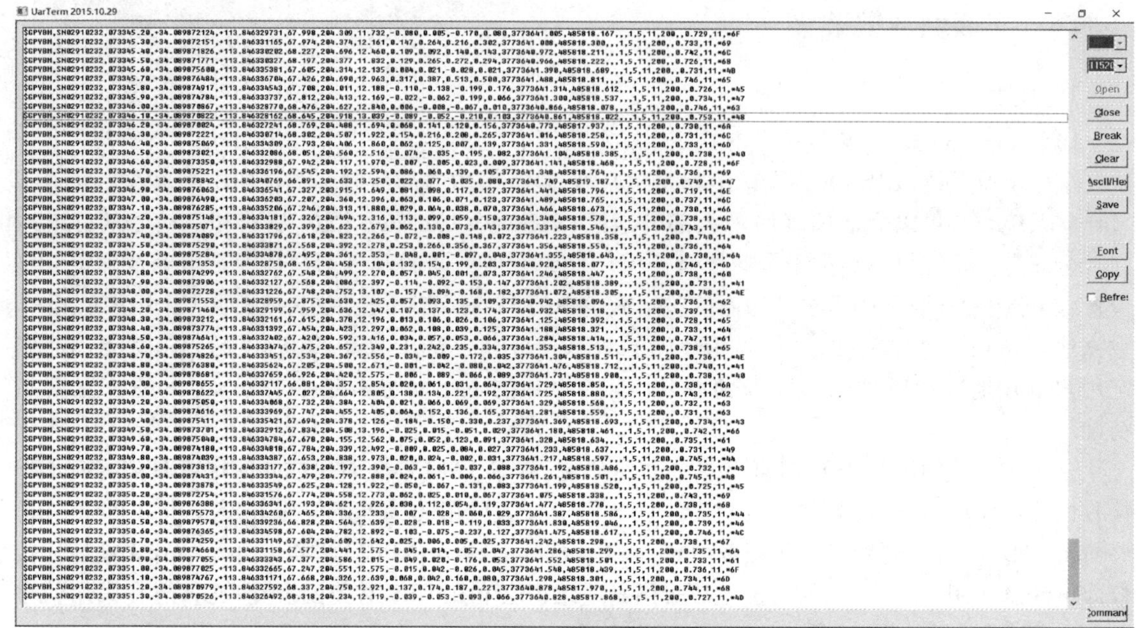

图 5-7　用串口助手软件采集和保存 GPS 数据

CAN 数据采集,可以使用 USB CAN TOOL 之类处理 CAN 通信的软件,读取对应通道的 CAN 回执。

实验 5　车联网数据分析

1. 实验目标

1)熟悉 GPS 与 CAN 报文解析

市面上 GPS 协议的种类很多,本书所说的 GPS 协议一般指 NMEA-0183 协议。NMEA 协议有 0180、0182 和 0183 这 3 种,0183 是前两种的升级,也是目前使用最广泛的一种。NMEA-0183 协议是 GPS 接收机应当遵守的标准协议,大多数常见的 GPS 接收机、GPS 数据处理软件、导航软件都遵守或者至少兼容这个协议。

CAN 总线的返回值协议种类很多,一般都会标识车辆目前的行驶状态等相关信息以及与线控相关的参数。

2)了解 MQTT 协议

MQTT(Message Queuing Telemetry Transport,消息队列遥测传输协议)是一种基于发布/订阅(Publish/Subscribe)模式的“轻量级”通信协议,该协议构建于 TCP/IP 协议上,由 IBM 在 1999 年发布。MQTT 最大的优点在于,可以以极少的代码和有限的带宽,为连接远程设备提供实时可靠的消息服务。作为一种低开销、低带宽占用的即时通信协议,其在物联网、小型设备、移动应用等方面均有较广泛的应用。

MQTT 是一个基于客户端 - 服务器的消息发布/订阅传输协议。MQTT 协议是轻量、简单、开放和易于实现的,这些特点使其适用范围非常广泛。在很多情况下,包括受限的环境中,如:机器与机器(M2M)通信和物联网(IoT),其在通过卫星链路通信传感器、偶尔拨号的医疗设备、智能家居及一些小型化设备中已广泛使用。

2. 实验原理

GPS 的报文与 CAN 的报文都有固定的协议格式，根据对应的协议解析出需要的数据，然后通过 MQTT 客户端定时上报到 MQTT 服务器上，需要这个数据的服务可以自行从该服务器订阅。

3. 实验所需设备、工具和辅材

车载网关、GPS 天线、CAN 卡、GPS 接收器和 CAN 卡专用串口线、笔记本计算机。

4. 实验步骤

1）GPS 报文解析

报文头确定 GPS 语句格式，按照对应语句的格式解析报文，GPYBM 报文定义如图 5－8 所示。

GPYBM 报文定义 (ver 3.0)

2016 年 8 月 18 日

1. 报头
   - 字符串类型，固定为“$GPYBM”
2. 设备序列号
   - 字符串类型，为 SN+8 位数字，即 SNxxxxxxxx（x 为 0~9 的数字）
   - 参见：Note1
3. UTC 时间（参见 GPGGA）
   - 字符串类型，格式：HHMMSS.SS，小数点后 2 位（单位为秒）、
   - 参见：Note1
4. 纬度(度)
   - 小数点后 9 位，带符号表示南北
5. 经度(度)
   - 小数点后 9 位，带符号表示东西
6. 高程(椭球高，m)
   - 小数点后 3 位
7. 方位角(度)
   - 小数点后 3 位
8. 俯仰角(度)
   - 小数点后 3 位
9. 北向速度(m/s)
   - 小数点后 3 位
10. 东向速度(m/s)
    - 小数点后 3 位
11. 地向速度(down, m/s)
    - 小数点后 3 位
12. 地速(ground speed, m/s)
    - 小数点后 3 位
13. 高斯投影坐标 X 轴(北向，单位 m，参见 PTNL,PJK：Northing)
    - 小数点后 3 位
14. 高斯投影坐标 Y 轴(东向，单位 m，参见 PTNL,PJK：Easting)
    - 小数点后 3 位
15. 基站坐标系下的移动站 X 轴坐标(基站坐标为原点，北向)
    - 小数点后 3 位
    - 参见：Note2
16. 基站坐标系下的移动站 Y 轴坐标(基站坐标为原点，东向)
    - 小数点后 3 位
    - 参见：Note2
17. 定位解状态（主站，即主天线的定位状态）
    - Int 型
    - 0-未定位或无效解
    - 1-单点定位
    - 4-定位 RTK 固定解
    - 5-定位 RTK 浮点解
    - 6-INS 定位解或 GNSS/INS 组合定位解（2016-8-18 更新）
    - 参见：Note1
18. 定向解状态（从站，即从天线的定位状态）
    - Int 型
    - 0-未定位或无效解
    - 1-单点定位
    - 4-定向 RTK 固定解
    - 5-定向 RTK 浮点解
    - 6-INS 姿态解或 GNSS/INS 组合姿态解（2016-8-18 更新）
    - 参见：Note1
19. 主站天线收星数
    - Int 型
20. 差分延迟
    - Int 型
21. 基准站 ID（2015-12-29 更新）
    - Int 型，4 位
    - 参见：Note2
22. 主站和从站内之间的距离（双天线基线长）（2015-12-29 更新）
    - 小数点后 3 位
23. 从站参与解算的卫星数（2015-12-29 更新）
    - Int 型
24. 横滚角(度)（2016-8-18 更新）
    - 小数点后 3 位
25. *校验和（两位）

报文格式（帧格式）：$aaccc,ddd,ddd,…,ddd*hh<CR><LF>
- $　帧命令起始位
- aaccc　地址域，前两位为识别符，后三位为语句名
- ddd…ddd　数据
- *　校验和前缀
- hh　校验和（check sum）
  $与*之间所有字符 ASCII 码的校验和(不包括这两个字符)，即：
  各字节做异或运算，得到校验和后，再转换 16 进制格式的 ASCII 字符。
- <CR><LF> CR（Carriage Return，回车）+ LF（Line Feed，换行）帧结束

Note1：**无论接收机定位与否（主要是指：与主天线连接的接收机主站），此项始终不为空**
Note2：**非差分模式下（即收不到基准站数据时），此项不输出（为空）**

图 5－8　GPYBM 报文定义

2）CAN 报文解析

不同 CAN 协议差别较大，一般按对应位取得对应数据即可。

3）MQTT 报文上报

MQTT 客户端可以下载 paho. mqtt 库，用自己熟悉的编程语言自行编写。也有一些 MQTT 客户端软件可以使用，如 MQTTBOX。

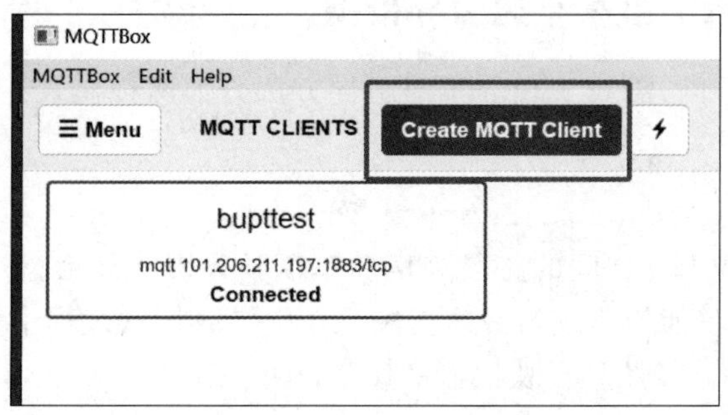

图 5－9　MQTTBOX 软件

单击 Create MQTT Client 按钮，建立客户端，正确填写账号和密码等信息后单击 Save 按钮。如图 5-10 所示，界面中 Connected 代表成功连接；Addpublisher 用来对确定的 topic 上报数据；Addsubscriber 可以订阅确定的 topic，查看收到的数据。

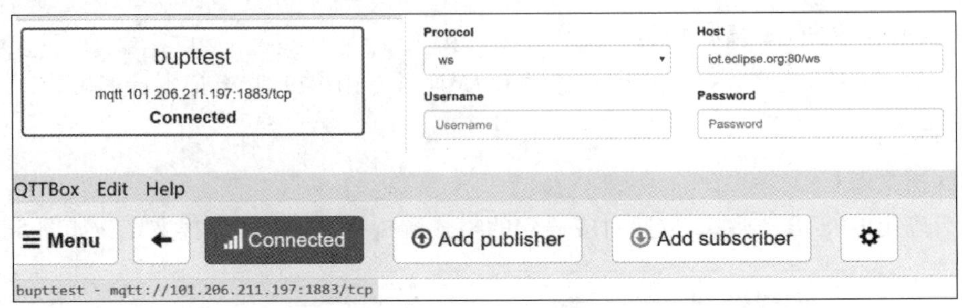

图 5-10　MQTTBOX 软件操作

5.3　基于 V2I 交通信号灯状态的车速引导方法及系统

由于传统交通传感器精度有限及车辆状态信息获取的滞后性，城市干线信号控制很难根据实时车流量动态优化配时方案，达到预期效果。随着车路协同，智能网联汽车技术的广泛应用，车速引导技术为以上问题提出了新的解决方案。车速引导技术可以使车辆行驶保持理想车距和车速，优化城市干线车流行驶状态，为缓解城市干线拥堵和提高道路通行能力提供了新的技术手段和解决方案。本节提出了一种面向城市干线的网联汽车车速引导方法，包括干线路段头车车速引导、干线路段跟随车车速引导及自适应配时优化方法。首先，面向城市干线系统特点，分析了车路协同系统中智能网联汽车的行驶状态；其次，根据车辆行驶状态及交通信号配时信息提出了多车车速引导模型，并通过网联车辆实时行驶信息动态优化交叉口的绿信比，提高了交叉口整体通行能力；最后，根据实际场景进行了仿真实验。仿真结果表明，利用该方法可使干线交叉口整体延误降低 14%，干线车流的停车时间减少 56%，停车次数减少 48%。该方法显著减少了城市干线车流的停车时间及次数，提高了交叉口整体通行效率，为智能网联汽车技术实际应用提供了理论依据。

在确定控制方法前，首先将车辆编号为 $n(n=1,2,\cdots)$，按照车辆进入引导区的顺序依次确定。当确定当前信号周期最后一辆车进入引导区后，以该区域所有车辆停车时间最小为目标，确定车速引导方法，流程如图 5-11 所示。

5.3.1　车路协同环境下单车车速引导模型

由于车辆初始状态不同，需要实现的车速引导方法分为两种模式：不停车通过交叉口（模式 1）；停车时间最短（模式 2）。

1. 车速引导模式 1

以交叉口 $j-1$ 与交叉口 j 之间的路段为例。车辆驶入缓冲区后，根据智能车辆最优行驶模式，规定所有引导区车辆仅能匀速或匀变速行驶。在引导区行驶过程中，车辆速度与位移随时间变化曲线如图 5-12 所示。按照其行驶状态将其分为四个阶段。

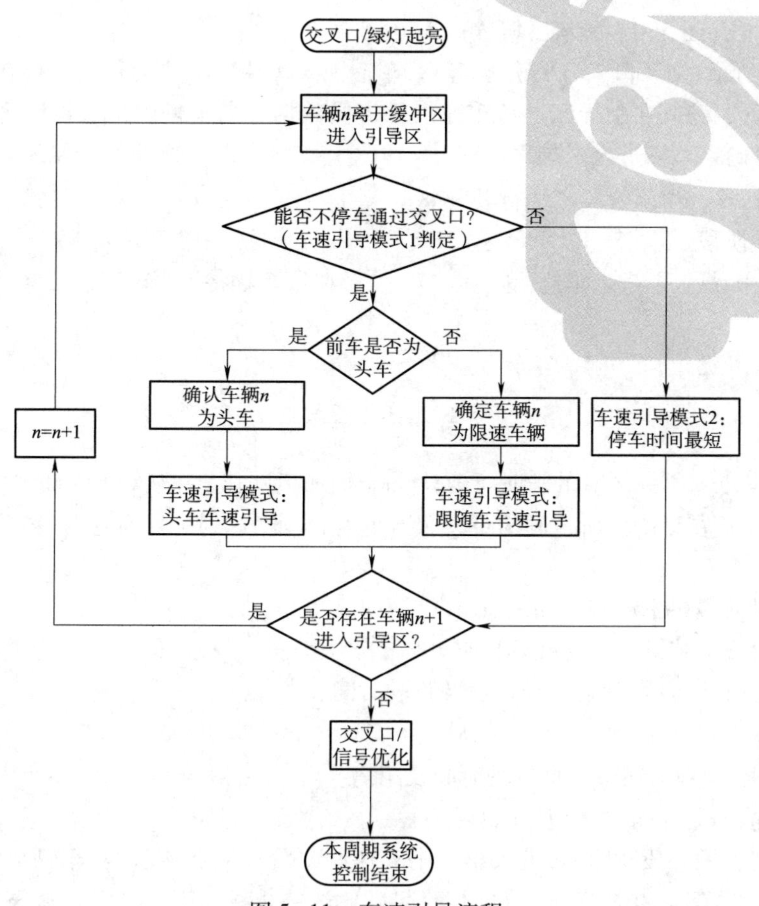

图5-11　车速引导流程

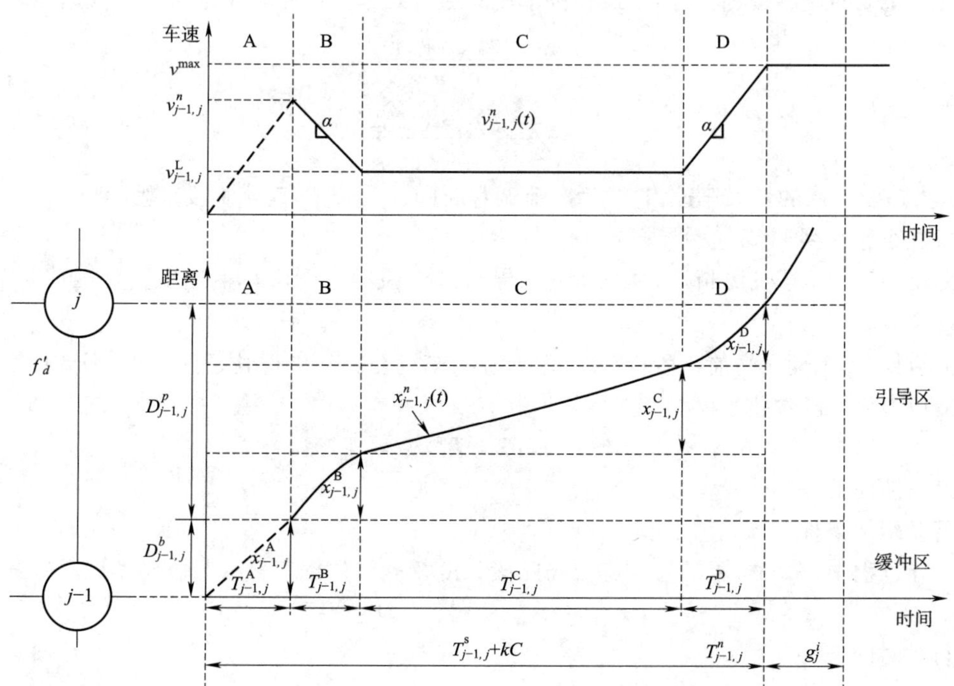

图5-12　车辆速度与位移随时间变化曲线

1）无引导阶段（图 5-12 所示区域 A）

如图 5-12 所示，交叉口 $j-1$ 绿灯亮起后，车辆驶入缓冲区。非直行车辆会在该阶段换道，直行车辆则正常行驶，为其在引导区进行车速引导提供数据。当车辆驶出缓冲区进入引导区时，该阶段结束。此时确定车辆进入引导区的序号 n。图 5-12 中，$v_{j-1,j}^{n}$ 为进入引导区时的速度；$T_{j-1,j}^{A}$ 为该阶段所需时间；$x_{j-1,j}^{A}$ 为该阶段车辆行驶距离。

2）车速调整阶段 1（图 5-12 所示区域 B）

n 号车驶入引导区后，进入车速调整阶段 1。在该阶段车辆将把当前车速调整至引导车速 $v_{j-1,j}^{L}$。

$$T_{j-1,j}^{B}=\frac{v_{j-1,j}^{L}-v_{j-1,j}^{n}}{a} \tag{5-1}$$

$$x_{j-1,j}^{B}=\frac{(v_{j-1,j}^{L})^{2}-(v_{j-1,j}^{n})^{2}}{2a} \tag{5-2}$$

式中，$v_{j-1,j}^{n}$ 为车辆进入引导区时的瞬时车速；a 为车辆加速度；$T_{j-1,j}^{B}$ 为车速调整时间，同时也是该阶段时长；$x_{j-1,j}^{B}$ 为车辆在该阶段所行驶的距离。当车辆的速度达到引导车速时，该阶段结束，车辆将进入匀速行驶阶段。

3）匀速行驶阶段（图 5-12 所示区域 C）

车速调整阶段 1 结束后，车辆以引导车速 $v_{j-1,j}^{L}$ 匀速行驶一段时间。在综合考虑车辆运行状态及交叉口信号运行状态后，确定引导车速及行驶时间。

$$x_{j-1,j}^{C}=T_{j-1,j}^{C}v_{j-1,j}^{L} \tag{5-3}$$

式中，$T_{j-1,j}^{C}$ 和 $x_{j-1,j}^{C}$ 分别为该段车辆行驶时间及距离。

4）车速调整阶段 2（图 5-12 所示区域 D）

车辆 n 匀速行驶一段时间后，进入第二个车速调整阶段。在该阶段，车辆会将自身车速由引导车速调整至最大车速，并在交叉口 j 绿灯亮起后通过停止线。第二次车速调整的意义在于提高车辆通过停止线的速度，从而提高干线相位车流的通行效率。该阶段车辆进行匀变速运动。

$$T_{j-1,j}^{D}=\frac{v_{\max}-v_{j-1,j}^{L}}{a} \tag{5-4}$$

$$x_{j-1,j}^{D}=\frac{(v_{\max})^{2}-(v_{j-1,j}^{L})^{2}}{2a} \tag{5-5}$$

式中，$v_{\max}$ 为路段允许的最大车速；$T_{j-1,j}^{D}$ 为车速调整时间；$x_{j-1,j}^{D}$ 为车辆该阶段行驶距离。

5）最优车速模型 1（车速引导模式 1）

在完成对各个阶段的分析后，建立车速引导模式 1 模型。确定车辆速度变化函数 $v_{j-1,j}^{n}(t)$ 和运行轨迹函数 $x_{j-1,j}^{n}(t)$。

目标函数：当车辆在当前路段行驶时间最短时，车辆在交叉口行驶延误最小，因此以车辆 n 行驶时间最短为目标函数建立模型。

$$\min Z=T_{j-1,j}^{m} \tag{5-6}$$

约束条件如下：

1）行驶距离条件

在引导过程中，车辆行驶的总位移应与路段长度相同。根据车辆 n 行驶距离建立等式为

$$x_{j-1,j}^{A}+x_{j-1,j}^{B}+x_{j-1,j}^{C}+x_{j-1,j}^{D}=D_{j-1,j}^{b}+D_{j-1,j}^{p} \tag{5-7}$$

2）行驶时间条件

根据车辆 n 行驶时间建立等式为

$$T^{A}_{j-1,j}+T^{B}_{j-1,j}+T^{C}_{j-1,j}+T^{D}_{j-1,j}=T^{n}_{j-1,j} \tag{5-8}$$

式中，$T^{n}_{j-1,j}$为车辆 n 通过交叉口 j 停止线的时刻。若该车前方无车辆行驶，则 $n=1$，车辆行驶时间应当满足式(5-9)的第一个条件，其通过交叉口 j 停止线的时间应大于绿灯起亮时间。若在本路段中，该车前方有车辆行驶，则 $n>1$，车辆 n 的行驶时间应满足式(5-9)的第二个条件，其通过停止线的时间应大于前车通过停止线的时间。

$$\begin{cases} T^{n}_{j-1}+kC\leqslant T^{n}_{j-1,j}+kC+g^{i}_{j} \\ T^{n-1}_{j-1}+\dfrac{S_{\text{safe}}}{v_{\max}}\leqslant T^{x}_{j-1,j}+kC+g^{i}_{j} \end{cases} \tag{5-9}$$

式中，$T^{n}_{j-1,j}$为交叉口 $j-1$ 相对于交叉口 j 的相位差；C 为公共周期时长；g^{i}_{j}为初始配时方案相位 i 绿灯时长，规定 $i=1$ 表示干线相位；S_{safe}为安全车距；k 为车辆在引导区行驶的信号周期数。

在行驶过程中，可能出现车辆即使以最快速度行驶，但在相位差时长内仍无法到达下游交叉口的情况。针对该种情况须调整引导策略，可使其在其他信号周期通过交叉口。

3)行驶速度条件

基于对车辆行驶安全的考虑，车辆 n 的引导车速应符合路段对车速最大限制速度 $v_{\max}$，同时，若车辆 n 以很低的速度通过交叉口会对交通流产生较大影响，因此其引导车速应当大于最低车速 $v_{\min}$，即

$$v_{\min}\leqslant v^{L}_{j-1,j}\leqslant v_{\max} \tag{5-10}$$

把式(5-1)和式(5-4)代入式(5-8)，式(5-3)和式(5-5)代入式(5-7)，简化模型为

$$\min Z=T^{n}_{j-1,j} \tag{5-11}$$

约束条件为

$$\begin{cases} T^{A}_{j-1,j}+\dfrac{v^{L}_{j-1,j}-v^{n}_{j-1,j}}{a}+T^{C}_{j-1,j}+\dfrac{v_{\max}-v^{L}_{j-1,j}}{a}=T^{n}_{j-1,j} \\ x^{A}_{j-1,j}+\dfrac{(v^{L}_{j-1,j})^{2}-(v^{n}_{j-1,j})^{2}}{2a}+T^{C}_{j-1,j}v^{L}_{j-1,j}+\dfrac{(v_{\max})^{2}-(v^{L}_{j-1,j})^{2}}{2a}=D^{b}_{j-1,j}+D^{p}_{j-1,j} \\ T^{n}_{j-1}+kC\leqslant T^{n}_{j-1,j}\leqslant T^{n}_{j-1,j}+kC+g^{i}_{j}\quad (n=1,k=0,1,\cdots) \\ T^{n-1}_{j-1}+\dfrac{S_{\text{safe}}}{v_{\max}}\leqslant T^{m}_{j-1,j}\leqslant T^{m}_{j-1,j}+kC+g^{i}_{j}\quad (n>1,k=0,1,2\cdots) \\ v_{\min}\leqslant v^{L}_{j-1,j}\leqslant v_{\max} \end{cases} \tag{5-12}$$

在式(5-12)的求解过程中，可先假设 k 的值求出对应的 $T^{C}_{j-1,j}$和 $v^{L}_{j-1,j}$。由于 $v^{L}_{j-1,j}\in[v_{\min},v_{\max}]$，在有限次运算后可求出所有可行的解，求解 $v^{L}_{j-1,j}$、$T^{C}_{j-1,j}$、$T^{n}_{j-1,j}$和 k。随后可确定车辆 n 的速度变化函数 $v^{C}_{j-1,j}(t)$。对其积分可求出运行轨迹函数 $x^{n}_{j-1,j}(t)$。

$$v^{n}_{j-1,j}(t)=\begin{cases} v^{n}_{j-1,j}+(t-T^{A}_{j-1,j})a,\quad 当\ t\in[T^{A}_{j-1,j},T^{A}_{j-1,j}+T^{B}_{j-1,j}] \\ v^{L}_{j-1,j},\quad 当\ t\in[T^{A}_{j-1,j}+T^{B}_{j-1,j},T^{A}_{j-1,j}+T^{B}_{j-1,j}+T^{C}_{j-1,j}] \\ v^{L}_{j-1,j}+(t-T^{A}_{j-1,j}-T^{B}_{j-1,j}-T^{C}_{j-1,j}),\quad 当\ \mathrm{t}\in[T^{A}_{j-1,j}+T^{B}_{j-1,j},T^{A}_{j-1,j},T^{n}_{j-1,j}] \end{cases} \tag{5-13}$$

$$x^{n}_{j-1,j}(t)=\int_{T^{A}_{j-1,j}}^{T^{n}_{j-1,j}}v^{n}_{j-1,j}(t)\,\mathrm{d}t \tag{5-14}$$

若无可行解，说明车辆在当前周期无法不停车通过，则按照流程图执行车速引导模式 2。

2. 车速引导模式 2

由于车辆 n 无法不停车通过交叉口，因此执行车速引导模式 2，以停车时间最少为目标进行车

速引导。其速度与位移随时间变化曲线如图 5-13 所示。

车辆 n 在 $t^n_{j-1,j}$时刻进入引导区，行驶一段时间后在 $T^p_{j-1,j}$时刻开始减速，并在 $T^t_{j-1,j}$时刻停止运动。在 $T^n_{j-1,j}$时刻，交叉口 j 绿灯亮，车辆通过停止线。综上所述，建立停车时间最短的最优车速模型 2。

目标函数：以停车时间最短作为目标函数建立模型。

$$\min F = T^n_{j-1,j} - T^t_{j-1,j} \tag{5-15}$$

约束条件如下：

1）速度约束条件

如图 5-13 所示，车辆仅以匀速或匀变速的状态行驶，如式(5-16)所示。同时，在行驶过程中应当符合路段对车速的约束条件，如式(5-17)、式(5-18)。

$$v^n_{j-1,j}(t) = a \text{ 或 } 0 \tag{5-16}$$

$$v^n_{j-1,j}(t) \leqslant v_{\max}, \quad t \in [t^n_{j-1,j}, T^r_{j-1,j}] \tag{5-17}$$

$$v^n_{j-1,j}(t) \geqslant v_{\min}, \quad t \in [t^n_{j-1,j}, T^p_{j-1,j}] \tag{5-18}$$

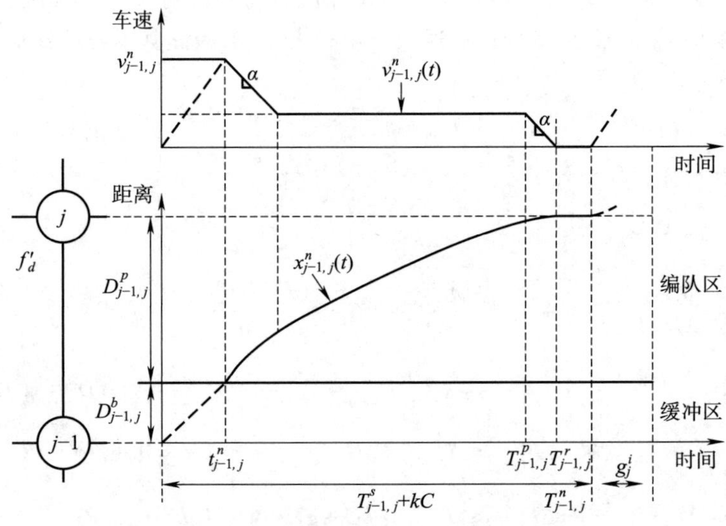

图 5-13　车辆速度位移与时间变化曲线

2）行驶距离条件

考虑车辆位置及速度位移关系建立约束条件，有

$$x^n_{j-1,j}(t^n_{j-1,j}) = D^b_{j-1,j} \tag{5-19}$$

$$x^n_{j-1,j}(T^r_{j-1,j}) = D^p_{j-1,j} + D^b_{j-1,j} \tag{5-20}$$

$$x^x_{j-1,j}(t) = \int_{t^n_{j-1,j}}^{T^r_{j-1,j}} v^n_{j-1,j}(t)\,\mathrm{d}t \tag{5-21}$$

最终，根据目标函数及约束条件建立停车时间最短的最优车速模型 2 为

$$\min F = T^n_{j-1,j} - T^r_{j-1,j}$$

约束条件为

$$\begin{cases} v^n_{j-1,j}{}'(t) = a \text{ 或 } 0 \\ v^n_{j-1,j}(t) \leqslant v_{\max}, \quad \text{当 } t \in [t^n_{j-1,j}, T^r_{j-1,j}] \\ v^n_{j-1,j}(t) \geqslant v_{\min}, \quad \text{当 } t \in [t^n_{j-1,j}, T^p_{j-1,j}] \\ x^n_{j-1,j}(t^n_{j-1,j}) = D^b_{j-1,j} \\ x^n_{j-1,j}(T^r_{j-1,j}) = D^p_{j-1,j} + D^b_{j-1,j} \\ x^x_{j-1,j}(t) = \int_{t^n_{j-1,j}}^{T^r_{j-1,j}} v^n_{j-1,j}(t)\,\mathrm{d}t \\ T^n_{j-1,j} = T^s_{j-1,j} = kC \end{cases} \tag{5-22}$$

对模型求解,确定车辆 n 的速度变化函数 $v^n_{j-1,j}(t)$ 和运行轨迹函数 $x^n_{j-1,j}(t)$。

5.3.2　车路协同环境多车车速引导模型

若车辆处于车速引导模式1,且引导区存在前车,则判定其能进行车速引导。在多车车速引导过程中,车辆 n 和 $n+1$ 的速度与位移随时间的变化曲线如图5-14所示。车辆n进入引导区的时刻为 $t^n_{j-1,j}$。

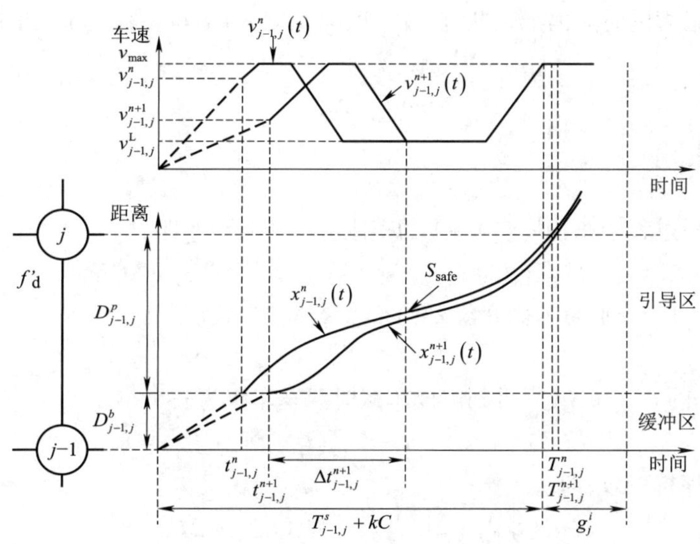

图5-14　车辆 n 和 $n+1$ 的速度与位移随时间变化曲线

$$v^n_{j-1,j}(t)v^{\max}, \quad \text{当 } t \in [t^n_{j-1,j}, T^r_{j-1,j}] \tag{5-23}$$

$$v^n_{j-1,j}(t)v^{\text{mix}}, \quad \text{当 } t \in [t^n_{j-1,j}, T^p_{j-1,j}] \tag{5-24}$$

行驶距离条件:考虑车辆位置及速度位移关系建立约束条件,有

$$x^n_{j-1,j}(t^n_{j-1,j}) = D^b_{j-1,j} \tag{5-25}$$

$$x^n_{j-1,j}(T^r_{j-1,j}) = D^p_{j-1,j} + D^b_{j-1,j} \tag{5-26}$$

$$x^x_{j-1,j}(t) = \int_{t^n_{j-1,j}}^{T^r_{j-1,j}} v^n_{j-1,j}(t)\,\mathrm{d}t \tag{5-27}$$

最终,根据目标函数及约束条件建立停车时间最短的最优车速模型2为

$$\min F = T^n_{j-1,j} - T^r_{j-1,j}$$

结束条件为

$$
\begin{cases}
v_{j-1,j}^{n}{}'(t) = a \text{ 或 } 0 \\
v_{j-1,j}^{n}(t)v^{\max}, \quad \text{当 } t \in [t_{j-1,j}^{n}, T_{j-1,j}^{r}] \\
v_{j-1,j}^{n}(t)v^{mix}, \quad \text{当 } t \in [t_{j-1,j}^{n}, T_{j-1,j}^{p}] \\
x_{j-1,j}^{n}(t_{j-1,j}^{n}) = D_{j-1,j}^{b} \\
x_{j-1,j}^{n}(T_{j-1,j}^{r}) = D_{j-1,j}^{p} + D_{j-1,j}^{b} \\
x_{j-1,j}^{x}(t) = \int_{t_{j-1,j}^{n}}^{T_{j-1,j}^{r}} v_{j-1,j}^{n}(t)\mathrm{d}t \\
T_{j-1,j}^{n} = T_{j-1,j}^{S} + kC
\end{cases} \tag{5-28}
$$

对模型求解，确定车辆 n 的速度变化函数 $v_{j-1,j}^{n}(t)$ 及运行轨迹函数 $x_{j-1,j}^{x}(t)$。

图 5-14 中，车辆 n 在 $t_{j-1,j}^{n}$ 时刻进入引导区行驶，随后车辆 $n+1$ 在 $t_{j-1,j}^{n+1}$ 时刻驶入引导区，并经过 $\Delta t_{j-1,j}^{n+1}$ 时间后与车辆 n 保持统一的车距和车速，分别于 $T_{j-1,j}^{n}$ 和 $T_{j-1,j}^{n+1}$ 时刻驶出交叉口。基于以上分析建立多车车速引导模型。

目标函数：多车车速引导的目的在于占用较少的道路交通资源，实现交叉口通行能力最大，所以单个车辆需要在最短的时间内加入队列。因此，以车辆 $n+1$ 与 n 组成车队的时间 $\Delta t_{j-1,j}^{n+1}$ 最短为目标函数建立模型。

$$
\min F = \Delta t_{j-1,j}^{n+1} \tag{5-29}
$$

结束条件如下：

1）车距条件

在多车车速引导过程中车辆 n 与 $n+1$ 的车距应大于安全车距，即

$$
x_{j-1,j}^{n}(t)x_{j-1,j}^{n+1}(t) + S_{\text{safe}}, \quad \text{当 } t \in [t_{j-1,j}^{n+1}, t_{j-1,j}^{n+1} + \Delta t_{j-1,j}^{n+1}] \tag{5-30}
$$

式中，$x_{j-1,j}^{n}(t)$ 及 $x_{j-1,j}^{n+1}(t)$ 分别为车辆 n 与 $n+1$ 的运行轨迹函数。

2）一致性条件

车辆 n 与 $n+1$ 的 $t_{j-1,j}^{n+1}+\Delta t_{j-1,j}^{n+1}$ 时刻组成车队时两车车距为安全车距 S_{safe}，有

$$
x_{j-1,j}^{n}(t_{j-1,j}^{n+1} + \Delta t_{j-1,j}^{n+1}) = t_{j-1,j}^{n+1}(t_{j-1,j}^{n+1} + \Delta t_{j-1,j}^{n+1}) + S_{\text{safe}} \tag{5-31}
$$

同时两车速度保持一致，即

$$
v_{j-1,j}^{n}(t_{j-1,j}^{n+1} + \Delta t_{j-1,j}^{n+1}) = v_{j-1,j}^{n+1}(t_{j-1,j}^{n+1} + \Delta t_{j-1,j}^{n+1}) \tag{5-32}
$$

式中，$v_{j-1,j}^{n}(t)$ 及 $v_{j-1,j}^{n+1}(t)$ 分别为车辆 n 与 $n+1$ 的速度变化函数。

3）车速约束

车辆在引导过程中仅能进行匀变速运动或匀速运动，即

$$
v_{j-1,j}^{n+1}{}'(t) = a \text{ 或 } 0, \quad \text{当 } t \in [t_{j-1,j}^{n+1}, t_{j-1,j}^{n+1} + \Delta t_{j-1,j}^{n+1}] \tag{5-33}
$$

行驶过程中应当符合路段对车速的限制，有

$$
v_{\max}v_{j-1,j}^{n+1}(t)v_{\min}, \quad \text{当 } t \in [t_{j-1,j}^{n+1}, t_{j-1,j}^{n+1} + \Delta t_{j-1,j}^{n+1}] \tag{5-34}
$$

综上所述，建立多车车速引导模型，为

$$
\min F = \Delta t_{j-1,j}^{n+1}
$$

约束条件为

$$
\begin{cases}
x_{j-1,j}^{n}(t_{j-1,j}^{n+1}+\Delta t_{j-1,j}^{n+1})=x_{j-1,j}^{n+1}(t_{j-1,j}^{n+1}+\Delta t_{j-1,j}^{n+1})+S_{\text{safe}} \\
v_{j-1,j}^{n}(t_{j-1,j}^{n+1}+\Delta t_{j-1,j}^{n+1})=v_{j-1,j}^{n+1}(t_{j-1,j}^{n+1}+\Delta t_{j-1,j}^{n+1}) \\
v_{j-1,j}^{n+1}{}'(t)=a \text{ 或 } 0 \\
x_{j-1,j}^{n}(t)\geqslant x_{j-1,j}^{n+1}(t)+S_{\text{safe}} \\
v_{\max}\geqslant v_{j-1,j}^{n+1}(t)\geqslant v_{\min} \\
t_{j-1,j}^{n+1}+\Delta t_{j-1,j}^{n+1}\geqslant t\geqslant t_{j-1,j}^{n+1}
\end{cases}
\tag{5-29}
$$

综上所述，确定每一网联车辆的速度变化函数 $v_{j-1,j}^{n}(t)$ 和运行轨迹函数 $x_{j-1,j}^{n}(t)$。

实验 6　智能交通灯信号灯状态信息获取与解析

1. 实验目标

测试 V2X 与路侧设备之间的通信协同控制能力，实验车不停车通过信号灯，提高交通效率。

2. 实验原理

实验车通过 RSU 和 OBU 通信是通过 PC5 口广播的方式，具备低时延、高可靠的性能。实验车在行驶过程中，OBU 通过 CAN 接口方式读取车身实时车速、位置、航向角等信息，RSU 读取信号灯相位（红灯剩余时间）和其他路侧信息。RSU 把信号灯相位实时广播给 OBU，OBU 把车本身的速度、位置等信息广播给附近的车辆和 RSU。

OBU 根据车速和距离信号灯的位置，计算预计通过红灯的时间（单位：s）。OBU 判断以当前速度继续行驶，实验车是否能不停车通过信号灯路口。若判定车辆以当前速度行驶到路口遇到的是红灯，OBU 向实验车驾驶者发出预警。

3. 实验设备

移动信号灯 1 台、实验车 1 台、OBU1 台、RSU1 台。

4. 实验步骤

（1）实验车正常行驶接近交通信号灯的路口。

（2）信号灯正常工作，即将亮起红灯（如果是绿灯就不触发此场景）。

（3）V2I 设备协同判断车辆有可能需要停车等红灯，才能通过此路口。

（4）车路协同系统提示实验车减速（建议行驶车速）。

（5）实验车执行调整车速，完成不停车通过信号灯的实验。

5.4　基于 V2I 交叉路口防碰撞预警

5.4.1　障碍物状态信息获取与处理

平台接收两辆车的位置信息。车载 V2X 之间有碰撞的检测算法，在两辆车行驶过程中，根据速度和距离的判断，有可能在路口发生碰撞，则车辆会发出碰撞预警的提示，发送给道路上行驶的网联车辆，如图 5-15 所示。

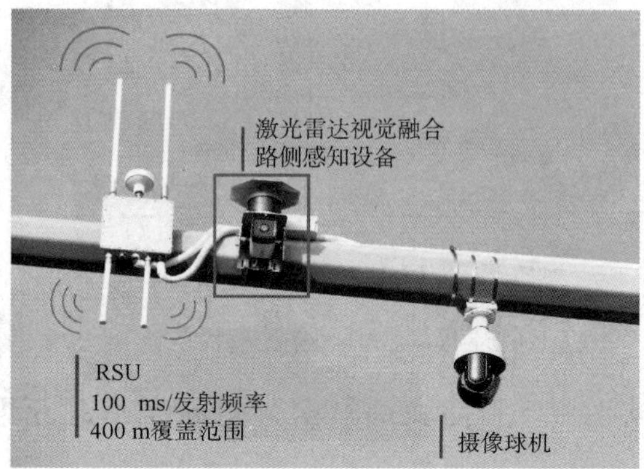

图5-15 基于车路协同的道路交通状态感知

基于V2I交叉路口防碰撞预警系统中全方位路况感知传感器设备不受各种光线变化影响以及不受各种天气影响，能够始终保持高可靠的数据输出，而这种特性是现有传统监控系统无法做到的，而整个系统能够对各种道路（单向多车道、双向多车道、互通交叉车道）进行高可靠的事件检测，检测事件类型包括：车辆停驶、交通事故、车辆拥堵、车辆排队、车辆逆行、车辆慢行、抛洒物、行人以及特定区域的非法入侵等异常事件，对异常事件快速形成报警信息予以提示，系统检测到异常事件时能够驱动与雷达配套的道路遥控摄像机对异常车辆、行人或事故现场持续自动跟踪、定位和查看，降低监控人员的劳动强度。

5.4.2 基于V2I交叉路口防碰撞预警系统设计

以全方位路况感知雷达传感器为路侧感知单元，通过雷达传感器360°高速扫描的方式对道路上行驶的车辆、行人、动物、抛洒物体进行实时跟踪、定位、检测并及判断其运动状态和位置信息。而边缘计算服务器能够结合道路上所感知的路况信息进行交叉路口碰撞分析和预警提示。

基于V2I交叉路口防碰撞预警系统（见图5-16）由路况感知层、数据处理层、网络传输层及应用层组成。

图5-16 基于V2I交叉路口防碰撞预警系统

（1）路况感知层：主要通过在全路段部署国内自主研发的路基毫米波雷达、视频监控摄像机等设备,实时采集交通场景的数据,设备精度高,能够适应复杂气象条件,可以实现对整个路况的实时监管。

(2)数据处理层:主要是数据处理集成模块,核心部件采用高性能工业嵌入式计算机以及数据融合系统软件、目标检测、跟踪算法。主要作用是将多台雷达、视频的数据进行融合,实现无盲区检测,并准确识别目标。

(3)网络传输层:主要采用了V2X-RSU以及常规的工业级交换机、光传输设备。V2X-RSU与车载V2X-OBU进行交互,构建了完善的应用系统,实现了终端与整车的信号连接,支撑主动安全、通行效率和信息服务等应用场景。

(4)应用层:车载单元智能终端用于将V2X设备的主动安全信息进行呈现,并实现信息服务等丰富的应用。在监控中心,可以实时呈现雷达、视频数据,实时显示现场的检测图像及数据。

以上各部分内容,构建了一整套路侧解决方案。

课后习题

1. 绘制车路协同数据采集系统中车载终端软件框架。
2. 绘制车路协同数据采集系统中路侧终端软件框架。
3. 设计一个车速引导的仿真系统。
4. 设计一个基于V2I交叉路口防碰撞预警系统。

第6章 车辆CAN总线技术原理与应用

6.1 CAN总线简介及工作原理

控制器局域网总线(Controller Area Network, CAN)是由德国Bosch公司为汽车应用而开发的多主机局部网络,主要应用于汽车的监测和控制。1991年9月,NXP半导体公司制定并发布CAN技术规范:CAN2.0A/B。1993年11月,ISO组织正式颁布CAN国际标准ISO 11898(高速应用,数据传输速率小于1 Mbit/s)和ISO 11519(低速应用,数据传输速率小于125 kbit/s)。

作为一种技术先进、可靠性高、功能完善、成本较低的网络通信控制方式,CAN总线广泛应用于汽车工业、航空工业、工业控制、安防监控、楼宇自动化等领域。CAN总线是唯一成为国际标准的现场总线,也是国际上应用最广泛的现场总线之一,其具有以下特点:

(1)成本低廉;

(2)数据传输距离远,最远长达10 km;

(3)数据传输速率高,最高达1 Mbit/s;

(4)无破坏性的基于优先级的逐位仲裁;

(5)借助验收滤波器的多地址帧传递;

(6)远程数据请求;

(7)可靠的错误检测和出错处理功能;

(8)发送的信息遭到破坏后,可自动重发;

(9)暂时错误、永久性故障节点的判别以及故障节点的自动脱离;

(10)脱离总线的节点不影响总线的正常工作。

基于CAN总线的优越特性,许多著名的芯片生产商,诸如NXP、Intel、Renesas等都推出了独立的CAN控制器芯片,或者带有CAN控制器的MCU芯片。CAN通信协议主要描述设备之间的信息传递方式。CAN协议规范中关于层的定位与开放系统互联(OSI)模型一致,设备中的每一层与另一设备上相同的那一层通信,通信发生在每一设备上相邻的两层,而设备只通过模型物理层的物理介质互联。CAN的规范定义了模型最下面的两层:数据链路层和物理层。表6-1所示为OSI

的各层，应用层协议可以由CAN用户定义成适合特别工业领域的任何方案，已在工业控制和制造业领域得到广泛应用的标准是DeviceNet，这是为PLC和智能传感器设计的。在汽车工业中，许多制造商都使用自己的标准。

表6-1　OSI开放系统互连模型

层数	层名称	描　述
7	应用层	最高层，用户、软件、网络终端等之间用来进行信息交换，如DeviceNet
6	表示层	将两个应用不同数据格式的系统信息转化为能共同理解的格式
5	会话层	依靠低层的通信功能进行数据的有效传递
4	传输层	两通信节点之间数据传输控制操作，如数据重发、数据错误修复
3	网络层	规定了网络连接的建立、维持和拆除的协议，如路由和寻址
2	数据链路层	规定了在介质上：传输的数据位的排列和组织，如数据校验和帧结构
1	物理层	规定通信介质的物理特性，如电气特性和信号交换的解释

CAN能够使用多种物理介质，如双绞线、光纤等。最常用的就是双绞线，信号使用差分电压传送。如图6-1所示，两条信号线被称为CAN_H和CAN_L，静态时电压值均为2.5 V左右，此时状态表示为逻辑1，也称为隐性；用CAN_H比CAN_L高表示逻辑0，称为显性，通常此时电压值为CAN_H = 3.5 V和CAN_L = 1.5 V。

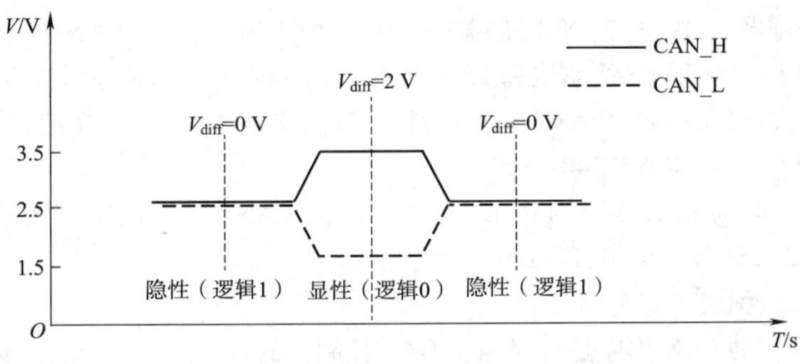

图6-1　双绞线CAN总线电平标称值

 6.2　CAN的标准格式和扩展格式

标准CAN的标志符长度是11位，而扩展格式CAN的标志符长度可达29位。CAN2.0A协议版本规定CAN控制器必须有一个11位的标志符，同时在CAN2.0B协议版本中规定CAN控制器的标志符长度可以是11位或29位。遵循CAN2.0B协议的CAN控制器可以发送和接收11位标识符的标准格式报文或29位标识符的扩展格式报文。如果禁止CAN2.0B，则CAN控制器智能发送和接收11位标识符的标准格式报文，而忽略扩展格式的报文，但不会出现错误。

6.3 CAN 总线节点的硬件构成

CAN 总线节点的硬件构成如图 6-2 所示。

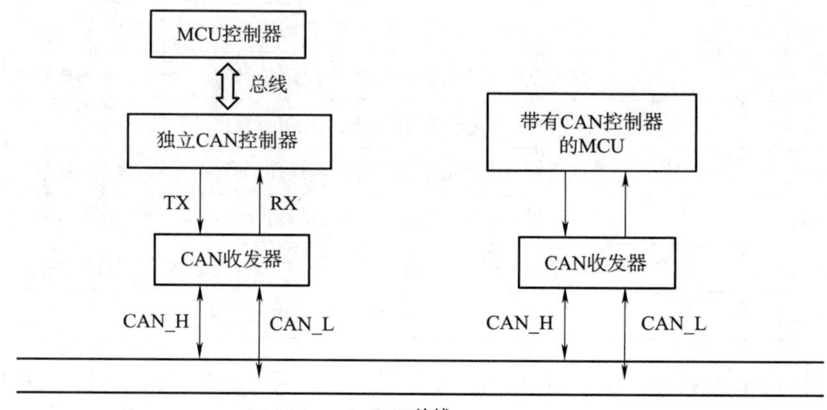

图 6-2 CAN 总线节点的硬件构成

CAN 总线节点的硬件构成方案有两种：

(1) MCU 控制器 + 独立 CAN 控制器 + CAN 收发器。独立 CAN 控制器如 SJA10000、MCP2515，其中 MCP2515 通过 SPI 总线和 MCU 连接，SJA1000 通过数据总线和 MCU 连接。

(2)带有 CAN 控制器的 MCU + CAN 收发器。目前，市场上带有 CAN 控制器的 MCU 有许多种，如 P87C591、LPC2294、C8051F340 等。

两种方案的节点构成都需要通过 CAN 收发器同 CAN 总线相连，常用的 CAN 收发器有 PCA82C250、PCA82C251、TJA1050、TJA1040 等。

两种方案的节点构成各有利弊：

第一种方案编写的 CAN 程序是针对独立 CAN 控制器的，程序可移植性好，编写好的程序可以方便地移植到任意的 MCU。但是，由于采用了独立的 CAN 控制器，占用了 MCU 的 I/O 资源，电路也变得复杂。

第二种方便编写的 CAN 程序是针对特定选用的 MCU，如 LPC2294。程序编写好后不可以移植，但是 MCU 控制器中继承了 CAN 控制器单元，硬件电路变得简单些。

6.4 CAN 控制器和收发器

6.4.1 控制器

CAN 控制器用于将欲收发的信息(报文)转换为符合 CAN 规范的 CAN 帧，通过 CAN 收发器在 CAN 总线上交换信息。

1. CAN 控制器分类

CAN 控制器芯片分为两类:一类是独立的控制器芯片,如 SJA1000;另一类和微控制器做在一起,如 NXP 半导体公司的 Cortex-M0 内核 LPC11Cxx 系列微控制器、LPC2000 系列 32 位 ARM 微控制器。CAN 控制器的大致分类及相应的产品如表 6-2 所示。

表 6-2　CAN 控制器分类及相应产品型号

类　别	产品举例
独立 CAN 控制器	NXP 半导体的 SIF1000CCT、SJA1000、SJA1000T
集成 CAN 控制器的单片机	NXP 半导体的 P87C591 等
CAN 控制器的 ARM 芯片	NXP 半导体的 LPC11Cxx 系列微控制器;TI 半导体 Stellaris(群星)系列 ARM 的 S2000、S5000、S8000、S9000 系列

2. CAN 控制器的工作原理

为了便于读者理解 CAN 控制器的工作原理,下面给出了一个 SJA1000 CAN 控制器经过简化的结构框图,如图 6-3 所示。

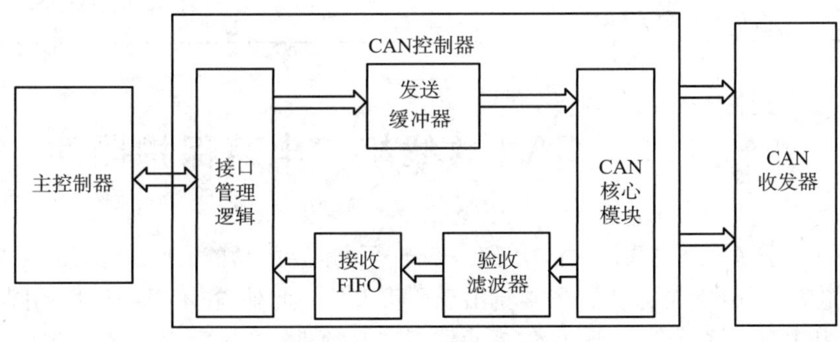

图 6-3　CAN 控制器结构

1)接口管理逻辑

接口管理逻辑用于连接外部主控制器,解释来自主控制器的命令;控制 CAN 控制器寄存器的寻址,并向主控制器提供中断信息和状态信息。

2)CAN 核心模块

收到一个报文时,CAN 核心模块根据 CAN 规范将串行位流转换成用于接收的并行数据,发送一个报文时则相反。

3)发送缓冲器

发送缓冲器用于存储一个完整的报文,当 CAN 控制器发送初始化时,接口管理逻辑会使 CAN 核心模块从发送缓冲器读取 CAN 报文。

4)验收滤波器

验收滤波器可以根据用户的编程设置,过滤掉无须接收的报文。

5)接收 FIFO

接收 FIFO 是验收滤波器和主控制器之间的接口,用于存储从 CAN 总线上接收的所有报文。

CAN 控制器可以有两种工作模式(BasicCAN 和 PeliCAN)。BasicCAN 仅支持标准模式,PeliCAN 支持 CAN2.0B 的标准模式和扩展模式。

6.4.2 收发器

如图6-3所示,CAN收发器是CAN控制器和物理总线之间的接口,将CAN控制器的逻辑电平转换为CAN总线的差分电平,在两条有差分电压的总线电缆上传输数据。目前市面上常见的CAN收发器的分类及相应产品如表6-3所示。

表6-3 CAN收发器分类及相应产品

CAN收发器分类	描　述	相应产品
隔离CAN收发器	隔离CAN收发器的主要功能是将CAN控制器的逻辑电平转换为CAN总线的差分电平。并且具有隔离ESD保护及TVS管防总线过电压功能	CTM1050系列、CTM8250系列、CTM8251系列
通用CAN收发器		NXP半导体的PCA82C250、PCA82C251
高速CAN收发器	支持较高的CAN通信速率	NXP半导体的TJA1050、TJA1040、TJA1041/1041A
容错CAN收发器	在总线出线破损或短路情况下,容错性CAN收发器依然可以维持运行。这类收发器对于容易出现故障的领域,具有至关重要的意义	NXP半导体的TJA1054、TJA1054A、TJA1055、TJA1055/3.

6.5 CAN总线接口电路保护器件

在汽车电子中,CAN总线系统往往用于对安全至关重要的功能,比如发动机控制。ABS系统以及气囊等,如果受到干扰导致工作失常将出现严重事故。此外,在不受到干扰的同时,CAN总线系统也不能干扰其他电子元件。所以,CAN总线系统必须满足电磁干扰(EMI)和静电放电(ESD)标准的严格要求。此外,在许多场合CAN总线接口有可能遭到雷电、大电流浪涌的冲击(如许多户外安装的设备),所以,还需要使用保护器件以防浪涌。

6.5.1 共模扼流圈

共模扼流圈(Common Mode Choke)也称共模电感,可使系统的EMC性能得到较大提高,确保设备的电磁兼容性,抑制耦合干扰,并且:

(1)滤除CAN总线信号线上的共模电磁干扰。

(2)衰减差分信号的高频部分。

(3)抑制自身向外发出的电磁干扰,避免影响同一电磁环境下其他电子设备的正常工作。

此外,共模扼流圈还具有体积小、使用方便的优点,因而被广泛使用在抑制电子设备EMI噪声方面。图6-4所示为共模扼流线圈应用电路示意图。

设计中,须选用CAN总线专用的信号共模扼流圈,抑制传输线上的共模干扰,从而令传输线上的数据信号畅通无阻地通过。EPCOS B82793外观如图6-5所示,该芯片具有如下主要功能特性:

(1)高额定电流;

(2)元件高度经过降低处理,便于工艺方面处理;

(3)符合汽车行业AEC-Q200标准;

(4)便于进行回流焊接。

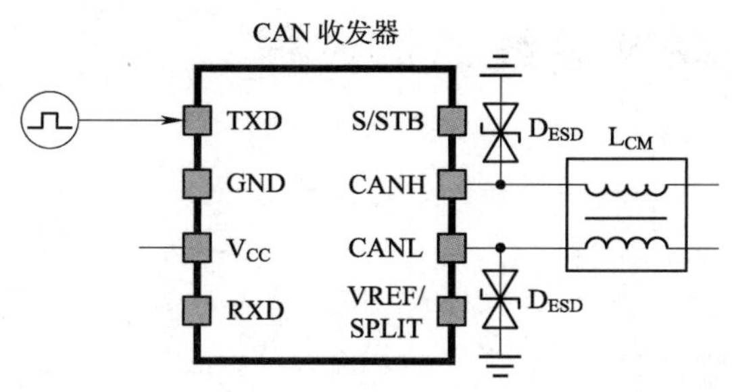

图 6-4　共模扼流线圈应用电路

图 6-5　EPCOS B82793

6.5.2　ESD 防护

CAN 总线通常工作在噪声大的环境中,会受到静电电压、电压突变脉冲等干扰的影响。

(1)静电放电产生的电流热效应:ESD 电流通过芯片的时间虽然很短,但是电流大,产生的热量可能导致芯片热失效。

(2)高压击穿:由于 ESD 电流感应出高电压,若芯片耐压不够,可能导致芯片被击穿。

(3)电磁辐射:ESD 脉冲所导致的辐射波长从几厘米到数百米,这些辐射能量产生的电磁噪声将损坏电子设备或者干扰其他电子设备的运行。

为对抗 ESD 及其他破坏性电压突变脉冲,设计 CAN 总线电路时,须选择 CAN 专用 ESD 保护元件。从而避免该 ESD 保护元件的等效电容影响到高通信速率的 CAN 总线通信;常见的 CAN 总线专用 ESD 保护元件型号有 NXP PESDICAN 或 Onsemi NUP2105L 等 ESD 元件。

6.5.3　CAN 总线网络保护

除了 CAN 总线节点本身的保护,也需要对 CAN 总线网络进行保护,尤其是户外的 CAN 总线网络,以减少侵入信号线路的雷电电压、电磁脉冲造成的瞬态过电压等损坏 CAN 总线网络中设备的概率。例如,用户可以外置 CAN 总线通信保护器,如广州致远电子有限公司的 ZF 系列总线信号保护器 ZF-12Y2,如图 6-6 所示(通常在同一网络中只需要在两端安装 2 个 ZF-12Y2 总线通信保护器即可)。

ZF-12Y2 符合 IEC 61643-21 标准要求(IEC 61643-21 是国际电工委员会针对低压浪涌保护装置的标准),主要保护 CAN 总线、RS-485、RS-422 以及网络设备(如网络交换机、路由器、网络终端)等各种信号通信设备,为浪涌提供最短泄放途径。

图 6-6　ZF-12Y2 总线信号保护器

 6.6 CAN 总线通信过程

CAN 总线节点传输过程如图 6-7 所示。

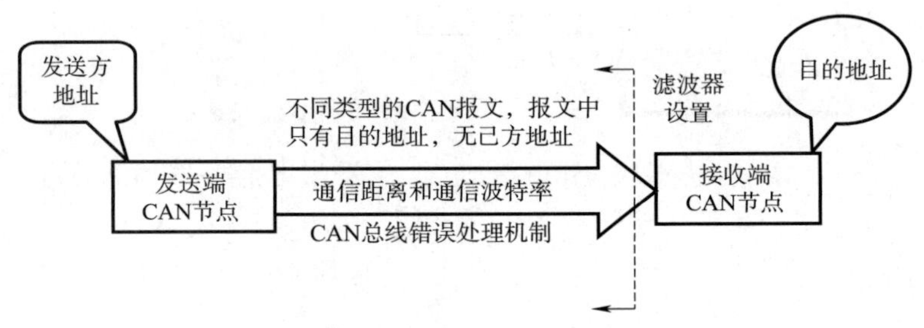

图 6-7 CAN 总线节点传输过程示意图

CAN 总线数据的发送过程可以用信件邮递来打一个比喻，发送节点可以比喻为：

邮寄：北京市海淀区××路×（目的 CAN 节点地址）。 （信中内容为具体的数据信息） 自：无（相当于匿名信件）

接收节点可以比喻为家门口的收件邮箱：

这是“北京市海淀区××路××号”邮箱（自己的 CAN 节点地址）。其他非邮寄到此信箱的信件，一概不接收（CAN 地址设置屏蔽掉其他地址）。 如果是邮寄到此信箱的信件，则接收信件。 （信中内容为具体的数据信息）

CAN 总线数据的通信过程中，数据信息通过不同的报文格式来传送，如数据帧、远程帧等。这就类似于邮件中可以有不同的内容：文件、衣物、书籍等。

CAN 总线数据通信花费的时间与总线传输距离、通信波特率有关，通信距离越远，波特率就越低，传输数据花费的时间就越长。类似于从北京邮寄信件到石家庄，距离近，邮递时间就短；如果从北京邮寄信件到广州，邮递时间相对就长。另外，CAN 总线数据的通信花费的时间还和通信介质的选取（光纤、双绞线）、振荡器容差、通信线缆的固有特性（导线截面积、电阻等）等有关系，这就类似于邮递信件时是选择 EMS 快递、挂号信，还是普通的平信。

当然，CAN 总线传输也有其传输错误处理机制，以保证总线正常运行。类似于邮寄信件，也有出错处理机制。例如，发送快递时，如果地址写错了，快递员就会联系发件者，是否更改地址重新投递。如果投递邮件的数量过多，就会产生邮件的堆积，CAN 总线如果传输的信息量过多，也会产生数据堆积，发生过载现象。

 6.7 CAN 总线控制器芯片滤波器的作用

CAN 总线控制器芯片滤波器用来设置 CAN 地址。在 CAN 总线上，CAN 帧信息由一个结点发

送,其他结点同时接收。每当总线上有帧信息时,结点都会把滤波器的设置和接收到的帧信息的标识码相比较,节点只接收符合一定条件的信息,对不符合条件的CAN帧不予接收,只给出应答信号。这类似于家门口接收信件的邮箱,用来标明家的详细地址。快递员分发邮件时,带着信件在小区内投寄,邮箱地址则表明收信件的地址。如果地址正确,邮递员就会把信件投递进邮箱(成功接收邮件);如果地址不符,邮递员则不会投送邮件(拒收该邮件)。

CAN总线控制器滤波的作用如下:

(1)降低硬件中断频率,只有成功接收时才响应接收中断。

(2)简化软件实现的复杂程度,提高软件运行的效率。

不同的CAN控制器芯片的滤波器设置有所不同,下面将针对具体的CAN控制器芯片进行详细介绍。

6.8 CAN总线的报文格式

CAN总线上传输的信息称为报文,当总线空闲时任何连接的单元都可以开始发送新的报文。

报文相当于前面比喻的邮递信件的内容。总线上的报文信息表示为几种固定的帧类型:

(1)数据帧:从发送节点向其他节点发送的数据信息。

(2)远程帧:向其他节点请求发送具有同一识别符的数据帧。

(3)错误帧:检测到总线错误,发送错误帧。

(4)过载帧:过载帧用于在数据帧或远程帧之间提供附加的延时。

CAN总线通信有两种不同的帧格式:标准帧和扩展帧。

(1)标准帧格式:具有11位标识符。

(2)扩展帧格式:具有29位标识符。

两种帧格式的确定通过“控制场”(Control Field)中的“识别符扩展”位(IDEbit)来实现。两种帧格式可出现在同一总线上。

实验7 CAN数据的采集与分析

1. 实验目的

了解并熟悉CAN数据采集与分析的过程和步骤。

2. 实验原理

控制器局域网总线(Controller Area Network, CAN)是一种用于实时应用的串行通信协议总线,它可以使用双绞线来传输信号,是世界上应用最广泛的现场总线之一。CAN协议由德国的Bosch公司开发,用于汽车中各种不同元件之间的通信,以此取代昂贵而笨重的配电线束。该协议的健壮性使其用途延伸到其他自动化和工业应用。CAN协议的特性包括完整性的串行数据通信、提供实时支持、传输速率高达1 Mbit/s、同时具有11位的寻址以及检错能力。

CAN总线是一种多主方式的串行通信总线,基本设计规范要求有高的位速率,高抗电子干扰性,并且能够检测出产生的任何错误。CAN总线可以应用于汽车电控制系统、电梯控制系统、安全监测系统、医疗仪器、纺织机械、船舶运输等领域。

1)CAN 总线的特点

(1)具有实时性强、传输距离较远、抗电磁干扰能力强、成本低等优点;

(2)采用双线串行通信方式,检错能力强,可在高噪声干扰环境中工作;

(3)具有优先权和仲裁功能,多个控制模块通过 CAN 控制器挂到 CAN-bus 上,形成多主机局部网络;

(4)可根据报文的 ID 决定接收或屏蔽该报文;

(5)可靠的错误处理和检错机制;

(6)发送的信息遭到破坏后,可自动重发;

(7)节点在错误严重的情况下具有自动退出总线的功能;

(8)报文不包含源地址或目标地址,仅用标志符来指示功能信息、优先级信息。

2)CAN 总线的工作原理

CAN 总线使用串行数据传输方式,可以以 1 Mbit/s 的速率在 40 m 的双绞线上运行,也可以使用光缆连接,而且在这种总线上总线协议支持多主控制器。CAN 与 I2C 总线的许多细节很类似,但也有一些明显的区别。

当 CAN 总线上的一个节点(站)发送数据时,它以报文形式广播给网络中所有节点。对每个节点来说,无论数据是否是发给自己的,都对其进行接收。每组报文开头的 11 位字符为标识符,定义了报文的优先级,这种报文格式称为面向内容的编址方案。在同一系统中,标识符是唯一的,不可能有两个站发送具有相同标识符的报文。当几个站同时竞争总线读取时,这种配置十分重要。

当一个站要向其他站发送数据时,该站的 CPU 将要发送的数据和自己的标识符传送给本站的 CAN 芯片,并处于准备状态;当它收到总线分配时,转为发送报文状态。CAN 芯片将数据根据协议组织成一定的报文格式发出,这时网上的其他站处于接收状态。每个处于接收状态的站对接收到的报文进行检测,判断这些报文是否是发给自己的,以确定是否接收它。

由于 CAN 总线是一种面向内容的编址方案,因此很容易建立高水准的控制系统并灵活地进行配置。我们可以很容易地在 CAN 总线中加入一些新站而无须在硬件或软件上进行修改。当所提供的新站是纯数据接收设备时,数据传输协议不要求独立的部分有物理目的地址。它允许分布过程同步化,即总线上控制器需要测量数据时,可由网上获得,而无须每个控制器都有自己独立的传感器。

3)CAN 总线的应用

CAN 总线在组网和通信功能上的优点及其高性价比决定了它在许多领域有广阔的应用前景和发展潜力。这些应用存在共同之处:CAN 实际就是在现场起一个总线拓扑的计算机局域网的作用。不管在什么场合,它承担的是任一节点之间的实时通信,具备结构简单、高速、抗干扰、可靠、价位低等优势。CAN 总线最初是为汽车的电子控制系统而设计的,目前在欧洲生产的汽车中 CAN 的应用已非常普遍,不仅如此,这项技术已推广到火车、轮船等交通工具中。

在汽车上,应用 CAN 总线可以减少车身布线,进一步节省了成本,由于采用总线技术,模块之间的信号传递仅需要两条信号线。布线局部化,车上除总线外其他所有横贯车身的线都不再需要了,从而节省了布线成本。CAN 总线系统数据稳定可靠,CAN 总线具有线间干扰小、抗干扰能力强的特点。CAN 总线为汽车量身定做,充分考虑到了汽车上恶劣的工作环境,如点火线圈点火时产生的强大的反充电压,电涡流缓冲器切断时产生的浪涌电流及汽车发动机仓

100 ℃左右的高温。

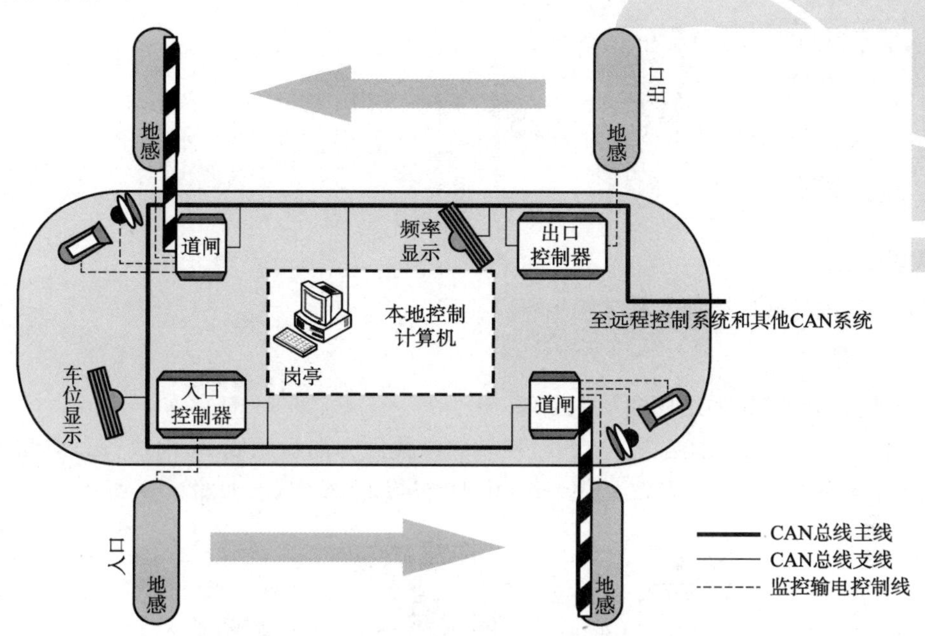

图6-8　车身CAN总线结构图

随着安全性能日益受到重视,安全气囊也将逐渐增多,以前是在驾驶位前面安装一个,未来侧面与后座都会安装安全气囊,这些气囊通过传感器感受碰撞信号,通过CAN总线将传感器信号传送到一个中央处理器内,控制各安全气囊的启动弹出动作。同时,先进的防盗设计也正基于CAN总线网络技术。首先,确认钥匙合法性的校验信息通过CAN网络进行传递,改进了加密算法,其校验的信息比以往的防盗系统更丰富;其次,车钥匙、防盗控制器和发动机控制器相互存储对方信息,而且在校验码中搀杂随机码,无法进行破译,从而提高防盗系统的安全性。而这些功能的实现无一不借助CAN总线来完成,CAN总线成为汽车智能化控制的“定海神针”。

在现代轿车的设计中,CAN已经成为必须采用的装置。奔驰、宝马、大众、沃尔沃、雷诺等汽车都采用了CAN作为控制器联网的手段。据报道,中国首辆CAN网络系统混合动力轿车已在奇瑞公司试装成功,并进行了初步试运行。在上海大众的帕萨特和POLO汽车上也开始引入了CAN总线技术。但目前CAN总线技术在我国汽车工业中的应用尚处于试验和起步阶段,绝大部分的汽车还没有采用汽车总线设计。国内在技术、设计和应用上进行网络总线的“深造”势在必行。

CAN总线的数据通信具有突出的可靠性、实时性和灵活性。由于其良好的性能及独特的设计,CAN总线越来越受到人们的重视,它在汽车领域上的应用是最广泛的。世界上一些著名的汽车制造厂商大都采用了CAN总线来实现汽车内部控制系统与各检测和执行机构间的数据通信。同时,由于CAN总线本身的特点,其应用范围目前已不再局限于汽车行业,而向自动控制、航空航天、航海、过程工业、机械工业、纺织机械、农用机械、机器人、数控机床、医疗器械及传感器等领域发展。CAN已经形成国际标准,并已被公认为几种最有前途的现场总线之一。

3. 实验所需工具、设备和器材

螺丝刀、线束、CAN分析仪、计算机。

4. 实验步骤

(1)从整车控制器(VCU)引出CAN线;

(2)将CAN线接入CAN分析仪;

(3)将CAN分析仪接入计算机,分析数据。

实验8　线控转向

1. 实验目的

了解并熟悉线控转向原理及其实验步骤。

2. 实验原理

1)汽车线控转向系统的结构和基本原理

(1)汽车线控转向系统的结构。汽车线控转向系统由方向盘总成、转向执行总成和主控制器(ECU)三个主要部分以及自动故障处理系统、电源等辅助系统组成,如图6-9所示。

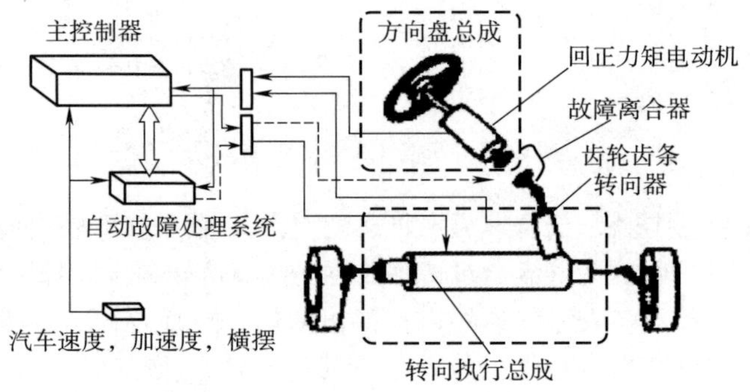

图6-9　汽车线控转向系统的结构

①方向盘总成的主要功能是将驾驶员的转向意图(通过测量方向盘转角)转换成数字信号,并传递给主控制器;同时接受主控制器送来的力矩信号,产生方向盘回正力矩,以提供给驾驶员相应的路感信息。方向盘总成包括方向盘、方向盘转角传感器、力矩传感器、方向盘回正力矩电机。

②转向执行总成的功能是接受主控制器的命令,通过转向电动机控制器控制转向车轮转动,实现驾驶员的转向意图。转向执行总成由前轮转角传感器、转向执行电机、转向电机控制器和前轮转向组件等组成。

③主控制器(ECU)的功能是对采集的信号进行分析处理,判别汽车的运动状态,向方向盘回正力电机和转向电机发送指令,控制两个电机的工作,保证各种工况下都具有理想的车辆响应,以减少驾驶员对汽车转向特性随车速变化的补偿任务,减轻驾驶员负担。同时控制器还可以对驾驶员的操作指令进行识别,判定在当前状态下驾驶员的转向操作是否合理。当汽车处于非稳定状态或驾驶员发出错误指令时线控转向系统会将驾驶员错误的转向操作屏蔽,而自动进行稳定控制,使汽车尽快恢复到稳定状态。

④自动故障处理系统是线控转向系的重要模块。它包括一系列监控和实施算法,针对不同的故障形式和故障等级做出相应的处理,以求最大限度地保持汽车的正常行驶。作为应用最广泛的

交通工具之一,汽车的安全性是首要考虑的因素,是一切研究的基础,因而故障的自动检测和自动处理是线控转向系统最重要的组成系统之一。它采用严密的故障检测和处理逻辑,以更大地提高汽车安全性能。

⑤电源系统承担着控制器、两个执行电机以及其他车用电器的供电任务,其中前轮转角执行电机的最大功率已达500~800 W,加上汽车上的其他电子设备,电源的负担已经相当沉重。所以要保证电网在大负荷下稳定工作,电源的性能就显得十分重要。

(2)汽车线控转向系统的原理。

汽车转向系统是决定汽车主动安全性的关键总成,传统汽车转向系统是机械系统,汽车的转向运动是由驾驶员操纵方向盘,通过转向器和一系列杆件传递到转向车轮而实现的。汽车线控转向系统取消了转向盘与转向轮之间的机械连接,完全由电能实现转向,摆脱了传统转向系统的各种限制,不但可以自由设计汽车转向的力传递特性,而且可以设计汽车转向的角传递特性,给汽车转向特性的设计带来无限的空间。

汽车线控转向系统的工作原理如图6-10所示。用传感器检测驾驶员的转向数据,然后通过数据总线将信号传递至车上的ECU,并从转向控制系统获得反馈命令,转向控制系统也从转向操纵机构获得驾驶员的转向指令,并从转向系统获得车轮情况。从而指挥整个转向系统的运动。转向系统控制车轮转到需要的角度,并将车轮的转角和转动转矩反馈到系统的其余部分,如转向操纵机构,以使驾驶员获得路感,这种路感的大小可以根据不同的情况由转向控制系统控制。

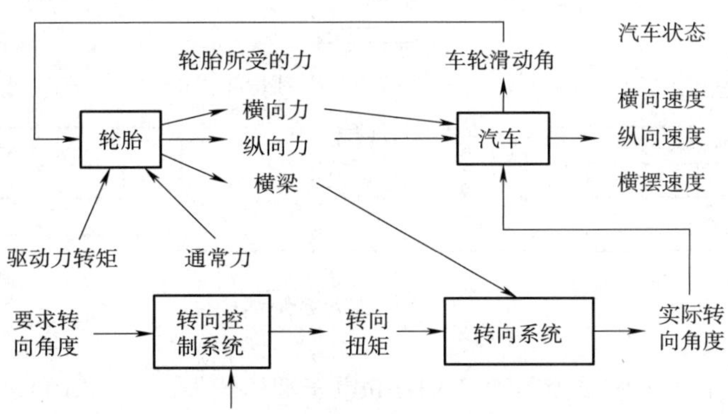

图6-10 汽车线控转向系统的工作原理

3. 实验所需工具、设备和器材

扳手、螺丝刀、线束、接插件、电烙铁、热缩管、热风枪、剥线钳、压线钳、斜口钳、整车控制器(VCU)、转角位置传感器、转向助力器、转向电动机控制器。

4. 实验步骤

(1)拆掉原有的转向器。

(2)做转向助力器线束。

(3)做转角位置传感器线束。

(4)安装转向助力器及转角位置传感器。

(5)安装转向助力器的控制器。

(6)将转向助力器线束接入转向助力器的控制器和继电器。

(7)将转角位置传感器接入整车控制器(VCU)。

实验9 线控制动

1. 实验目的

了解并熟悉线控制动原理及其实验步骤。

2. 实验原理

线控制动系统即电子控制制动系统，如图6-11所示。在传统底盘技术中，当驾驶者做出踩下制动踏板/加速踏板、转动方向盘或踩下离合器踏板并拨动挡位操纵器等动作时，力通过机械连接装置传导到执行机构，(在液压/气压等装置的辅助下)车辆完成相关动作；线控底盘系统的差别在于当驾驶员做出以上相关动作时，各个位移传感器将力信号转化为电信号，传导至ECU(电控单元)后计算出所需要的力，然后由电机驱动执行机构完成相关动作。

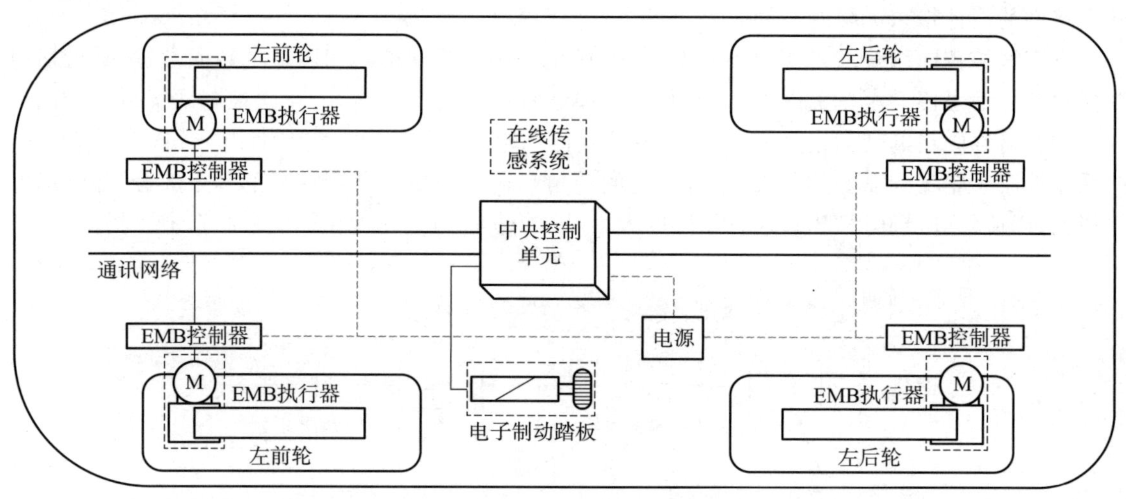

图6-11 线控制动系统结构图

线控制动可分为电子机械线控制动(EMB)和电子液压线控制动(EHB)。

(1)电子液压线控制动(EHB)以电子元件替代了部分机械元件，制动踏板不再与制动轮缸直接相连，由传感器采集、驾驶员操作来完成控制意图，完全由液压执行器来完成制动操作，弥补了传统制动系统设计和原理所导致的不足，使制动控制得到最大的自由度，从而充分利用路面附着，提高制动效率。

电子机械线控制动(EMB)与常规的液压制动系统截然不同，以电能为能量来源，通过电机驱动制动垫块，由电线传递能量，数据线传递信号。EMB是线制动系统的一种，整个系统中没有连接制动管路，结构简单、体积小，信号通过电传播，反应灵敏，减小制动距离，工作稳定、维护简单，没有液压油管路，不存在液压油泄漏问题，通过ECU直接控制，易于实现ABS、TCS、ESP、ACC等功能。

(2)由于EMB完全实现了电子化，可以很容易地与汽车的其他电控系统整合到一起，能够发挥更多重的功能：制动、ABS、EBD、ESP、自动驾驶、优化能量回收等。但EMB需要大量传感器和控制芯片的支持，且在高温及剧震环境下运行，使半导体材料面临较大的考验，博世、西门子等做出过样机，但现在市场上还没有成熟的产品，这是汽车制动系统技术未来的发展目标。

3. 实验所需工具、设备和器材

扳手、螺丝刀、线束、接插件、电烙铁、热缩管、热风枪、剥线钳、压线钳、斜口钳、电钻、整车控制器(VCU)、舵机、舵机支架、舵机轮盘。

4. 实验步骤

(1)打安装舵机所需要的孔。

(2)做舵机线束。

(3)将舵机线束接入VCU。

(4)安装舵机。

实验10　线控驱动

1. 实验目的

了解并熟悉线控驱动原理及其实验步骤。

2. 实验原理

线控节气门相当简单,且已经大量应用,也就是电子油门,凡具备定速巡航的车辆都配备了电子油门。电子油门通过用线束(导线)来代替拉索或者拉杆,在节气门那边装一只微型电动机,用电动机来驱动节气门开度。

一般而言,增减节气门开度指通过加速踏板改变发动机节气门开度,从而控制可燃混合气的流量,改变发动机的转速和功率,以适应汽车行驶的需要。传统发动机节气门操纵机构是通过拉索或者拉杆,一端连接油门踏板,另一端连接节气门连动板而工作。但这种传统油门的应用范畴受到限制并缺乏精确性。电子油门的主要功能是把驾驶员踩下油门踏板的角度转换成与其成正比的电压信号,同时把油门踏板的各种特殊位置制成接触开关,把怠速、高负荷、加减速等发动机工况变成电脉冲信号输送给电控发动机的控制器ECU,以达到增减速等的优化自动控制。

电子油门控制系统主要由油门踏板、踏板位移传感器、ECU、数据总线、伺服电动机和节气门执行机构组成。位移传感器安装在油门踏板内部,随时监测油门踏板的位置。当监测到油门踏板高度位置有变化,会瞬间将此信息送往ECU,ECU对该信息和其他系统传来的数据信息进行运算处理,计算出一个控制信号,通过线路送到伺服电动机继电器,伺服电动机驱动节气门执行机构,数据总线负责系统ECU与其他ECU之间的通信。在自适应巡航中,则由ESP(ESC)中的ECU来控制电动机,进而控制进气门开合幅度,最终控制车速。

3. 实验所需工具、设备和器材

扳手、螺丝刀、线束、接插件、电烙铁、热缩管、热风枪、剥线钳、压线钳、斜口钳、整车控制器(VCU)、油门踏板。

4. 实验步骤

(1)拆掉原有的加速踏板。

(2)做加速踏板线束。

(3)将加速踏板线束接入继电器,同时接入VCU。

(4)安装加速踏板。

课后习题

1. CAN 总线的特点是什么？

2. CAN 的标准格式是________位，扩展格式是________位。

3. CAN 总线上的报文信息的帧类型包括________、________、________、________。

4. 从车辆 OBD 接口，通过 CAN 通信采集车辆轮速信息，并确定车辆速度帧里数据对应哪一个轮子的速度。

第7章 智能网联汽车

随着全球汽车保有量的快速增长，能源短缺、环境污染、交通拥堵、事故频发等现象日益突出，成为汽车产业可持续健康发展的限制因素。《中国制造2025》将智能网联汽车列为重点发展方向之一；《汽车产业中长期发展规划》明确提出以智能网联汽车为突破口，汽车产业转型升级；《智能网联汽车技术发展路线图》明确提出我国智能网联汽车发展目标。

 7.1 智能网联汽车定义与分级

7.1.1 智能网联汽车定义

智能网联汽车（Intelligent Connected Vehicle，ICV）是搭载先进的车载传感器、控制器、执行器等装置，并融合现代通信与网络技术，实现V2X（X：车、路、行人等）智能信息交换共享，具备复杂的环境感知、智能决策、协同控制和执行等功能，实现安全、舒适、节能、高效行驶，并最终可替代驾驶员来操作的新一代汽车，如图7-1所示。

图7-1　智能网联汽车

智能网联汽车可以从3个维度进行剖析，即"智能""网联""汽车"。"智能"是指搭载先进的车载传感器、控制器、执行器等装置和车载系统模块，具备复杂环境感知、智能化决策和控制等功能；"网联"主要指信息互联共享能力，即通过通信与网络技术，实现车辆内部、车辆与车辆、车辆与基础设施、车辆与行人、车辆与云端的信息交互；"汽车"是智能终端载体的外观形态，可以是燃油汽车，也可以是新能源汽车，未来以新能源汽车为主。

智能网联汽车的主要判断依据为是否存在V2X通信功能，如果不存在，则不是真正意义上的智能网联汽车。智能网联汽车可以提供更安全、更节能、更环保、更便捷的出行方式和综合解决方案，是国际公认的未来发展方向和关注焦点。智能网联汽车、智能汽车、无人驾驶汽车与车联网、

智能交通系统有密切相关性，但没有明显分界线，其关系如图 7-2 所示。

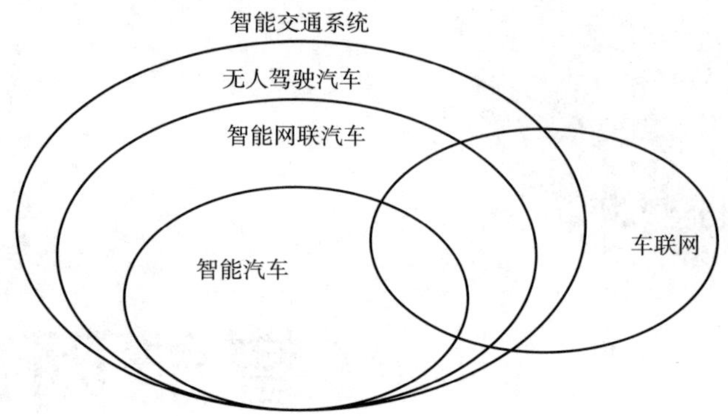

图 7-2　智能网联汽车相关概念关系

(1)智能网联汽车是智能交通系统中的智能汽车与车联网交集的产品。

(2)智能网联汽车是车联网的重要组成部分，智能网联汽车的技术进步和产业发展有利于支撑车联网的发展。

(3)车联网是智能网联汽车、智能汽车最重要的载体，只有充分利用互联技术才能保障智能网联汽车真正拥有充分的智能和互联。

(4)智能网联汽车的聚焦点是在车上，发展方向是自动驾驶，发展重点是提高汽车行驶安全性。

(5)车联网的聚焦点是建立一个比较大的交通体系，发展重点是给交通参与者提供信息服务，其终极目标是智能交通系统。

(6)智能汽车和智能网联汽车发展的终极目标是无人驾驶汽车。

7.1.2　智能网联汽车分级

智能网联汽车分为智能化分级和网联化分级。

1. 智能网联汽车智能化分级

在智能化方面，美国汽车工程师学会(SAE)对自动驾驶的分级如表 7-1 所示。智能网联汽车智能化分级如表 7-2 所示。

表 7-1　SAE 对自动驾驶的分级

分级	L0	L1	L2	L3	L4	L5
称呼	无自动化	驾驶支持	部分自动化	有条件自动化	高度自动化	完全自动化
定义	由驾驶员全权驾驶汽车，在行驶过程中可以得到警告	通过驾驶环境对转向盘和加减速中的一项操作提供支持，其余由驾驶员操作	通过驾驶环境对转向盘和加减速中的多项操作提供支持，其余由驾驶员操作	由无人驾驶系统完成所有的驾驶操作，根据系统要求，驾驶员提供适当的应答	由无人驾驶系统完成所有的驾驶操作，根据系统要求，驾驶员不一定提供所有的应答；限定道路和环境条件	由无人驾驶系统完成所有的驾驶操作，在可能的情况下，驾驶员接管；不限定道路和环境条件

续表

分级		L0	L1	L2	L3	L4	L5
主体	驾驶操作	驾驶员	驾驶员/系统	系统			
	周边监控	驾驶员			系统		
	支援	驾驶员				系统	
	系统作用域	无	部分				全域

表7-2 智能网联汽车智能化分级

智能化等级	等级名称	等级定义		控制	监视	失效应对	典型工况
1	辅助驾驶(DA)	人监控驾驶环境	系统根据环境信息对行驶方向和加减速中的一项操作提供支援,其他驾驶操作都由驾驶员完成	驾驶员与系统	驾驶员	驾驶员	车道内正常行驶,高速公路无车道干涉路段,停车工况
2	部分自动驾驶(PA)		系统根据环境信息对行驶方向和加减速中的多项操作提供支援,其他驾驶操作都由驾驶员完成	驾驶员与系统	驾驶员	驾驶员	高速公路及市区无车道干涉路段,换道、环岛绕行、拥堵跟车等工况
3	有条件自动驾驶(CA)	自动驾驶系统监控驾驶环境	由自动驾驶系统完成所有驾驶操作,根据系统请求,驾驶员需要提供适当的干扰	系统	系统	驾驶员	高速公路正常行驶工况,市区无车道干涉路段
4	高度自动驾驶(HA)		由自动驾驶系统完成所有驾驶操作,在特定环境下系统会向驾驶员提出响应请求,驾驶员可以对系统请求不进行响应	系统	系统	系统	高速公路全部工况及市区有车道干涉路段
5	完全自动驾驶(FA)		自动驾驶系统可以完成驾驶员能够完成的所有道路环境下的操作,不需要驾驶员介入	系统	系统	系统	所有行驶工况

1级辅助驾驶包括自适应巡航控制、车道偏离预警、车道保持、自动制动、辅助泊车等。

2级部分自动驾驶包括车道内自动驾驶、换道辅助、全自动泊车等。

3级有条件自动驾驶包括高速公路自动驾驶、城郊公路自动驾驶、协同式队列行驶、交叉口通行辅助等。

4级高度自动驾驶包括堵车辅助系统、高速公路自动驾驶系统和泊车引导系统等。

5级完全自动驾驶的实现将意味着自动驾驶汽车真正驶入人们的生活,也将使驾驶员从根本上得到解放。驾驶员可以在车上从事其他活动,如上网、办公、娱乐和休息等。

智能化等级越高,智能网联汽车自动化程度就越高。目前,已经量产的汽车产品的智能化水平基本停留在1级和2级水平,部分实验室阶段的产品只能达到3级和4级水平,基本没有产品达到5级水平。完全自动驾驶汽车还要受到政策、法律等相关条件的制约,真正量产还任重而道远。

2. 智能网联汽车网联化分级

在网联化层面,按照网联通信内容的不同,将智能网联汽车划分为3个等级,如表7-3所示。

表 7-3　智能网联汽车网联化等级

网联化等级	等级名称	等级定义	控制	典型信息	传输需求
1	网联辅助信息交互	基于车-路,车-后台通信,实现导航辅助信息获取以及车辆行驶数据与驾驶员操作等数据的上传	驾驶员	图、交通流量、交通标志、油耗、里程、驾驶习惯等	传输实时性、可靠性等要求低
2	网联协同感知	基于车-车、车-路、车-人、车-后台通信,实时获取车辆周边交通环境信息,与车载传感器的感知信息融合,作为自车决策与控制系统的输入	驾驶员与系统	周边车辆、行人、非机动车位置、信号灯相位、道路预警等信息	传输实时性、可靠性要求较高
3	网联协同决策与控制	基于车-车、车-路、车-人,车-后台通信,实时并可靠获取车辆周边交通环境信息,车-车、车、路等各交通参与者之间进行交互融合,形成车-车,车-路等各交通参与者之间的协同控制策略	驾驶员与系统	车-车、车-路之间的协同控制信息	传输实时性、可靠性要求最高

网联化等级越高,智能网联汽车网联化程度越高。目前,已经量产的汽车产品的网联化水平最高停留在 1 级,部分实验室阶段的产品只能达到 2 级,基本没有产品达到 3 级。

无论怎样分级,从驾驶员对车辆的控制权来看,都可以分为驾驶员拥有车辆全部控制权、驾驶员拥有车辆部分控制权、驾驶员不拥有车辆控制权三种形式,如图 7-3 所示。其中驾驶员拥有车辆部分控制权时,根据车辆先进驾驶辅助系统(Advanced Driver Assistance Systems, ADAS)的配备和技术成熟程度,决定驾驶员拥有车辆控制权的多少,ADAS 装备越多,技术越成熟,驾驶员拥有的车辆控制权越少,车辆自动驾驶程度越高。

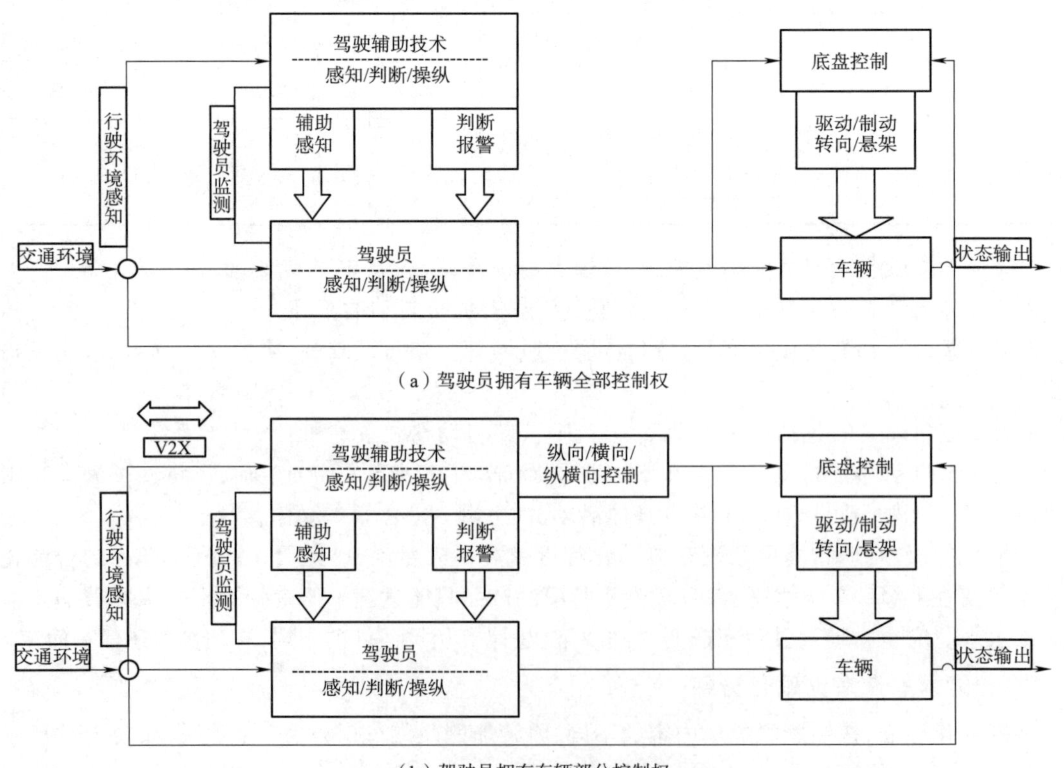

（a）驾驶员拥有车辆全部控制权

（b）驾驶员拥有车辆部分控制权

图 7-3　驾驶员对车辆控制权的形式

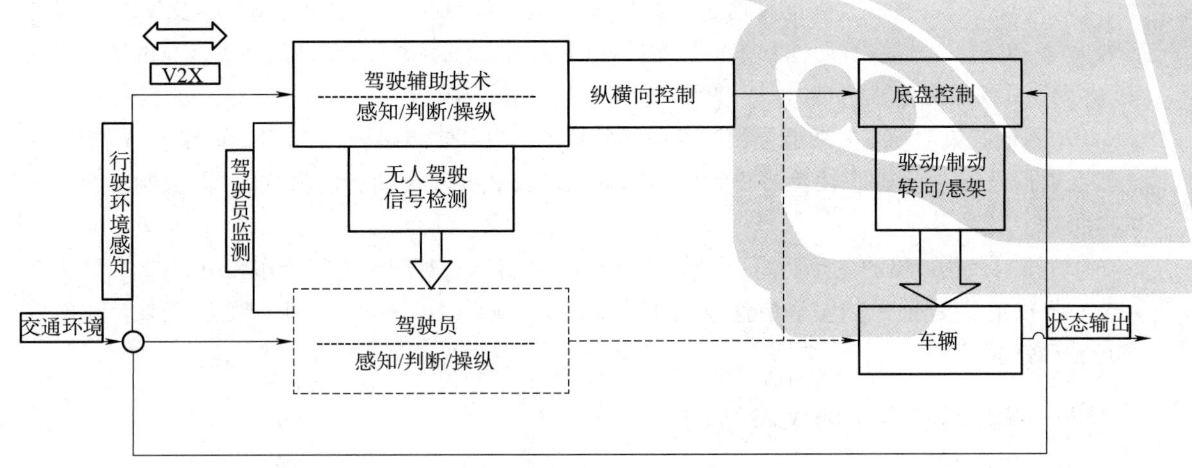

（c）驾驶员不拥有车辆控制权

图 7-3　驾驶员对车辆控制权的形式(续)

7.2　智能网联汽车系统框架

7.2.1　智能网联汽车的结构层次

智能网联汽车是以汽车为主体,利用环境感知技术实现多车辆有序安全行驶,通过无线通信网络等手段为用户提供多样化信息服务。智能网联汽车由环境感知层、智能决策层以及控制和执行层组成,如图 7-4 所示。

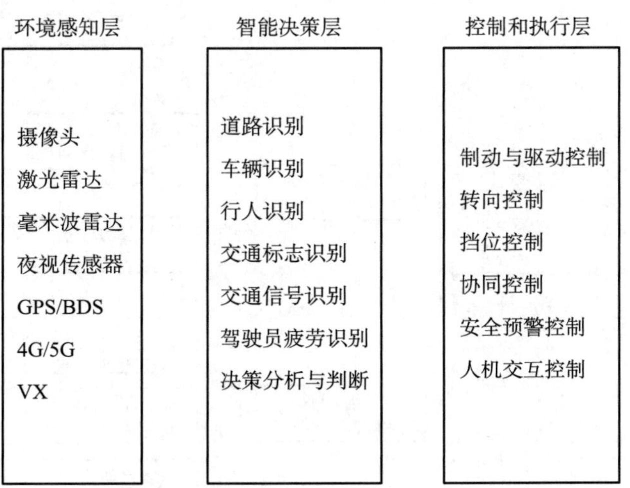

图 7-4　智能网联汽车结构层次

(1)环境感知层的主要功能是通过车载环境感知技术、卫星定位技术、4G/5G及V2X无线通信技术等,实现对车辆自身属性和车辆外在属性(如道路、车辆和行人等)静、动态信息的提取和收集,并向智能决策层输送信息。

(2)智能决策层的主要功能是接收环境感知层的信息并进行融合,对道路、车辆、行人、交通标志和交通信号等进行识别,决策分析和判断车辆驾驶模式及将要执行的操作,并向控制和执行层输送指令。

(3)控制和执行层的主要功能是按照智能决策层的指令,对车辆进行操作和协同控制,并为联网汽车提供道路交通信息、安全信息、娱乐信息、救援信息以及商务办公、网上消费等,保障汽车安全行驶和舒适驾驶。

7.2.2 智能网联汽车的逻辑结构

智能网联汽车的逻辑结构有“信息感知”和“决策控制”两条主线,其发展的核心是由系统进行信息感知、决策预警和智能控制,逐渐替代驾驶员的驾驶任务,并最终完全自主执行全部驾驶任务,如图7-5所示。智能网联汽车通过智能化与网联化两条技术路径协同实现“信息感知”和“决策控制”功能。

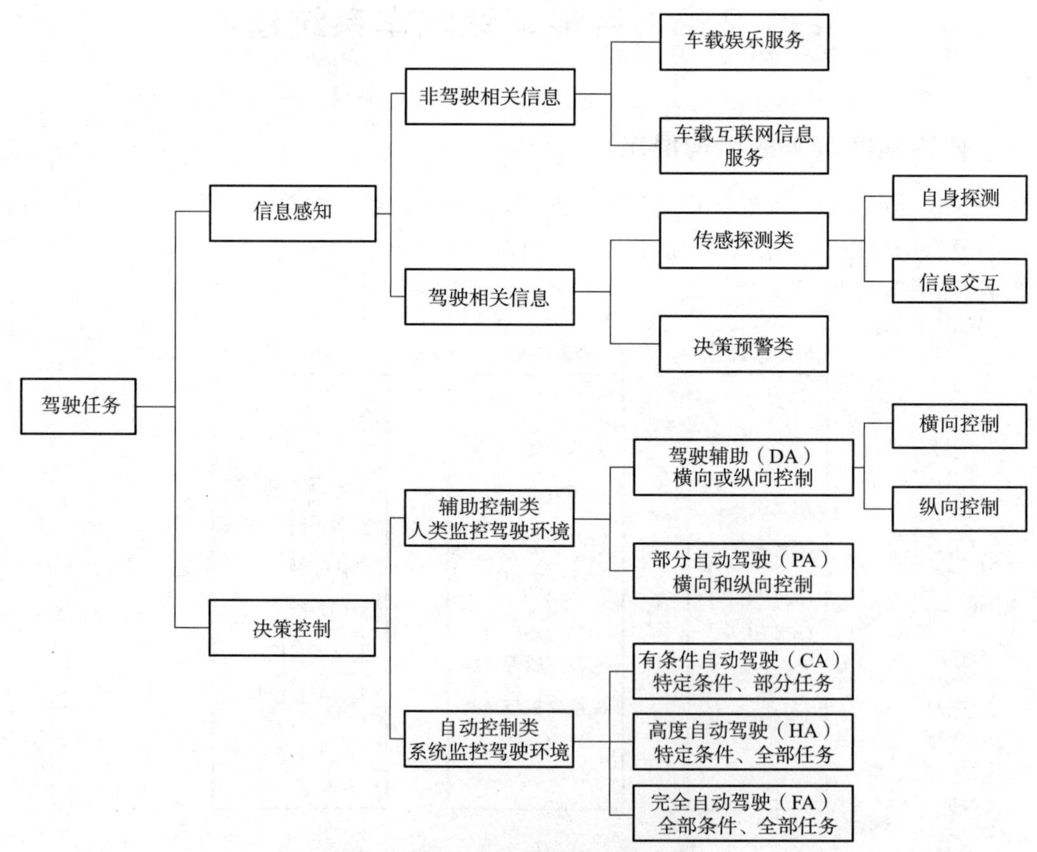

图7-5 智能网联汽车逻辑结构

(1)信息感知。在信息感知方面,根据信息对驾驶行为的影响和相互关系分为“驾驶相关类信息”和“非驾驶相关类信息”。其中,“驾驶相关类信息”包括传感探测类和决策预警类;“非驾驶相关类信息”主要包括车载娱乐服务和车载互联网信息服务。传感探测类又可根据信息获取方式进一步细分为依靠车辆自身传感器直接探测所获取的信息(自身探测)和车辆通过车载通信装置从外部其他节点所接收的信息(信息交互)。“智能化+网联化”相融合可以使车辆在自身传感器直接探测的基础上,通过与外部节点的信息交互,实现更加全面的环境感知,从而更好地支持车辆进行决策和控制。

(2)决策控制。在决策控制方面,根据车辆和驾驶员在车辆控制方面的作用及职责,区分为“辅助控制类”和“自动控制类”,分别对应不同等级的决策控制。其中,辅助控制类主要指车辆利用各类电子技术辅助驾驶员进行车辆控制,如横向控制和纵向控制及其组合,可分为驾驶辅助(DA)和部分自动驾驶(PA);自动控制类则根据车辆自主控制以及替代驾驶员进行驾驶的场景和条件进一步细分为有条件自动驾驶(CA)、高度自动驾驶(HA)和完全自动驾驶(FA)。

7.2.3 智能网联汽车的技术结构

智能网联汽车涉及汽车、信息通信、交通灯多领域技术,其技术结构较为复杂,可划分为“三横两纵”式技术结构,如图7-6所示。“三横”指智能网联汽车主要涉及的车辆、信息交互与基础支撑三大领域技术;“两纵”是指智能网联汽车涉及的车载平台和基础设施,其中基础设施是指除了车载平台外,支撑智能网联汽车发展的所有外部环境条件,如道路、交通、通信网络等。智能网联汽车需要车路协同、车路一体化,在智能网联汽车的推动下,道路等基础设施将逐渐向电子化、信息化、智能化方向发展。

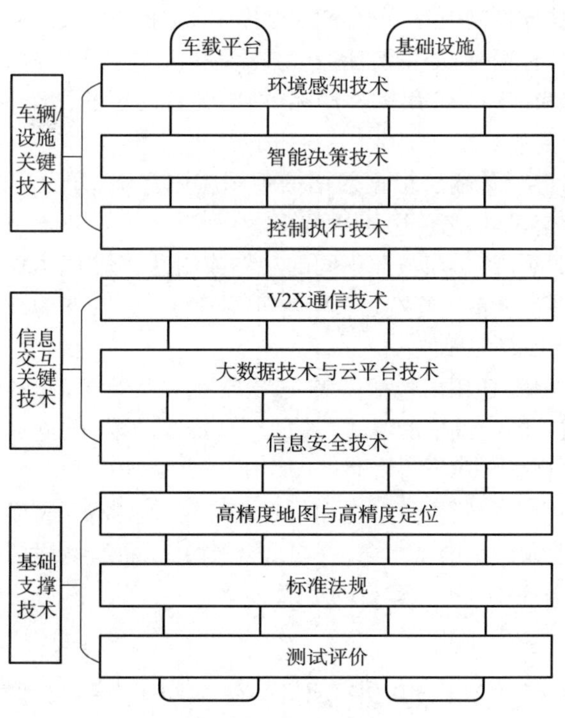

图7-6 智能网联汽车“三横两纵”技术结构

7.2.4 智能网联汽车的物理结构

智能网联汽车的物理结构是把逻辑结构所涉及的各种“信息感知”与“决策控制”功能落实到物理载体上。车辆控制系统、车载终端、交通设施、外接设备等按照不同的用途，通过不同的网络通道、软件或平台对采集或接收到的信息进行传输、处理和执行、从而实现不同的功能或应用，如图 7-7 所示。

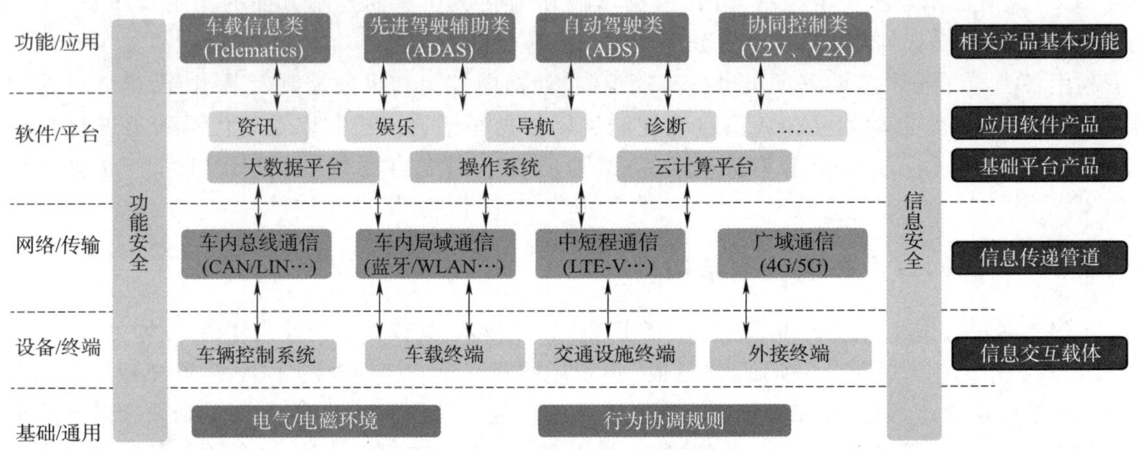

图 7-7　智能网联汽车的物理结构

(1)功能/应用层。功能/应用层根据产品形态、功能类型和应用场景，分为车载信息类、先进驾驶辅助类、自动驾驶类及协同控制类等，涵盖与智能网联汽车相关各类产品所应具备的基本功能。

(2)软件/平台层。软件/平台层主要涵盖大数据平台、操作系统和云计算平台等基础平台产品，以及资讯、娱乐、导航和诊断等应用软件产品，共同为智能网联汽车相关功能的实现提供平台级、系统级和应用级的服务。

(3)网络/传输层。网络/传输层根据通信的不同应用范围，分为车内总线通信、车内局域通信、中短程通信和广域通信，是信息传递的“管道”。

(4)设备/终端层。设备/终端层按照不同的功能或用途，分为车辆控制系统、车载终端、交通设施终端、外接终端等，各类设备和终端是车辆与外界进行信息交互的载体，同时也作为人机交互界面，成为连接“人”和“系统”的载体。

(5)基础/通用层。基础/通用层包括电气/电磁环境和行为协调规则。安装在智能网联汽车上的设备、终端或系统需要利用汽车电源，在满足汽车特有的电气、电磁环境要求下实现其功能；设备、终端或系统间的信息交互和行为协调也应在统一的规则下进行。

此外，产品物理结构中还包括功能安全和信息安全两个重要组成部分，两者作为智能网联汽车各类产品和应用需要普遍满足的基本条件，贯穿于整个产品的物理结构之中，是智能网联汽车各类产品和应用实现安全、稳定、有序运行的可靠保障。

 7.3　智能网联汽车环境感知技术

智能网联汽车环境感知就是利用车载超声波传感器、毫米波雷达、激光雷达、视觉传感器以及

V2X 通信技术等获取道路、车辆位置和障碍物的信息，并将这些信息传输给车载控制中心，为智能网联汽车提供决策依据，是 ADAS 实现的第一步。环境感知技术在智能网联汽车中的典型应用如图 7-8 所示。

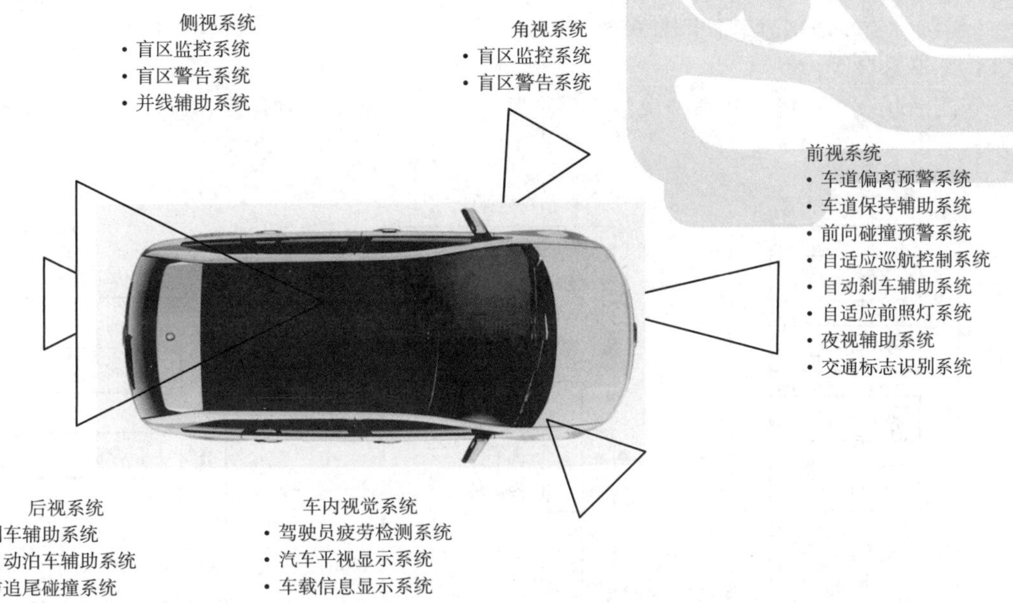

图 7-8　环境感知技术在智能网联汽车中的典型应用

智能网联汽车环境感知方法主要有基于单一传感器的环境感知方法、基于自组织网络的环境感知方法和基于传感器信息融合的环境感知方法，如图 7-9 所示。

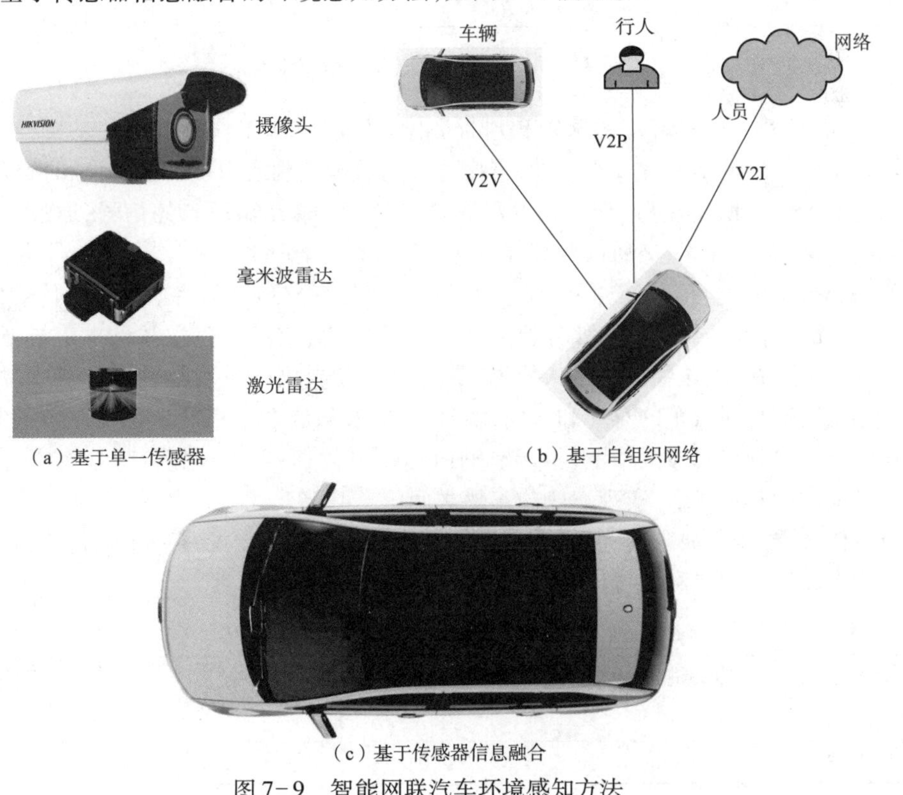

图 7-9　智能网联汽车环境感知方法

(1)基于单一传感器的环境感知方法,如超声波传感器、毫米波雷达、激光雷达、视觉传感器等。

(2)基于自组织网络的环境感知方法,如V2X通信技术。

(3)基于传感器信息融合的环境感知方法,如采用视觉传感器+毫米波雷达、视觉传感器+超声波传感器融合等。

智能网联汽车环境感知系统由信息采集单元、信息处理单元和信息传输单元组成,如图7-10所示。

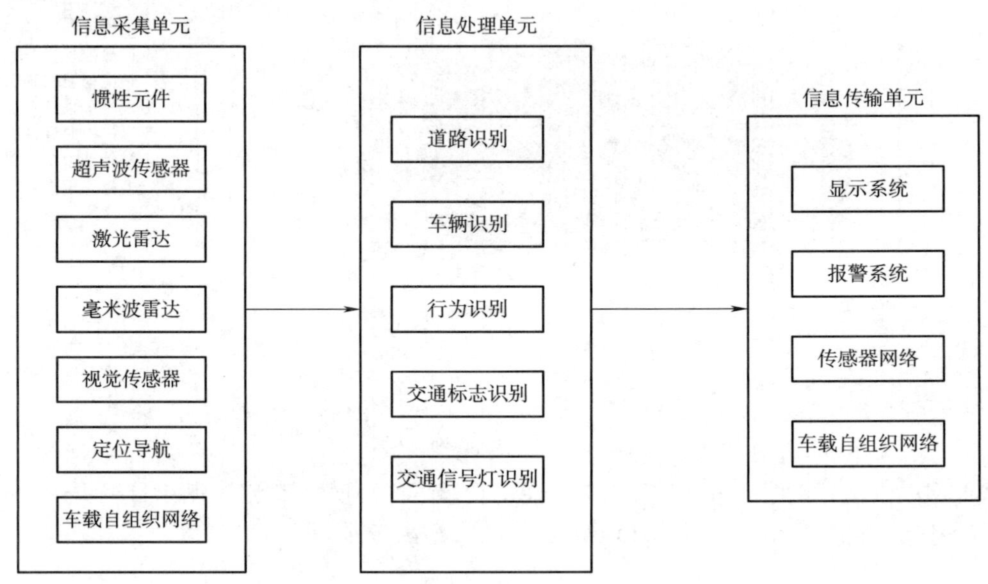

图7-10　智能网联汽车环境感知系统

(1)信息采集单元。对环境的感知和判断是智能网联汽车工作的前提与基础,感知系统获取周围环境和车辆信息的实时性及稳定性,直接关系到后续检测或识别的准确性和执行的有效性。

(2)信息处理单元。信息处理单元主要是对信息采集单元输送来的信号,通过一定的算法对道路、车辆、行人、交通标志、交通信号灯等进行识别。

(3)信息传输单元。信息处理单元对环境感知信号进行分析后,将信息送入传输单元,传输单元根据具体情况执行不同的操作,如分析后的信息确定前方有障碍物,并且本车与障碍物之间的距离小于安全车距,则将这些信息送入控制执行模块,控制执行模块结合本车速度、加速度、转向角等自动调整智能网联汽车的车速和方向,实现自动避障,在紧急情况下也可以自动制动;信息传输单元把信息传输到传感器网络上,实行车辆内部资源共享;也可以把处理信息通过自组织网络传输给车辆周围的其他车辆,实现车辆与车辆之间信息共享。

超声波传感器、毫米波雷达、激光雷达和视觉传感器作为主要的环境感知传感器,它们的选择需要综合考虑其性能特点和性价比,它们之间的比较如表7-4所示。

表7-4　环境感知传感器的比较

传感器类型	超声波传感器	毫米波雷达	激光雷达	视觉传感器
远距离探测	弱	强	强	较强
探测角度/(°)	120	10~70	15~360	30

续表

传感器类型	超声波传感器	毫米波雷达	激光雷达	视觉传感器
夜间环境	强	强	强	弱
全天候	弱	强	强	弱
路标识别	×	×	×	√
主要应用	泊车辅助	自适应巡航控制系统,自动紧急制动系统,前向碰撞预警系统,盲区监测系统	实时建立车辆周边环境的三维模型	车道偏离预警系统、车道保持辅助系统、盲区监测系统、前向碰撞预警系统、交通标志识别系统、交通信号灯识别系统、全景泊车系统
成本	低	适中	高	适中

智能网联汽车环境感知传感器主要有超声波传感器、毫米波雷达、激光雷达、单/双/三目摄像头、环视摄像头等,它们在智能网联汽车上的配置与自动驾驶级别有关,自动驾驶级别越高,配置的传感器越多。典型智能网联汽车传感器基本配置如表7-5所示。

表7-5　典型智能网联汽车传感器基本配置

传感器	数量/个	最小感知范围	备　注
环视摄像头(高清)	4	8 m	(1)前、侧向毫米波雷达信息处理策略有差异,不能互换 (2)毫米波雷达和激光雷达互为冗余 (3)不同供应商的传感器探测范围有差异,表中数据仅供参考
前视摄像头(单目)	1	50°/150 m	
超声波传感器	12	5 m	
侧向毫米波雷达(24 GHz)	4	110°/60 m	
前向毫米波雷达(77 GHz)	1	15°/170 m	
激光雷达	1	110°/100 m	

随着汽车智能化和网联化的发展,智能网联汽车配备的先进传感器的数量将会逐渐增加,预计无人驾驶汽车将会装配30个左右先进传感器。

传感器融合就是将多个传感器获取的数据、信息集中在一起综合分析,以便更加准确可靠地描述外界环境,从而提高系统决策的正确性。多传感器融合的基本原理类似于人类大脑对环境信息的综合处理过程。人类对外界环境的感知是通过将眼睛、耳朵、鼻子和四肢等感官所探测的信息传输至大脑,并与先验知识进行综合分析,实现对其周围的环境和正在发生的事件做出快速准确的评估;而多传感器融合技术是通过各种传感器对环境信息进行感知,并传输至信息融合中心,与数据库信息进行综合分析,实现对周围的环境和正发生的事件做出快速准确的评估。多传感器融合的体系结构分为分布式、集中式和混合式,如图7-11所示。

(1)分布式。先对各个独立传感器所获得的原始数据进行局部处理,然后再将结果送入信息融合中心进行智能优化组合来获得最终的结果。分布式多传感器对通信带宽的需求低,

计算速度快,可靠性和延续性好,但跟踪的精度却远没有集中式多传感器高。

(2)集中式。集中式多传感器将各传感器获得的原始数据直接送至信息融合中心进行融合处理,可以实现实时融合。优点是数据处理的精度高,算法灵活;缺点是对处理器的要求高,可靠性较低,数据量大,故难于实现。

(3)混合式。混合式多传感器信息融合框架中,部分传感器采用集中式融合方式,剩余的传感器采用分布式融合方式。混合式融合框架具有较强的适应能力,兼顾集中式和分布式的优点,稳

定性强。混合式融合方式的结构比前两种融合方式的结构复杂，这样就加大了通信和计算上的难度。

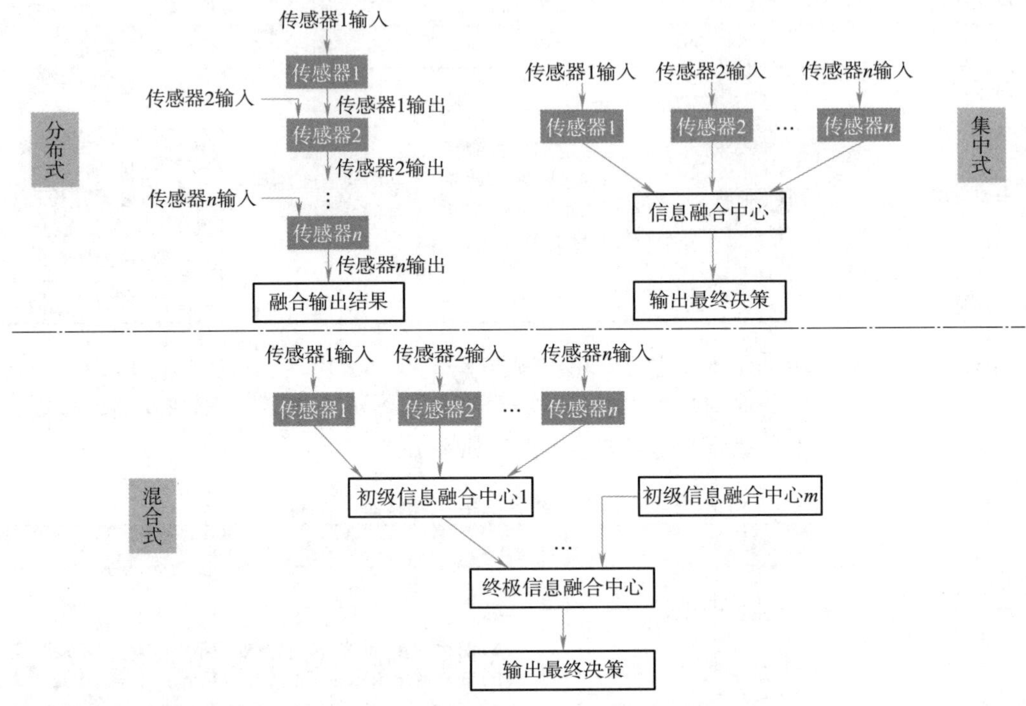

图 7-11　多传感器融合的体系结构

目前多传感器融合的理论方法有贝叶斯准则法、卡尔曼滤波法、D-S 证据理论法、模糊集理论法、人工神经网络法等。

7.3.1　激光雷达

1. 激光雷达的定义

激光雷达是工作在光频波段的雷达，它利用光频波段的电磁波先向目标发射探测信号，然后将其接收到的同波信号与发射信号相比较，从而获得目标的位置（距离、方位和高度）、运动状态（速度、姿态）等信息，实现对目标的探测、跟踪和识别。

激光雷达根据安装位置的不同，分为两大类，一类安装在无人驾驶汽车的四周，另一类安装在无人驾驶汽车的车顶，如图 7-12 所示。安装在无人驾驶汽车四周的激光雷达，其激光线束一般小于 8 线，常见的有单线激光雷达和四线激光雷达；安装在无人驾驶汽车车顶的激光雷达，其激光线束一般不小于 16 线，常见的有 16 线/32 线/64 线激光雷达。

车载激光雷达普遍采用多个激光发射器和接收器，建立三维点云图，从而达到实时环境感知的目的。

2. 激光雷达的特点

（1）分辨率高。激光雷达可以获得极高的角度、距离和速度分辨率。通常激光雷达的角分辨率不低于 0.1 mard，也就是说可以分辨 3 km 距离上相距 0.3 m 的两个目标，并可同时跟踪多个目标；距离分辨率达 0.1 m；速度分辨率达 10 m/s 以内。

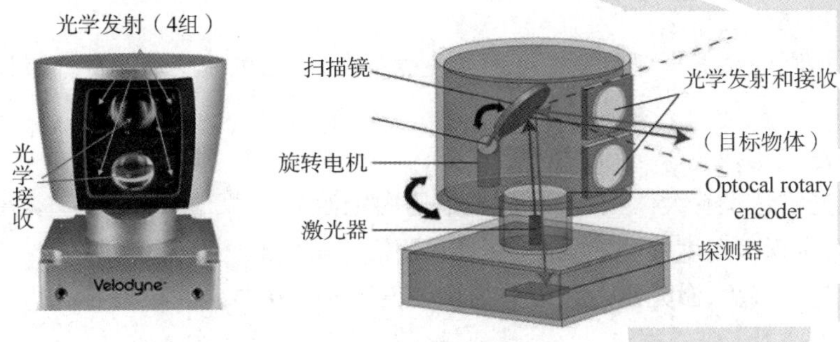

图 7-12　激光雷达

（2）探测范围广。探测距离可达 300 m 左右。

（3）信息量丰富。可直接获取探测目标的距离、角度、反射强度、速度等信息，生成目标多维度图像。

（4）全天候工作。激光主动探测，不依赖于外界光照条件或目标本身的辐射特性，它只需发射自己的激光束，通过探测发射激光束的回波信号来获取目标信息；但容易受到大气条件以及工作环境烟尘的影响，且不具备摄像头能识别交通标志的功能。

3. 激光雷达的测距原理

激光雷达测距的基本原理是通过激光发射信号与激光回波信号的往返时间，计算出目标的距离。首先，激光雷达发出激光束，激光束碰到障碍物后被反射回来，被激光接收系统接收和处理，从而得知激光从发射至被反射回来并接收之间的时间，即激光的飞行时间。根据飞行时间可计算出障碍物的距离。根据所发射激光信号的不同形式，激光测试的方式可分为脉冲法激光测距（见图 7-13）和相位法激光测距两大类。

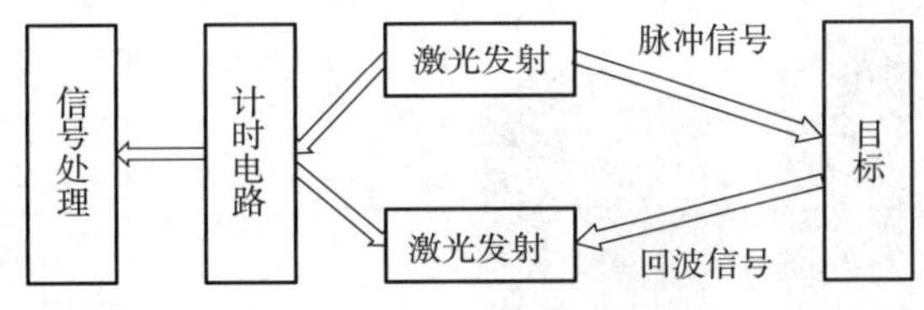

图 7-13　脉冲法激光测距

（1）脉冲法激光测距。脉冲法是通过激光雷达的发射器发出脉冲激光照射到障碍物后会有部分激光反射回来，由激光雷达的接收器接收。同时激光雷达内部可以记录发射和接收的飞行时间间隔，根据光速可以计算出要测量的距离。

（2）相位法激光测距。相位法由激光发射器发出强度调制的连续激光信号，照射到障碍物后反射回来，测量光束在往返中会产生相位的变化，通过计算激光信号在雷达与障碍物之间来回飞行产生的相位差，换算出障碍物的距离。

4. 激光雷达的类型

激光雷达按有无机械旋转部件，可分为机械激光雷达、固态激光雷达和混合固态激光雷达。

1）机械激光雷达

机械激光雷达带有控制激光发射角度的旋转部件，体积较大、价格昂贵、测量精度相对较高，一般置于汽车顶部。

2）固态激光雷达

固态激光雷达则依靠电子部件来控制激光发射角度，无须机械旋转部件，故尺寸较小，可安装于车体内。

3）混合固态激光雷达

混合固态激光雷达没有大体积旋转结构，采用固定激光光源，通过内部玻璃片旋转的方式改变激光光束方向，实现多角度检测的需要，并且采用嵌入式安装。

根据线束数量的多少，激光雷达又可分为单线束激光雷达与多线束激光雷达。

1）单线束激光雷达

单线束激光雷达扫描一次只产生一条扫描线，其所获得的数据为2D数据，因此无法区别有关目标物体的3D信息。但由于单线束激光雷达具有测量速度快、数据处理量少等特点，多被应用于安全防护、地形测绘等领域。

2）多线束激光雷达

多线束激光雷达扫描一次可产生多条扫描线。目前市场上多线束激光雷达产品包括4线束、8线束、16线束、32线束、64线束等，其细分可分为2.5D激光雷达及3D激光雷达。2.5D激光雷达与3D激光雷达最大的区别在于激光雷达垂直视野的范围，前者垂直视野范围一般不超过10°，而后者可达到30°甚至40°以上，这也就导致两者对于激光雷达在汽车上的安装位置要求有所不同。

如图7-14所示为机械激光雷达和固态激光雷达以及64线束、32线束和16线束的激光雷达。

5. 激光雷达的应用

激光雷达具有高精度电子地图和定位、障碍物识别、可通行空间检测、障碍物轨迹预测等功能，如图7-15所示。

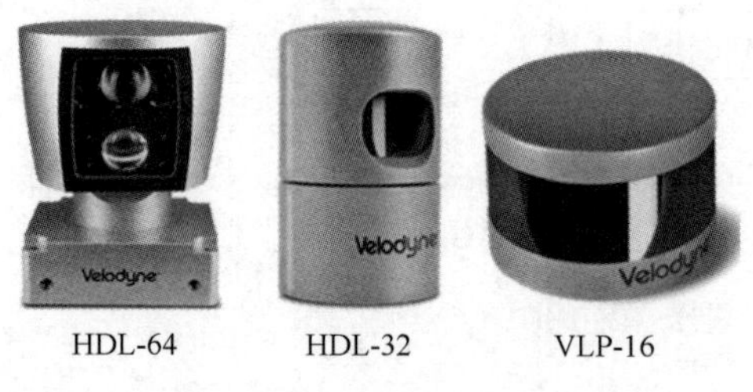

图7-14 激光雷达的类型

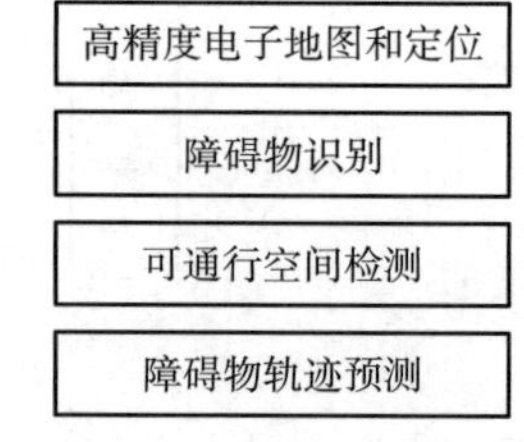

图7-15 激光雷达的功能

（1）高精度电子地图和定位。利用多线束激光雷达的点云信息与车载组合惯导采集的信息，进行高精度电子地图制作。无人驾驶汽车利用激光点云信息与高精度电子地图匹配，以此实现高精度定位。

（2）障碍物识别。利用高精度电子地图限定感兴趣区域（ROI）后，根据障碍物特征和识别算法，进行障碍物检测与识别。

（3）可通行空间检测。利用高精度电子地图限定ROI后，可以对ROI内部（比如可行驶道路和交叉口）点云的高度及连续性信息判断点云处是否可通行。

（4）障碍物轨迹预测。根据激光雷达的感知数据与障碍物所在车道的拓扑关系（道路连接关系）进行障碍物的轨迹预测，以此作为无人驾驶汽车规划（避障、换道、超车等）的判断依据。

7.3.2 视觉传感器

1. 视觉传感器的定义

视觉传感器主要由光源、镜头、图像传感器、模数转换器、图像处理器、图像存储器等组成，如图7-16示，其主要功能是获取足够的机器视觉系统要处理的原始图像。把光源、摄像机、图像处理器、标准的控制与通信接口等集成一体的视觉传感器常称为一个智能图像采集与处理单元，如图7-17所示，内部程序存储器可存储图像处理算法，并能使用计算机，利用专用组态软件编制各种算法并下载到视觉传感器的程序存储器中，视觉传感器将计算机的灵活性、PLC的可靠性、分布式网络技术结合在一起，用这样的视觉传感器和PLC可以更容易地构成机器视觉系统。

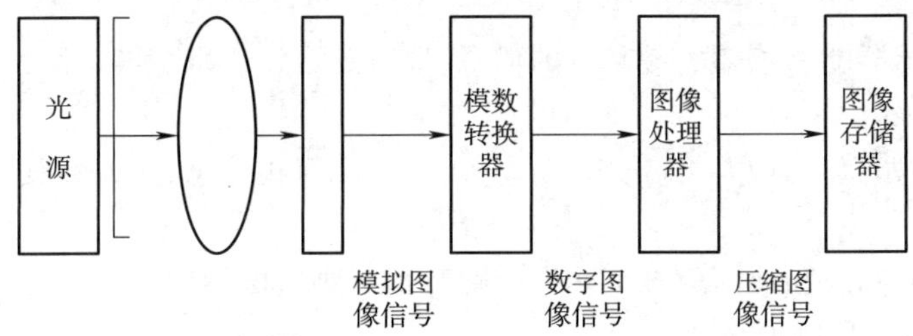

图7-16　视觉传感器的组成

图7-17　智能图像采集与处理单元

2. 视觉传感器的特点

(1)视觉图像的信息量极为丰富，尤其是彩色图像，不仅包含视野内物体的距离信息。

(2)在视野范围内可同时实现道路检测、车辆检测、行人检测、交通标志检测、交通信号灯检测等，信息获取面积大。当多辆智能网联汽车同时工作时，不会出现相互干扰的现象。

(3)视觉信息获取的是实时的场景图像，提供的信息不依赖于先验知识，比如GPS导航依赖地图信息，有较强的适应环境的能力。

(4)视觉传感器应用广泛，在智能网联汽车中可以前视、后视、侧视、内视、环视等，如图7-18所示。以前视为例，夜视、车道偏离预警、碰撞预警、交通标志识别等要求视觉系统在各种天气、路况条件下，能够清晰识别车道线、车辆、障碍物、交通标志等。

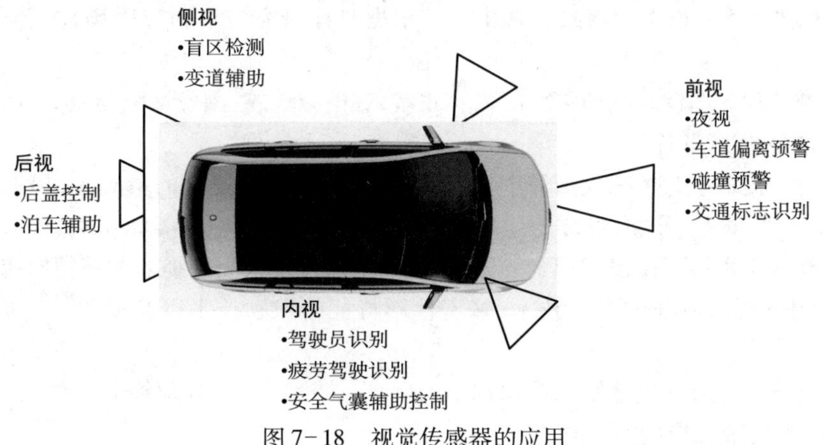

图7-18　视觉传感器的应用

3. 视觉传感器的类型

视觉传感器在智能网联汽车上的应用是以摄像头方式出现的，主要用于车道偏离预警系统、车道保持辅助系统、盲区监测系统、自动制动辅助系统中的障碍物检测和道路检测等。按照相机数目和组合方式可以分为单目、双目、三目和环视等类型。普通摄像头只适合白天工作，不适合黑夜工作。目前智能汽车上也开始部署红外摄像头来弥补普通摄像头在光线弱的地方无法工作的缺陷。

4. 视觉传感器的功能

视觉传感器具有车道线识别、障碍物检测、交通标志和地面标志识别、交通信号识别、可行空间检测等功能。

(1)车道线识别。车道线是视觉传感器能够感知的最基本的信息，拥有车道线识别功能，即可实现高速公路的车道保持功能。

(2)障碍物检测。障碍物种类很多，如汽车、行人、自行车、动物等，有了障碍物信息，无人驾驶汽车即可完成车道内的跟车行驶。

(3)交通标志和地面标志识别。交通标志和地面标志可作为道路特征与高精度地图做匹配后的辅助定位，也可以基于这些感知结果进行地图的更新。

(4)交通信号灯识别。交通信号灯状态的感知能力对于城区行驶的无人驾驶汽车十分重要。

(5)可通行空间检测。可通行空间表示无人驾驶汽车可以正常行使的区域。

5. 视觉传感器的环境感知流程

视觉传感器环境感知流程如图 7-19 所示，一般包括图像采集、图像预处理、图像特征提取、图像模式识别、结果传输等，根据具体识别对象和采用的识别方法不同，环境感知流程也会略有差异。

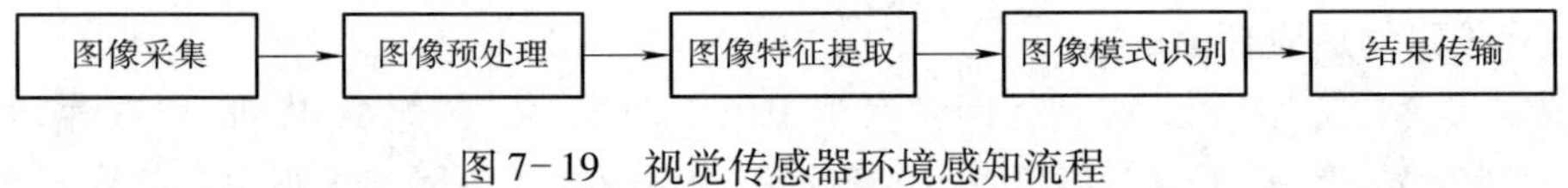

图 7-19　视觉传感器环境感知流程

(1)图像采集。图像采集主要是通过摄像头采集图像，如果是模拟信号，要把模拟信号转换为数字信号，并把数字信号以一定格式表现出来。根据具体研究对象和应用场合，选择性价比高的摄像头。

(2)图像预处理。图像预处理包含的内容较多，有图像压缩、图像增强与复原、图像分割等，要根据具体实际情况进行选择。

(3)图像特征提取。为了完成图像中目标的识别，要在图像分割的基础上，提取需要的特征，并将这些特征计算、测量、分类，以便于计算机根据特征值进行图像分类和识别。

(4)图像模式识别。图像模式识别的方法很多，从图像模式识别提取的特征对象来看，图像识别方法可分为基于形状特征的识别技术、基于色彩特征的识别技术以及基于纹理特征的识别技术等。

(5)结果传输。通过环境感知系统识别出的信息，传输到车辆其他控制系统或者传输到车辆周围的其他车辆，完成相应的控制功能。

利用视觉传感器进行道路识别的流程如图 7-20 所示。

道路识别实例如图 7-21 所示。

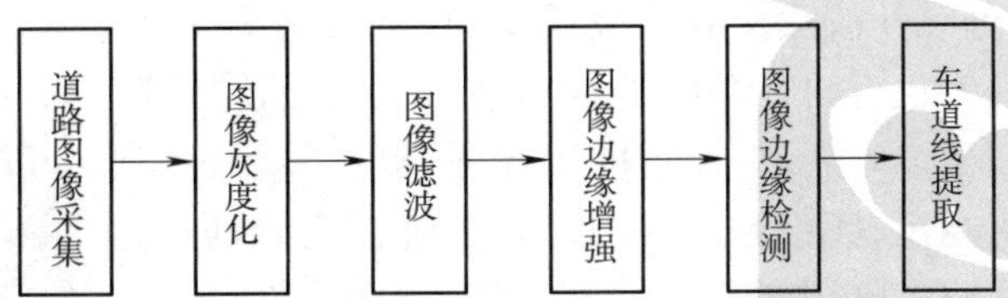

图 7-20　利用视觉传感器进行道路识别的流程

图 7-21　道路识别实例

6. 视觉传感器的应用

视觉传感器是智能网联汽车实现众多预警、识别类 ADAS 功能的基础，如表 7-6 所示。根据不同 ADAS 功能的需要，摄像头的安装位置也有不同，主要分为前视、后视、侧视以及内置。

表 7-6　视觉传感器在智能网联汽车上的应用

ADAS	使用摄像头	具体功能介绍
车道偏离预警系统	前视	当前视摄像头检测到车辆即将偏离车道线时发出警报
盲区检测系统	测视	利用测视摄像头将后视镜盲区的影像显示在后视镜或驾驶舱内
自动泊车辅助系统	后视	利用后视摄像头将车尾影像显示在驾驶舱内
全景泊车系统	前视、测视、后视	利用图像拼接技术将摄像头采集的影像组成周边全景图
驾驶员疲劳预警系统	内置	利用内置摄像头检测驾驶员是否疲劳、闭眼等
行人碰撞预警系统	前视	当前摄像头检测到车辆与前方行人可能发生碰撞时发出警报
车道保持辅助系统	前视	当前摄像头检测到车辆即将偏离车道线时通知控制中心发出指示，纠正行驶方向
交通标识识别系统	前视、侧视	利用前视、侧视摄像头识别前方和两侧的交通标志
前向碰撞预警系统	前视	当前摄像头监测到与前车距离小于安全距离时发出警报

7.3.3　毫米波雷达

1. 毫米波雷达的定义

毫米波雷达是工作在毫米波频段的雷达，如图 7-22 所示。毫米波是指波长在 1～10 mm 的电磁波，对应的频率范围为 30～300 GHz。毫米波雷达是 ADAS 核心传感器，主要用于自适应巡航控制系统、自动紧急制动系统、盲区监测系统、行人检测系统等。

毫米波位于微波与远红外波相交叠的波长范围，所以毫米波兼有这两种波谱的优点，同时也有自己独特的性质。根据波的传播理论，频率越高，波长越短，分辨率越高，穿透能力越强，但在传播过程的损耗也越大，传输距离越短；频率越低，波长越长，绕射能力越强，传输距离越远，所以与微波相比，毫米波的分辨率高，指向性好，抗干扰能力强和探测性能好。与红外波相比，毫米波的大气衰减小，对烟雾和灰尘具有更好的穿透性，受天气影响小。

图 7-22　毫米波雷达

2. 毫米波雷达的特点

(1)探测距离远。毫米波雷达探测距离远，最远可达 250 m 左右。

(2)响应速度快。毫米波的传播速度与光速一样，并且其调制简单，配合高速信号处理系统、可以快速地测量出目标的角度、距离、速度等信息。

(3)适应能力强。毫米波具有很强的穿透能力，在雨、雪、大雾等恶劣天气依然可以正常工作，而且不受颜色与温度的影响。

毫米波雷达的缺点是覆盖区域呈扇形，有盲点区域；无法识别道路标线、交通标志和交通信号灯。

3. 毫米波雷达的类型

毫米波雷达可以按照工作原理、探测距离和频段进行分类。

(1)按工作原理分类。毫米波雷达按工作原理的不同可以分为脉冲式毫米波雷达与调频式连续毫米波雷达两类。脉冲式毫米波雷达通过发射脉冲信号与接收脉冲信号之间的时间差来计算目标距离；调频式连续毫米波雷达是利用多普勒效应测量得出不同目标的距离和速度。脉冲方式测量原理简单，但由于受技术、元器件等方面的影响，实际应用中很难实现。目前，大多数车载毫米波雷达都采用调频式连续毫米波雷达。

(2)按探测距离分类。毫米波雷达按探测距离可分为近距离(SRR)、中距离(MRR)和远距离(LRR)毫米波雷达。

(3)按频段分类。毫米波雷达按采用的毫米波频段不同，可分为 24 GHz、60 GHz、77 GHz 和 79 GHz 毫米波雷达，主流可用频段为 24 GHz 和 77 GHz，如图 7-23 所示。79 GHz 有可能是未来发展趋势。

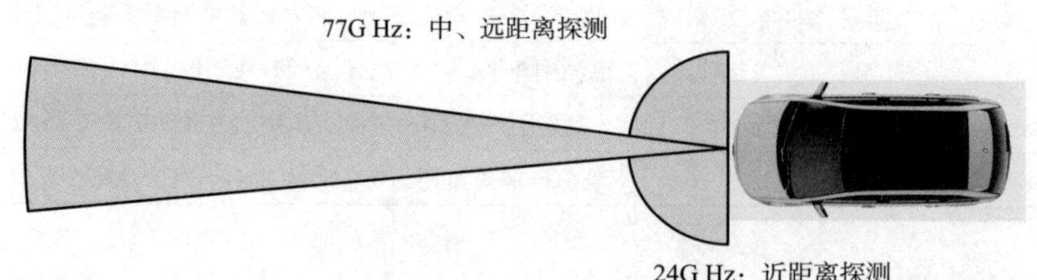

图 7-23　24 GHz 和 77 GHz 毫米波雷达

77 GHz 毫米波雷达与 24 GHz 毫米波雷达相比具有以下不同：77 GHz 毫米波雷达探测距离更远；体积更小；所需要的工艺更高；检测精度更好；芯片更不易获取。

4. 毫米波雷达的测量原理(24 GHz)

调频式连续毫米波雷达是利用多普勒效应测量得出不同目标的距离和速度,它通过发射源向给定目标发射毫米波信号,并分析发射信号时间、频率和反射信号时间、频率之间的差值,精确测量出目标相对于雷达的距离和运动速度等信息。

雷达调频器通过天线发射毫米波信号,发射信号遇到目标后,经目标的反射会产生回波信号,发射信号与回波信号相比形状相同,时间上存在差值;当目标与雷达信号发射源之间存在相对运行时,发射信号与回波信号之间除存在时间差外,还会产生多普勒频率,如图 7-24 所示。

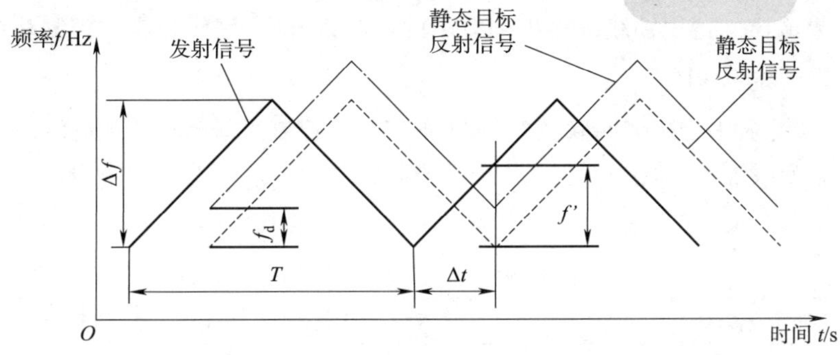

图 7-24 调频式连续毫米波雷达的测量原理

毫米波雷达测距和测速的计算公式分别为:

$$s = \frac{c\Delta t}{2} = \frac{cTf'}{4\Delta f}$$

$$u = \frac{cf_d}{2f_0}$$

式中,s 为相对距离;c 为光速;Δt 为发射信号与回波信号的时间间隔;T 为信号发射周期;f' 为发射信号与反射信号的频率差;Δf 为调频带宽;f_d 为多普勒频率;f_0 为发射信号的中心频率;u 为相对速度。

5. 毫米波雷达的目标识别流程

毫米波雷达的目标识别是通过分析回波特征信息,采用数学手段通过各种特征空间变换来抽取目标的特性参数,如大小、材质、形状等,并将抽取的特性参数与已建立的数据库中的目标特征参数进行比较、辨别和分类,其流程如图 7-25 所示。

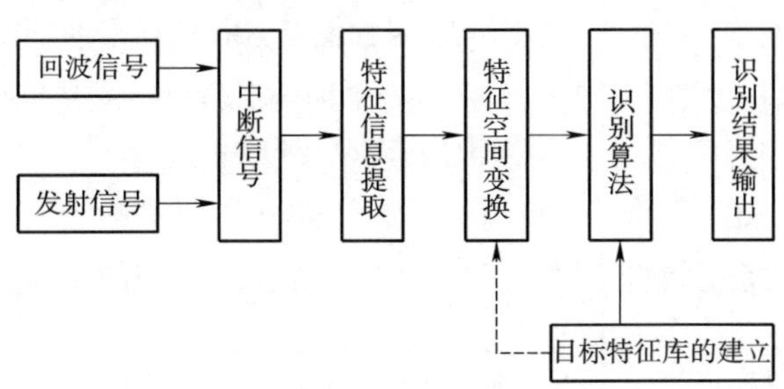

图 7-25 毫米波雷达的目标识别流程

(1)特征信息提取。利用发射源与目标处于相对静止状态时的中频信号可以进行目标特征信息的提取,以进行有效的目标识别。

(2)特征空间变换。特征空间变换是利用梅林变换、沃尔什变换、马氏距离线性变换等正交变换方法,解除不同目标特征间的相关性,加强不同目标特征间的可分离性,最终剔除冗余特征,达到减少计算量的目的。

(3)识别算法。识别算法主要有空目标去除、无效目标去除和静止目标去除。

(4)目标特征库的建立。目标特征库的建立有3种方法:通过实际试验数据建立,通过半实物仿真数据建立,通过虚拟仿真数据建立。

(5)识别结果输出。把识别结果输出到有关的控制系统中,完成相应的控制功能。

6. 毫米波雷达的应用

毫米波雷达广泛应用于智能网联汽车的自适应巡航控制系统、前向碰撞预警系统、自动紧急制动系统、盲区监测系统、自动泊车辅助系统、变道辅助系统等先进驾驶辅助系统(ADAS)中,如表7-7所示。

表7-7　毫米波雷达在智能网联汽车上的应用

毫米波雷达类型		近距离雷达(SRR)	中距离雷达(MRR)	远距离雷达(LRR)
工作频段/GHz		24	77	77
探测距离/m		小于60	100左右	大于200
功能	自适应巡航控制系统		前方	前方
	前向碰撞预警系统		前方	前方
	自动紧急制动系统		前方	前方
	盲区检测系统	侧方	侧方	
	自动泊车辅助系统	前方、后方	侧方	
	变道辅助系统	后方	后方	
	后碰撞预警系统	后方	后方	
	行人检测系统	前方	前方	
	制动开门辅助系统	侧方		

为了满足不同距离范围的探测需要,一辆汽车上会安装多个近距离、中距离和远距离毫米波雷达。其中24 GHz雷达系统主要实现近距离(SRR)探测,77 GHz雷达系统主要实现中距离(MRR)和远距离(LRR)探测。不同的毫米波雷达在车辆前方、侧方和后方发挥不同的作用。

毫米波雷达在智能网联汽车ADAS中的应用如图7-26所示。例如,自适应巡航控制需要3个毫米波雷达,车辆正中间一个77 GHz的LRR,探测距离为150~250 m,角度约为10°;车辆两侧各一个24 GHz的SRR,角度都为30°,探测距离为50~70 m。

7. 毫米波雷达的布置

毫米波雷达在智能网联汽车上的布置如图7-27所示,它分为正向毫米波雷达布置、侧向毫米波雷达布置。

(1)正向毫米波雷达布置。正向毫米波雷达一般布置在车辆中轴线,外露或隐藏在保险杠内部。雷达波束的中心平面要求与路面基本平行,考虑雷达系统误差、结构安装误差、车辆载荷变化后,需保证与路面夹角的最大偏差不超过5°。另外,在某些特殊情况下,正向毫米波雷达无法布置在车辆中轴线上时,允许正 Y 向最大偏置距离为 300 mm,偏置距离过大会影响雷达的有效探测范围。

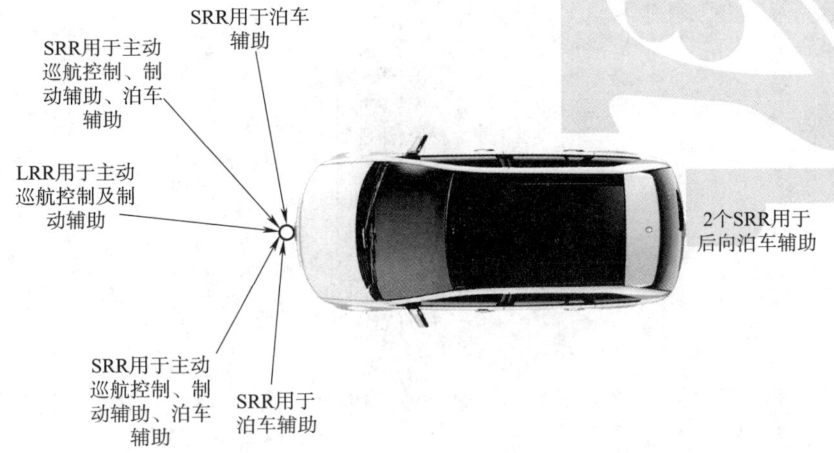

图 7-26　毫米波雷达在智能网联汽车 ADAS 中的应用

图 7-27　毫米波雷达在智能网联汽车上的布置

(2)侧向毫米波雷达布置。侧向毫米波雷达在车辆四角呈左右对称布置,前侧向毫米波雷达与车辆行驶方向呈 45°夹角,后侧向毫米波雷达与车辆行驶方向呈 30°夹角,雷达波束的中心平面与路面基本平行,角度最大偏差仍需控制在 5°以内。

7.3.4　超声波雷达

常见的超声波传感器有两种。第一种是安装在汽车前后保险杠上的,也就是用于探测汽车前后障碍物的传感器,探测距离一般为 15 ~ 250 cm,称为 PDC(停车距离控制) 传感器,也称为 UPA(驻车辅助传感器);第二种是安装在汽车侧面的,是用于测量停车位长度的超声波传感器,探测距离一般为 30 ~ 500 cm,称为 PLA(自动泊车辅助) 传感器,也称为 APA(泊车辅助传感器)。如图 7-28 所示的汽车配备前后向共 8 个 UPA, 左右侧共 4 个 APA。

超声波传感器主要有以下特性参数和性能。

(1)测量范围。超声波传感器的测量范围取决于其使用的波长和频率。波长越长,频率越小,检测距离越大,如具有毫米级波长的紧凑型传感器的测量范围为 300 ~ 500 mm,波长大于 5 mm 的传感器测量范围可达 10 m。

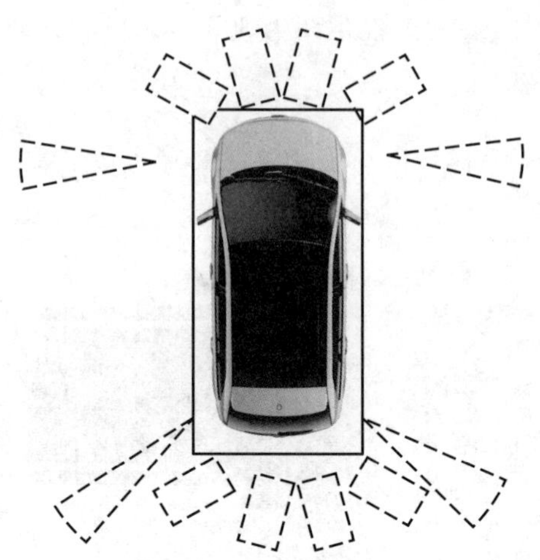

图 7-28　超声波传感器的类型

(2)测量精度。测量精度是指传感器测量值与真实值的偏差。超声波传感器测量精度主要受被测物体体积、表面形状、表面材料等影响。被测物体体积过小、表面形状凹凸不平、物体材料吸收声波等情况都会降低超声波传感器测量精度。测量精度越高,感知信息越可靠。

(3)波束角。超声波传感器产生的超声波以一定角度向外发出,超声波沿传感器中轴线方向上的超声射线能量最大,能量向其他方向逐渐减弱。以传感器中轴线的延长线为轴线,到一侧能量强度减小一半处的角度称为波束角。波束角越小,指向性越好。一些超声波传感器具有较窄(6°)的波束角,更适合精确测量相对较小的物体。一些波束角为12°~15°的超声波传感器能够检测具有较大倾角的物体。

(4)工作频率。工作频率直接影响超声波的扩散和吸收损失、障碍物反射损失、背景噪声,并直接决定传感器的尺寸。一般选择在 40 kHz 左右,传感器方向性好,且能避开噪声,提高信噪比;虽然传播损失相对低频有所增加,但不会给发射和接收带来困难。

(5)抗干扰性能。超声波为机械波,使用环境中的噪声会干扰超声波传感器接收物体反射回来的超声波,因此要求超声波传感器具有一定的抗干扰能力。

超声波传感器在智能网联汽车中最常见的应用是自动泊车辅助系统,如图 7-29 所示。自动泊车辅助系统包含 8 个 PDC 传感器(用于探测周围障碍物)和 4 个 PLA 传感器(用于测量停车位的长度)。当驾驶员驾驶汽车以 30 km/h 以下速度行驶,且侧面与其间距保持在 0.5~1.5 m 时,PLA 传感器会自动检测两侧外部空间,探测到的所有合适的空间都会被系统储存下来,按下换挡手柄右侧功能键便可在仪表板显示屏上显示此时周围的状态。如果空间足够泊车,驾驶员可以停车后挂入倒挡,并慢速倒车。系统会按照事先计算好的轨迹自动控制前轮转向,无须驾驶员操纵转向盘。在自动泊车完成之后,驾驶员还可以在前后 PDC 传感器的帮助下将车进一步停正。

 7.4　智能网联汽车高精度定位技术

7.4.1　GNSS 定位方法

全球卫星导航系统是一种全天候、全时空、高精度的空基无线电导航定位系统,目前主要有美

图 7-29　基于超声波传感器的自动泊车辅助系统

国的全球定位系统(Global Positioning System, GPS)、俄罗斯的格洛纳斯系统(GLONASS)、欧洲的伽利略系统(GALILEO)和中国的北斗卫星导航系统(BeiDou Navigation Satellite System, BDS)四大常见卫星导航系统,如表 7-8 和图 7-30 所示。

表 7-8　四大主要卫星导航系统对比

导航系统	所属国家	建成时间	卫星数量/颗	覆盖范围	优　势	全球范围定位精度/m	测速精度/(m/s)	授时精度/nm
GPS	美国	1994 年	24	全球	民用市场占有率高	5	0.1	10
GLONASS	俄罗斯	1996 年	24	全球	北极附近定位效果好	5	0.1	20
GALILEO	欧盟	预计 2021 年	30	全球	非军方控制、实时高精度定位	1(目标)	0.1	20
BDS	中国	2021 年	35	全球	短报文通信、亚太地区加强	10	0.2	20

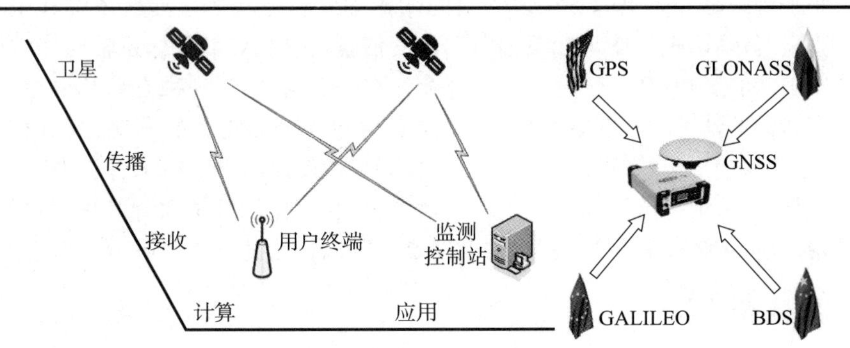

图 7-30　全球卫星导航系统

在无人驾驶应用中,卫星导航系统所提供的定位往往存在较大的测量误差。该测量误差主要有四部分原因:(1)系统发射端的卫星轨道误差,时钟误差;(2)信号传播过程中经过电离层、对流层而引起的折射误差;(3)建筑物等对信号的遮挡;(4)接收机存在的时钟误差和接收噪声。为了提高卫星导航系统的定位精确度和效率,研究出了差分定位技术和实时动态定位(Real Time Kinematic, RTK)技术,将定位精度提高到了米级甚至更高水平。但对于行驶在动态复杂环境中的无人驾驶汽车，单纯依靠GNSS无法满足全时空高精度定位需求，如在高架桥下、隧道中、树木茂密的郊区或乡村道路以及高楼林立的城市路段，GNSS信号易被遮挡或者存在多径效应。

7.4.2 惯性导航系统

惯性导航(Inertial Navigation System, INS)是20世纪中期发展起来的自主式的导航技术。通过惯性测量组件(Inertial Measurement Unit, IMU)测量载体相对惯性空间的角速率和加速度信息，利用牛顿运动定律自动推算载体的瞬时速度和位置信息，具有不依赖外界信息、不向外界辐射能量、不受干扰、隐蔽性好的特点，且惯导系统能连续地提供载体的全部导航、制导参数(位置、线速度、角速度、姿态角)，如图7-31所示。

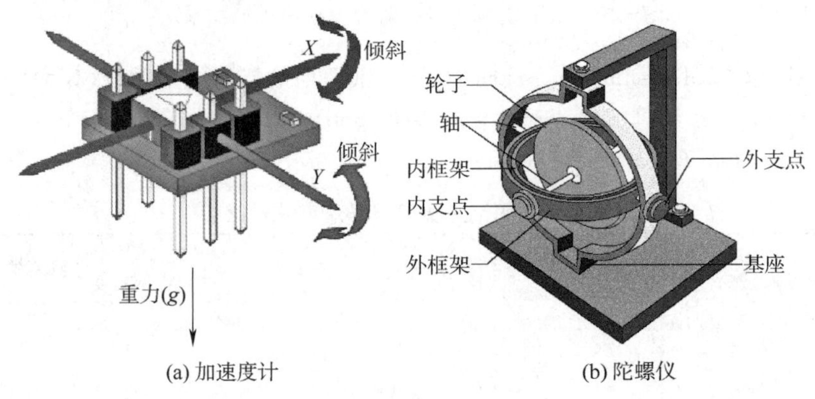

图7-31　惯性导航系统设备图

惯性导航技术，包括平台式惯导系统和捷联惯导系统。平台式惯性导航系统将陀螺通过平台稳定回路控制平台跟踪导航坐标系在惯性空间的角速度。捷联惯性导航系统利用相对导航坐标系角速度计算姿态矩阵，把雷体坐标系轴向加速度信息转换到导航坐标系轴向并进行导航计算。

由于制作工艺的影响，惯性传感器一般都会存在一定误差：第一种是偏移误差，即加速度计和陀螺仪在没有移动的情况下有非零数据输出，经过两次积分后得到的车辆位移误差较大；第二种是比例误差，指测量输出与检测输入变化之间的比率，该误差也会造成累计误差；第三种是背景白噪声误差，该误差会造成位置漂移。建立模型对偏移误差、比例因子和背景噪声进行修正，可以提高惯导测量精确度，但误差累积的缺点，难以满足长距离行驶的无人驾驶汽车对定位系统的要求。

7.4.3 无线定位方法

无线定位是测量无线信号在已知位置结点与移动结点间传输时的时间差、相位差等信息而计算移动结点的速度、距离等参数的定位方法。定位算法根据是否利用测量点的距离关系，分为基于测距的定位算法(range-based)和非基于测距(range-free)的定位算法两类。不同的测距方法主要的差别在于如何获得两个结点之间的距离关系(后者是角度差)，也就是说不同的测距方法主要在于他们获得两个结点之间的距离或者角度方式的不同。其测量方法主要有5种：(1)信号到达时间法(Time of Arrival, TOA)；(2)信号到达时间差法(Time Difference of Arrival, TDOA)；(3)信号强度测量法(Signal Strength Ranging, SSR)；(4)信号到达角测量法(Angle of Arrival, AOA)；5)电磁场相位差测量法(Near-Field Electromagnetic Ranging, NFER)。常见的无线定位系统有蓝牙/

Wi-Fi/RFID/Zigbee/UWB 和 3G/4G/GSM 基站定位服务，表 7－9 对比多种无线定位系统性能。LTE-V 和 5G 在车-路协同中，也可以很大程度地提高车辆定位精度。无线定位技术具有非接触和非视距测量的优点，但传输距离有限且受噪声影响较大，一般用无线定位技术设计有限环境下的定位系统，如地下停车场、隧道；大范围环境下无线信号传输延时较大且存在多径效应，定位误差较大。

表 7－9 多种无线定位系统性能对比

方法	精度	成本	设备依赖	优　点	缺　点
蓝牙	10 cm	中	蓝牙设备＋手机	体积小	传输受视距影响、稳定性稍差、受噪声信号干扰大
Wi-Fi	5～20 cm	低	无线路由器＋手机	普及度高，精度较低	易受干扰
RFID	10 cm	高	锚点/读写器＋标签	可靠性好	信号传输距离短，成本较高
Zigbee	2 m	中	Zigbee 各类节点	功耗低、成本低	受多径效应、移动等影响显著
UWB	6～10 cm	高	UWB 接收器＋标签	穿透力强、功耗低、抗多径效应好，安全操作性高	设备成本高
3G/4G	30～40 m	高	定位基站＋手机	普及度高	定位误差较大
5G	<1 m	高	定位基站＋手机	普及度低	定位误差小

7.4.4 磁感应定位

通过在道路上安装磁道钉，车载传感器可以通过检测磁感应强度计算车辆位置，如图 7－32 所示。基于磁感应的定位方法优点是检测结果稳定可靠，不受环境中光照、天气等因素的影响；但其需要对道路进行改造，大范围应用成本较高。该定位方法被应用在仓库、机场、码头和车间等场所中的物流机器人自动引导系统中。

图 7－32 磁感应定位示意图

7.4.5 激光/视觉定位方法

目前，SLAM 技术被广泛运用于机器人、无人机、无人驾驶、AR、VR 等领域，依靠传感器可实现机器的自主定位、建图、路径规划等功能。由于传感器不同，SLAM 的实现方式也有所不同，按传感器来分，SLAM 主要包括激光 SLAM 和视觉 SLAM 两大类，框架如图 7－33 所示。

其中，激光 SLAM 比视觉 SLAM 起步早，在理论、技术和产品落地上都相对成熟。基于视觉的 SLAM 方案目前主要有两种实现路径，一种是基于 RGBD 的深度摄像机，如 Kinect；另一种就是基于单目、双目或鱼眼摄像头的摄像机。视觉 SLAM 目前尚处于进一步研发和应用场景拓展、产品逐渐落地阶段。激光 SLAM 和视觉 SLAM 技术对比如表 7-10 所示。

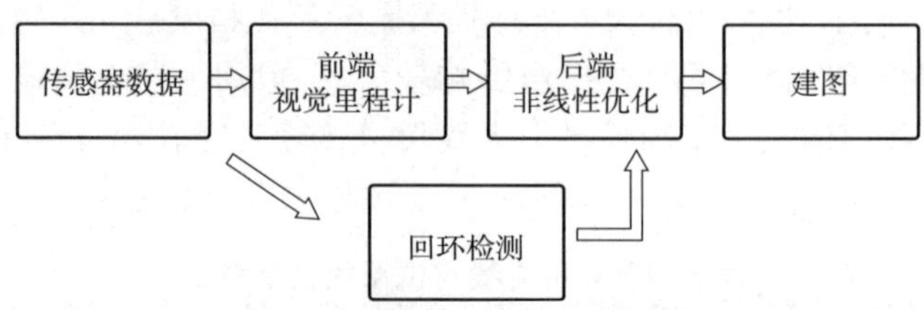

图 7-33　视觉或激光定位框架

表 7-10　多种无线定位系统性能对比

方案	激光 SLAM	视觉 SLAM
技术发展	早在 2005 年，激光 SLAM 框架初步确定，基于激光 SLAM 的定位方案稳定，是目前主流的 SLAM 定位导航方法	视觉 SLAM 研究近几年发展较快，应用场景有待拓展，产品落地尚在探索阶段
使用环境	激光 SLAM 适用于室内外，要求环境有差异性	视觉 SLAM 适用于室内外，对光的依赖性较高，在暗处或无纹理区域无法工作
地图精度	激光 SLAM 构建的地图精度高	视觉 SLAM 构建的地图精度较低

7.4.6　多源信息融合定位方法

单一传感器无法满足无人驾驶汽车连续动态环境下的定位需求，多传感器信息之间可以优势互补，提高定位系统稳定性，如图 7-34 所示。其中，基于多源传感器构建的高精度地图是当前研究的热点和难点，被认为是无人驾驶应用的“绝密攻略”。自动驾驶高精度地图对于无人驾驶汽车的发展至关重要，国内外互联网公司和车辆制造企业都开始布局自动驾驶高精度地图产业。自动驾驶依赖高精度地图，利用地图可以获得道路路况，如施工区域、急转弯、陡坡等先验信息，自动驾驶车辆可以提前感知车辆前方环境并预判车辆行驶轨迹，进而采取制动、转向等操作，为局部路径规划和决策控制提供依据。

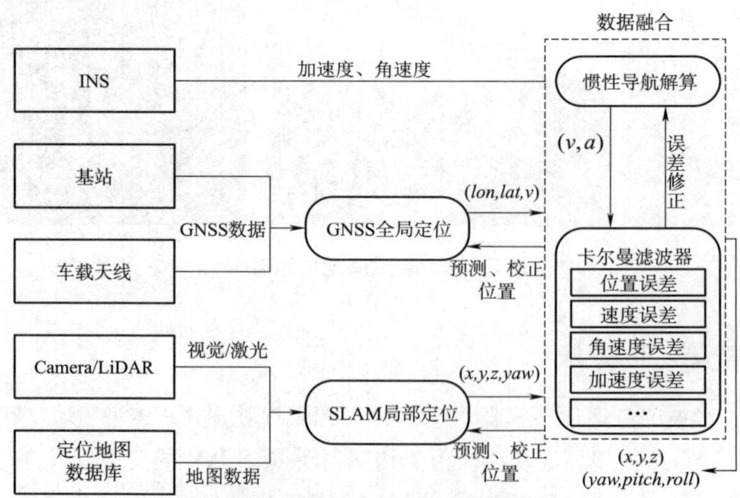

图 7-34　多传感器融合的组合导航系统框架示例

7.5　智能网联汽车决策规划技术

行为决策是人们在行动之前按照某些行为准则在若干可行备选方案中选择或判断某种最佳行动方案的思维活动。行为决策系统根据驾驶员的任务请求以及车辆的行驶状态和环境感知信息,对任务进行优先级排序,对车辆的驾驶行为,包括换道、超车和躲避障碍物等进行决策,并将行为决策的结果传给运动轨迹规划系统。

运动轨迹规划系统根据行为决策的结果以及车辆的行驶状态和环境信息,考虑时间因素,规划出车辆的行驶轨迹。规划的轨迹包括和时间相关的速度、加速度、行驶时间、燃油消耗量等状态和控制量,并将轨迹信息传给运动控制系统,运动控制系统接收到规划轨迹的详细信息以后,对车辆的姿态进行控制使其沿着规划轨迹进行循迹行驶,以达到对智能车辆自动控制的目的。

运动轨迹规划是运动控制的前提。因此,要对某种驾驶行为实施控制,首先要根据车辆的行驶状态和道路信息规划出期望的运动轨迹,并从中提取需要的轨迹参数提供给后续跟踪控制器,以便控制器控制车辆按照规划的轨迹行驶。运动轨迹规划一般首先生成路径,然后在路径的基础上考虑时间因素及车辆的运动学和动力学模型,通过平滑和速度规划等步骤得到开环的运动轨迹。但是对车辆沿着规划轨迹行驶的稳定性分析也存在一定的困难,即运动控制能否控制车辆准确地沿着规划轨迹行驶而不发生侧滑或侧翻等达不到行驶稳定性要求的问题。

运动轨迹规划与路径规划是有所区别的,路径规划主要是生成从起点到终点不发生碰撞的静态几何轨线,不包含时间概念;而轨迹规划考虑时间因素,生成的不仅是轨迹,还包括车辆行驶速度、加速度、行驶时间和燃油消耗量等状态和控制参数。

路径规划方法是在障碍物环境下,按照一定的评价标准规划出一条从起始状态(位置,姿态)到目标状态的无碰路径,主要考虑局部移动主体和障碍物之间的几何关系,找到一条不发生碰撞的路径。路径是一条静态的几何轨线,不包含时间概念,通常表示智能车辆在笛卡尔坐标下的位置和姿态关系。

根据智能车辆对环境信息掌握的程度,路径规划可分为两种:环境信息完全已知的全局路径规划,包括 Dubins 路径及其改进算法、可视图法和单元分解法等方法。环境信息完全未知或部分未知,通过传感器在线对智能车辆的行驶环境进行感知,以获取障碍物的位置形状和尺寸等信息的局部路径规划,有人工势场法、模糊逻辑算法和基于行为的路径规划算法等方法。

7.6　智能网联汽车运动控制技术

车辆运动控制的主要任务是利用对车辆速度和方向的控制实现车辆对规划轨迹的快速跟踪,并对车辆沿着规划轨迹行驶的状态和控制参数的响应参数进行闭环反馈,使得车辆能够准确沿着规划轨迹进行循迹行驶。

汽车运动控制分为纵向控制和横向控制。纵向控制是指通过对油门和制动的协调,实现对期望车速的精确跟随。横向控制实现智能网联汽车的路径跟踪,其目的是在保证车辆操纵稳定性的前提下,不仅使车辆精确跟踪期望道路,同时使车辆具有良好的动力性和乘坐舒适性。在智能网联汽车的行驶过程中,车辆的横向运动和纵向运动存在耦合关系。通常将纵向运动和横向运动进行讲解,设计两个独立互补关系的控制器,对其分别进行控制。常用的智能网联汽车运动控制的算法,有比例-积分-微分控制器(Proportional-Integral-Derivative, PID)、线性二次型调节器(Linear Quadratic Regulator, LQR)、模型预测控制(Model Predictive Control, MPC)。

实验 11　驾驶模式切换实验

1. 实验目的

了解并熟悉驾驶模式切换的方式及意义。

2. 实验原理

当前所设计的无人驾驶汽车有三种模式,即人为操作模式、遥控驾驶模式、5G 远程驾驶模式。模式开关负责这三种模式的切换,当拨动开关选择到人为驾驶模式时,拨动开关给整车控制器(VCU)信号,整车控制器接收到来自拨动开关选择人为模式的信号时,程序就执行人为操作模式的程序,并且屏蔽掉其余两种驾驶模式的程序。同样,选择其余两种模式也是这样的流程。

驾驶模式选择的优点:防止驾驶模式间的相互干扰。假如没有驾驶模式的切换,那么如果汽车同时收到来自人为驾驶、遥控驾驶、5G 远程驾驶的信号,汽车该如何抉择,究竟选择哪一种模式?这都是未知的,而且特别容易引发一系列事故。所以驾驶模式的切换是十分重要的。

3. 实验所需工具、设备和器材

电钻、线束、电烙铁、热风枪、热缩管、拨动开关。

4. 实验步骤

(1)用电钻在驾驶前台上开一个能放进拨动开关的孔。

(2)做拨动开关线束。

(3)将拨动开关线束接入整车控制器(VCU)。

课后习题

1. 智能网联汽车的定义?与车联网、智能汽车的联系是什么?
2. 从智能化角度考虑,智能汽车分为几个等级?每一级的含义是什么?
3. 从网联化角度考虑,智能汽车分为几个等级?每一级的含义是什么?
4. 智能网联汽车包含哪些关键技术?这些技术对于智能网联汽车有什么作用?
5. 智能网联汽车一般都使用哪些传感器?
6. 在智能网联汽车感知中,对比激光雷达、相机、毫米波雷达和超声波雷达的技术特点?思考在布设传感器时,如何通过多种传感器性能互补实现全方位感知?
7. 智能网联汽车对定位的要求有多高?常用的定位方法有哪些?它们的优缺点是什么?如何通过多源信息融合实现全域范围的车辆高精度定位?

第 8 章 远程驾驶关键技术与系统实现

8.1 高清视频远传系统

单向通信系统的经典概念如图 8-1 的上半部分所示。该模型适用于不存在回发信道的应用环境,如广播。左侧的设备(发送器)与右侧的设备(接收器)是相辅相成的。信源编码器与解码器、信道编码器与解码器,采用协议规范互相配合工作,设法补偿信道损失和信道容量的局限。这种系统的目标是以尽可能高的质量传递尽可能多的信息。而这是通过优化信源编码器、信道编码器和调制器实现的:信源编码器将信源压缩,以尽可能少的比特数表示信源;信道编码器保护码流免于可能产生的损失;调制器以最合适的方式在物理信道中发送符号载体。考虑到信道特性(比如,由干扰和噪声造成的信道损耗)以及可用的物理带宽,有必要对上述各模块进行联合优化。信道具有某一容量(Capacity),表示该信道能在发射器和接收器之间进行无损失传输时的最大信息速率。在这种意义上,信源编码的主要任务是,将通常存在于多媒体信源原始信息中的冗余去除,并以较低的码率将其压缩。信道编码加入冗余,这是为了当出现信道损失时,为码流提供差错保护。信源产生的码率不可以超过信道容量,如果出现这种情况,要么会产生信息损失,要么需要采用更有效的方法对信源进行压缩。而后者可能是更好的选择,因为它受到编码器的控制,即便在引入较多失真时,也可以产生比较平稳的降质,而不会造成随机的信道损失。在通信的经典概念中,接收器会被动地、确定性地解码一切经信道接收到的信号。该模型适用于广播系统,这种系统没有必要对某一用户的干预做出反应,但是,在点对点通信系统中,情况便不同了。经典的通信系统模型通过回发信道和交互组件加以扩展,如图 8-1 的下半部分所示。用户本身能够与系统链路中的任何环节进行交互并产生影响,其中包括信号的产生环节。而且,接收器的任何一个环节都可以自动地产生反馈,例如,请求重传丢失的信息,或者通知发射器当前信道的状况等。更"智能"的系统甚至包括信号内容分析等器件,用来协助用户完成交互以及搜索多媒体数据。除传统的广播信道外,如今往往需要通过特征差异非常大的异构信道(Heterogeneous Channels)完成多媒体数据流的传输(如基于互联网的物理传输)。尤其在无线和移动传输中,由于信道特征的瞬时波动,需要频繁而且适当地对传输进行调整。从广义的角度来看,信道可以是网络或者存储设备,其中不仅可以在传输链路的末端(服务器和客户端)加入存储设备,还可以在代理服务器中设置临时存储设备,用于快速访问可能会被多次存取的内容。当出现传输错误时,在客户端进行信息恢复,要远比传统的信道和信源解码复杂得多,比如,需要采用包括内容分析在内的先进的差错隐藏算法。归根到底,可以根据为用户带来的价值,即质量与成本之比(质量成本)来评价一个多媒体通信系统的性能。服务质量(Quality of Service,Qos),这里也可以将其理解为感知质量,得到了广泛的使用。传输速率、延迟和损耗等网络参数,信源编码/解码的压缩性能,以及与信道特性的相互关系都会影响 QoS。向用户收取的费用取决于完成这些任务的设备成本。因此,在满足用户需求的前提下,最好采用复杂度较低的系统。本书以多媒体信号的编码表示(Coded Representation)和传输(Transmission)为重点进行讨论。

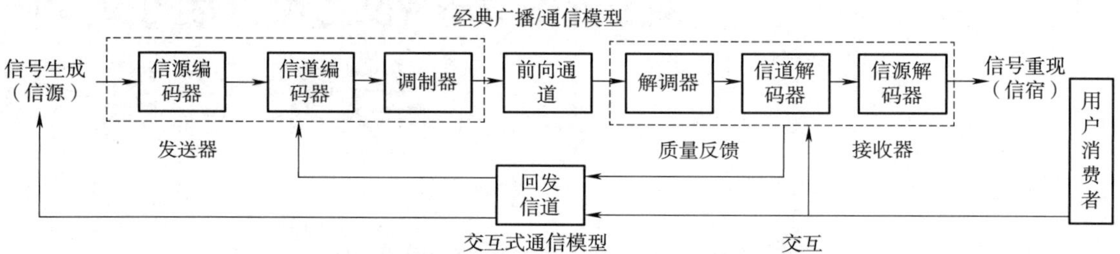

图 8-1　经典通信系统与反馈/交互信道的概念

8.1.1　信源编码的信号表示

通过多媒体信号压缩(Multimedia Signal Compression),在获得尽可能高的视觉质量的条件下,可以实现最简洁的表示。采集到信号以后,将其转换成具有有限样点个数与幅度等级的数字表示。这一步骤将会对最终的质量产生影响。如果在获取信号时,并不知道某个候选信道能够传输的码率范围或某种应用所需的分辨率,则可取的做法是,以尽可能高的质量采集信号,必要时可在以后对信号进行采样,以获得质量较差的信号。冗余是信号本身的属性,它使信源编码器(Source Coder)能在不造成信息损失的条件下,降低码率。如果针对的用户是人,考虑到感知特性(Perceptual Properties),由于为用户提供的质量没有必要比其所能(或所希望)感知到的更加精细,因此可以进一步对信源编码方法进行调整。某些发生在信源编码和解码过程中的失真可能不会被感知到,或者失真很小而能够容忍,或者需要进行修复(如去除传感器噪声)。这些是原始信号中无关紧要的(Irrelevance)部分,编码时最如果信道容量很小,仅去除冗余或不重要部分可能不足以降低码率。那就难免会引起其他失真。这些失真在本质上是不同的,例如,空间或时间分辨率的降低,或者编码/量化噪声。还可以考虑与内容相关的(Content-related)属性,例如,对用户来说更加重要的部分或片段,可以提供较好的质量。

编码信息通常以二进制数[比特(bits)]的形式行表示。码率的单位是比特/样点(bit/sample),或比特每秒(bit per second)[比特/秒(bit/s)]。其中后者的值由比特/样点的值乘以样点/秒的值得到。压缩率(Compression Ratio)是评价信源编码方案性能的一项重要指标。它表示的是原始未压缩信源和压缩后的信源所需码率之比。例如,对数字高清电视而言,如果原始未胀缩的信源需要至少 800 Mbit/s 的码率,若压缩后的码率须达到 4 Mbit/s,那么所需的压缩率就是 800/4 =200。如果压缩的信号流以文件的形式存储在计算机磁盘上,可以根据文件的大小,评价压缩性能。当将文件大小转换为码率时,需要注意的是,通常文件的大小是以 K(千)字节(Kbyte,

KB),M(兆)字节(MByte, MB)等为单位的,其中 1 字节(Byte)由 8 比特(bit)组成,1K 字节(KByte) =1 024 字节(Byte) , 1M 字节(MByte) =1024K 字节(Kbyte)。典型多媒体信号编码和解码系统的基本原理如图 8-2 所示。

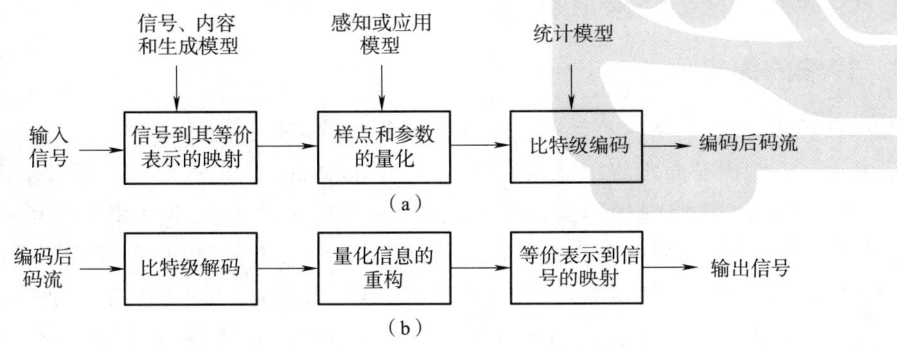

图 8-2　多媒体信号编码和解码系统的基本原理

(1)第一步是信号样点到其等价表示的映射,理想情况下,通过反向映射可以完全恢复信号样点。一般来说,在等价表示空间中的表示要比在原始信号空间中的表示更加稀疏,所以后续步骤可以变得更简单并能更好地对信号进行优化。稀疏性指等价表示需要更少的样点,或者样点的幅度集中在较少的幅值上。预测(Prediction)和变换(Transform)是实现这种映射的重要方法。当采用线性变换完成映射时,映射又被称为去相关(De-corelation),这是因为映射通常可以去除在等价表示空间中样点之间的线性统计相关性。可以采用统计模型对这种系统进行优化,同时还需要考虑信号的生成(如获取过程的特性)和语义的内容。如果映射函数是可变的(例如,具有局部变化特征的多媒体信号通常所需的),则可能需要产生额外的边信息(Side Information),在解码时需要这些边信息来完成逆映射。

(2)第二步是量化(Quantization),它将信号、信号的等价表示或边信息参数映射成离散字符集中的值(如果之前的值并不是离散字符集中的值,或者需要进行压缩效果更明显的有损压缩)。在量化时,还应考虑观察者的感知局限或其他非相关性准则(与预期的应用相关),这样利用给定数量的离散(量化值)状态便可以尽可能多地保持重要信息。一般来说,量化值状态的个数较少,自然会使每个样点需要的比特数也较少,但是也会使失真增加。

(3)最后一步是比特级编码(Bit-level Encoding),这一步的目的是以更低的码率表示离散信息状态,而通常并不改变这些信息状态。编码的优化主要是以统计原则为基础进行的,如各个状态出现的频率。各个状态实现唯一性表示(如有限离散字符集中的字符)所能达到的最低码率称为熵(Entropy)。

除码率(Rate)和失真(Distortion)外,其他调整信源编码算法的参数还包括延迟(Agency)和复杂度(Complexity)。这 4 个参数是相互影响的。码率与失真之间的关系是由率失真函数(Rate Distortion Function)决定的,当给定失真的上限时,利用率失真函数可以得到码率的理论下限值。增加编码/解码算法的复杂度往往能够使率失真性能得到提高(就是说,在保持失真不变的条件下,获得更高的压缩率)。例如,根据各种信源的不同统计特性,采用更复杂的方式实现编解码算法。另外,增加延迟也可以提高压缩性能,例如,如果编码器够预知当前的决策对后续编码过程所产生的影响,则将有利于提高编码器的性能码率和延退能够直接利用许多参数进行定量评价,如均值、峰值和变化量等,而对失真的定量评价将需要较复杂的度量方式,其中需要考虑用户的感知,包括均方误差、信噪比(SNR)等参数被广泛采用,同时这些参数也较容易进行计算。对复杂度的定量评价也是个挑战,因为同一编解码器的各种组件可能会很容易地在不同的平台上实现,但也可能会很困难,并且复杂度的判断需要考虑多种因素,如逻辑门的数量、芯片尺寸、功耗内存使用情况、软件硬件友好性、并行运算能力等。

8.1.2 传输的优化

信源编码器与信道之间的关系对整体感知服务质量也是至关重要的。信源编码器去除信号中的冗余,而信道编码器向码流中加入冗余(Add Redundancy),以达到在有损环境下保护和恢复码流的目的。在接收端,信道解码器去除由信道编码器加入的冗余,并利用这些冗余进行纠错,而信源解码器补充由信源编码器去除的冗余,利用接收到的信息尽可能好地对信源进行重构。由此看来,信源编码信道解码与信道编码信源解码的作用是相似的。实际上,最复杂的部分通常处于去除冗余的一端,因为这部分的目标是对过完备表示中的重要信息(Eelevant Information)进行估计。事实上,为了获得最优性能,需要对信源编码和信道编码进行联合优化。例如,利用信道编码,向码流中对用户来说不太重要的部分加入冗余,是没有什么意义的。信道上的传输还包括调制,在通信技术中,为了逼近信道容量的极限,通常会联合使用信道编码和物理层调制。

在设计多媒体系统时,利用某一模型把信道看成一个“黑匣子”,往往是比较有利的。这与误差/损失特性、传输速率、延退(延时)等对网络质量来说最重要的参数是密切相关的。当可以保证网络的最低质量时,则几乎能够以最优的方式,使信源编码和网络传输相匹配。这通常需要通过协商协议来实现。如果网络的质量无法保证,可以引入专门的机制使服务器端和客户端相互匹配。这包括基于网络质量评估的专用差错保护机制或重传协议。为了提高传输质量,引入时延也是一种切实可行的方法,例如,优化传输调度,在信息传输到接收端之前采用信息临时缓冲,或者当传输中可能发生突发丢包时,对码流进行置换/交错。在极端情况下,接收器能够请求重传丢失或已损坏的信息,直到最终收到该信息。但这样做将会增加传输延退。信道编码部分也同样如此。如允许采用具有较长时延(Higher Latency)或较高复杂度(Higher Complexity)的系统,则预计将会获得更好的质量。然而,这并不是对所有应用都适应。例如,实时会话服务(比如,视频电话)只允许低时延,对于需要快速反应的所有交互应用也同样如此。对于移动设备,其电池的容量是最为关键的。因此,一般应维持较低的整体系统复杂度。从物理上来说,抽象的信道通常是由若干具有不同特性的网络路径组成的链路,此时,每个链路中最薄弱的环节决定了信道的性能。在异构网络中,媒体流具有适应网络特性变化的能力,是非常重要的。在某些情况下,可能需要将码流转码(Transcode)成一种不同的形式,使其能够更好地适应特定的网络特性。从这个意义上说,能够产生具有很强适应能力并可以独立于编码过程而被截断的可伸缩码流(Scalable Streams)的信源编码方法是非常具有优势的。另外一种方法是基于内容多描述(Multiple Descriptions)的编码方法,这种方法把内容的多个描述经过并行的传输路径传送给接收器。

8.1.3 图像与视频信号

当对图像和视频信号进行数字化表示时,如果样点的每个分量用 B(单位:bit)来表示,那么利用 PCM 则能够表示 2 个不同的灰度级。目前,消费级照相机、摄像机和扫描仪仍然主要采用 $B=8$ bit(256 个灰度级)表示,$B=10$ bit 甚至更高的表示精度是今后发展的趋势。在专业和科学应用领域中,每个分量往往用 $B=16$ bit 表示。电子相机通常需要通过非线性映射为幅值,从而为较暗的亮度值提供较精细的幅值。这称为采集设备的伽马传输特性(Gamma Transfer Characteristic),由

下面的传输方程(近似地)描述

$$V = c_1 \Phi^{\gamma} + c_2 \tag{8-1}$$

其中,Φ 是归一化到最高灰度级的光通量,V 是信号的幅度,c_1 是相机的灵敏度,c_2 是偏移量。

在对数字表示进行处理时,往往不考虑这些非线性特性,但是在高保真呈现(打印、显示)或精确分析中,这些非线性特性就变得非常重要了。当图像信号以线性幅度尺度进行映射时(计算机图形学应用中,通常采用这种做法),采用 16 甚至更多个比特来表示每个分量是很有必要的。表示图像传感器获取的数据所需的最大比特数,主要取决于噪声的大小。若传感器噪声水平超过了预期的量化噪声,则较低重要性位的值是随机的。由于新一代相机传感器(如 CMOS)往往具有较小的噪声,所以使用较大的位深变得越发有意义,同时通过传感器本身就可以实现较高的幅度动态范围。需要注意的是,即使采用 16 比特表示的幅度范围,与视觉上可分辨的自然光照水平的有效范围(涵盖的亮度范围超过 10^9)相比,仍然相对较低。人眼的虹膜、膈肌和感光受体等生理结构都具备调节功能;相机也一样,可以根据光照强度调节相机的快门时间。在高动态范围(High Dynamic Range, HDR)成像中,对同一场景在不同的曝光量下进行多次采集,并根据场景中某一部分的亮度,将多次采集的场景合并形成图像,相当于人为地扩展了这幅图像的位深。然而,HDR 仅在静态场景及相机位置固定的情况下效果较好。否则,必须进行配准,如果配准效果不佳,将会造成伪影。HDR 成像是个典型的例子,它存储的图像并不是直接由传感器数据得到的,而是经过另外的信号处理过程而获得的。对于其他类型信号,如医学图像数据,图像的幅值往往表示组织或骨骼的密度和吸收特性,在存储图像之前对其进行处理是非常常见的。除与亮度/颜色相关的数据外,还可以获取其他形式的图像,如深度数据(例如,利用距离传感器获得或者利用立体照相装置对深度进行估计)以及所谓的阿尔法(透明度)图,通常利用这些数据,根据不同的图像完成场景的融合/合成。为了采集和显示彩色图像,用光的三原色—红(R)、绿(G)、蓝(B)来表示彩色图像是最常用的方法,这与人眼的色彩灵敏度是基本吻合的。这些分量是分开获取和采样的。当用三个单独的传感器采集颜色时(高端相机正是这样做的),彩色样点的总数是单色图像的 3 倍,而三种颜色可以视为在样点位置 n 处的一个向量 $s(n) = [s_R(n), s_G(n), s_B(n)]^T$。在多光谱表示中,颜色的真实表示甚至可能需要更多的分量。另外,向量中的其他分量也可以是其他数据,如同一位置样点 n 处的深度或透明度。

具有单个传感器芯片的相机,采用光学彩色滤镜阵列以空间多路复用的方式采集彩色图像,其中通常采用贝尔模板(Bayer Pattern),贝尔模板中绿色样点的数量分别是红色样点和蓝色样点数量的 2 倍(见图 8-3)。这样做是因为人眼的最大灵敏度与绿色的光谱范围几乎是匹配的、需要注意的是,这种相机生成的全分辨率 RGB 图像是通过内插处理而获得的。并不是直接获取的。

显示时,也采用与贝尔模板类似的空间多路复用方式。某些高端显示器人为地生成黄色样点(主要利用红色样点和绿色样点,通过插值处理实现),并用其替换掉一半的绿色样点,以获得更加自然的颜色再现。原始的 RGB 表示并不能直接用于解释物理光源及其相关的颜色映射。为此定义了基于所谓标准观察者(Standard Observer)的伪 XYZ 色彩空间。它允许规定参考亮度和显示颜色,并能将其映射为色度图(Chromaticity Diagram),色度图对色彩范围进行解释,色彩可以根据色调和饱和度通过混合各个原色而获得。

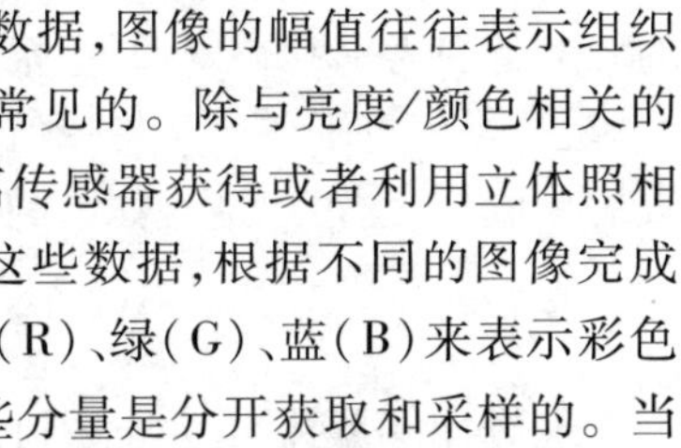

B	G	B	G	B	G	B	G
G	R	G	R	G	R	G	R
B	G	B	G	B	G	B	G
G	R	G	R	G	R	G	R
B	G	B	G	B	G	B	G
G	R	G	R	G	R	G	R

图 8-3　单芯片传感器 RGB 采样所采用的贝尔模板

彩色图像和视频通常以一个亮度(Luminance)分量 Y 和两

个色度(Chrominance)(色差)分量表示。对于 RGB 表示与亮度/色度之间的转换,根据具体的应用领域,存在不同的规定:比如,在标清电视分辨率视频中,通常采用如下的映射规则(按照在 Rec. ITU-R BT. 601 中的定义):

$$Y = 0.299R + 0.587G + 0.114B \tag{8-2}$$

$$C_b = \frac{0.5}{0.866}(B - Y);\quad C_r = \frac{0.5}{0.701}(R - Y) \tag{8-3}$$

对于高清(High Definition, HD)视频,通常使用在 Rec. ITU-R BT. 709 第二部分中定义的映射规划:

$$Y = 0.2126R + 0.7152G + 0.0722\,B \tag{8-4}$$

$$C_b = \frac{0.5}{0.9278}(B - Y);\quad C_r = \frac{0.5}{0.7874}(R - Y) \tag{8-5}$$

对于超高清(Ultra High Definition, UHD)显示设备,可以预见色域范围会大大扩展。因此,在 ITU-R rec. BT. 2020 中,针对原始 UHD 格式,定义了如下映射规则:

$$Y = 0.2627R + 0.6780G + 0.0593B \tag{8-6}$$

$$C_b = \frac{0.5}{0.9407}(B - Y);\quad C_r = \frac{0.5}{0.7373}(R - Y) \tag{8-7}$$

与原始的 RGB 分量所涵盖的幅度范围相同,Y 分量涵盖的幅度范围也是 $0 \sim A$,色度分量涵盖的幅度范围为 $-A/2 \sim A/2$,把幅度范围限制为$A_{\min} \sim A_{\max}$,可以避免运算负担过重,其中对于亮度,$A_{\max}$是指黑色电平,$A_{\max}$是指峰值电平(相应的对于色度,$A_{\min} = -A_{\max}$是指最小的负值,$A_{\max}$是指最大的正值)。这可以通过如下的表达式进行调整:

$$Y' = Y\frac{(A_{\max} - A_{\min})}{A} + A_{\min};\quad C'_{b|r} = \frac{(A_{\max} - A_{\min})}{A} \tag{8-8}$$

最后,由于到目前为止所讨论的问题仍然都假设幅值是连续的(虽然幅值是受限的),所以需要对样点进行最化,以利用有限数量的比特对样点进行表示,这里采用均匀量化。为简单起见,假设归一化 A=1,利用下面的运算,能够得到 B 比特量化精度的无符号整型数。

$$DY' = (Y' \cdot 2B);\quad DC'_{b|r}[(C'_{b|r} + 0.5) \cdot 2B] \tag{8-9}$$

如果采用的是 RGB 彩色空间,可以对三原色分别进行式(8-8)和式(8-9)中对 Y 分量所进行的裁剪和舍入运算。需要注意的是,再转换成 YC_bC_t表示之后,并不能保证在 RGB 空间中量化的 B 比特表示能够得到无损的复原(反之亦然)。然而由于 RGB 空间中颜色的变化是受限的,所以从压缩的角度看,转换到 YC_bC_t空间是很有益处的,无论在直观感受上还是在传统意义上,都能让越重要的颜色表示得越精确。YC_bC_t表示还可以减少三种 RGB 颜色主分量之间的相关性,例如,可以使结构细节(纹理)集中于 Y 分量。与灰度分量的亮度和对比度相比,人类视觉系统对色度的空间分辨率并不那么敏感,针对人类视觉系统的这种特性,对色度成分进行采样可以获得进一步压缩的数据。然而,在某些极端情况下,如彩色图像包含失锐的边缘,这种亚采样的影响还是很大的,包含合成内容的图像多数属于这种情况,相机获取的图像较少属于这种情况,因为边缘总会受到光学系统的影响而产生轻微的模糊。

对于隔行采样的视频,往往仅在水平方向上对色度成分进行亚采样。对于逐行采样的视频,通常在水平方向和垂直方向上都进行亚采样。采样格式通常采用“N_Y;N_{c1};N_{c2}”的形式进行表示。它可以说明各分量样点数量之间的相对关系,例如:

(1)如果三个分量的样点数相同,则用“4:4:4”来表示。

(2)如果两个色度分量仅在水平方向上进行采样因子为 2 的亚采样,这样的采样结构用“4:

2:2”来表示:“4:1:1”表示仅在水平方向上进行采样因子为 4 的亚采样。

(3)如果两个色度分量在水平和垂直两个方向上都进行亚采样,即水平方向和垂直方向上色度样点的数量是亮度样点数量的一半,这样的结构采用“4:2:0”表示。

各种信源采样格式标准还规定了色度成分的亚采样样点相对于亮度样点的位置。

数码相机采样静止图像通常使用的分辨率如表 8-1 所示,此外,市场上还存在其他分辨率格式。3:2 的图像宽高比是被普遍采用的,其的横向照片格式是相同的;还有一些格式是源于早期计算机的 4:3 宽高比;如今大部分显示器和投影仪都采用 16:9 的宽高比,HD 和 UHD 视频的图像宽高比和分辨率出现,并应用于静止图像(见表 8-1)。通常,各种格式中的图像在宽度和高度方向上包含的样点数量都是 16、32 或 64 的倍数,对于此处的压缩算法,如变换编码,是非常有利的,因此,“六百万像素”的格式并不一定有 6 000 000 个样点。表 8-1 中还列出了样点的总数,以及当采用 B = 8 比特精度表示图像时,每个分量所占的比特数。

表 8-1　数字静止图像的分辨率格式

分辨率	样点数量	图像宽高比	分量的比特数量
640 × 480(VGA)	307 200	4:3	2 457 600
1 024 × 768(XGA)	786 432	4:3	6 291 456
1 536 × 1 024(1. 5MPix)	1 572 864	3:2	12 582 912
2 048 × 1 536(3MPix)	3 145 728	4:3	25 165 824
3 072 × 2 048(6MPix)	6 291 456	3:2	50 331 648
4 256 × 2 848(12MPix)	12 121 088	3:2	96 968 704
5 472 × 3 648(20MPix)	19 961 856	3:2	159 694 848

一般来说,表示原始数据所需的数据量,可以根据以下因子中至多 5 个进行相乘运算求得:宽度、高度、分量的个数、每个分量的比特深度、色度亚采样格式(若适用)以及图像的数量(当数据是图像序列或多视图视频时)。

对于视频表示,除储存一个视频所需的比特总数外,每秒的比特数也是很重要的,这个值可以通过将每幅图像所需的比特数与每秒钟播放的图像数量相乘而得。在某些情况下,样点的数量、帧率是可以变化的。

标清电视分辨率的数字电视格式起源于欧洲 625 行的模拟电视信号(或美国和日本的 525 行)这些模拟信号以 13. 55 Hz 的采样率对亮度进行采样。在把垂直消隐间隔去除之后,还剩 575(480)个有效行。日本和美国传统上用大约 60 场/秒(30 帧/秒)的模拟格式,而在欧洲,模拟电视格式(PAL,SECAM)采用的 50 场/秒(25 帧/秒)。就帧率和场而言,定义 HD 格式的数字标准是更加灵活的,对于逐行扫描,允许的帧率包括 24、25、29. 97、30、50 和 60 帧/秒,对于隔行扫描,允许的场率包括 50 场/秒和 60 场/秒。计算机显示器或移动设备采用的格式还包括 Common Intermediate Format(CIF)、VGA、Quarter VGA (QVGA) 和 Wide-screen VGA (WVGA),但是这其中越来越多的格式预计将被高清格式所取代。目前,超高清(Ultra HD, UHD)格式已经出现。与 HD1080 相比,UHD 格式在水平和垂直方向上包含的样点数量通常是其 2 倍(称为“4K × 2K”),或 4 倍(称为“8K × 4K”)。尽管已经采用了逐行扫描采样,但是帧率在未来还有可能进一步得到提高(72 帧/

秒甚至更高)。

QVGA 和 HDTV 之间所支持的采样图像区域(假设样点大小/密度是相同的),如图 8-4 所示,增加样点数量可以提高分辨率(空间细节),也可以让场景在一个更大的区域上显示。显示在影院荧幕上的影片,可以让观察者的眼睛仔细观看荧幕不同位置处的场景。而在标准清晰度的电视荧幕甚至更小尺寸的屏幕上,这种能力就非常有限,因而场景多以特写镜头的方式呈现。

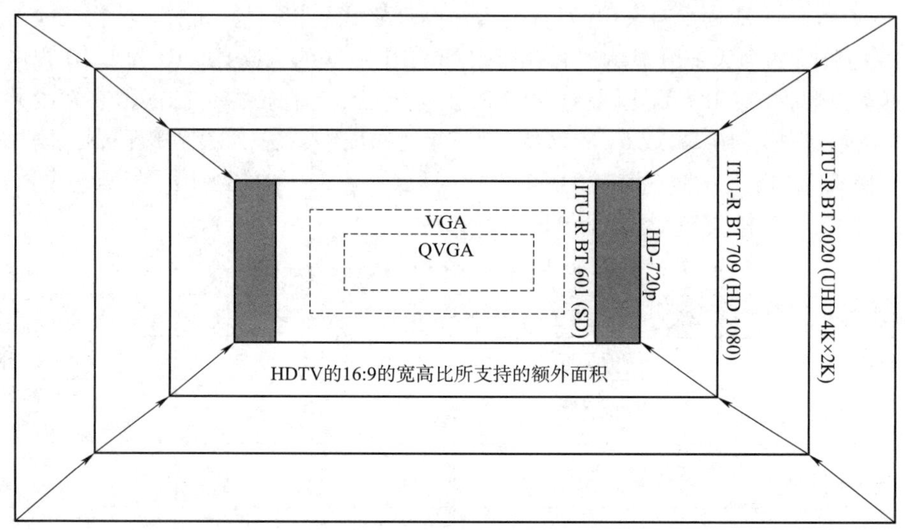

图 8-4　数字视图/图像格式的尺寸和宽高比

在医学和科学应用中,使用的数字图像的分辨率远高于电影作品中所采用的分辨率,高达 10 000 × 10 000 = 100 000 000 的分辨率都很常见。

8.1.4　语音和音频信号

对于音频信号,其数字表示所需的数据速率,受到采样率、精度(比特深度)以及声道的数量等参数的影响最大。这些参数高度依赖信号的特性,以及对质量的要求。在语音信号的量化中,采用的是使用对数幅值压缩的非线性映射,对于低幅值,即使仅使用 8 比特/样点进行量化,也可以获得与采用 12 比特量化一样低的附化噪声。若想获取具有 CD 音质的音乐信号,至少需要采用 16 比特线性表示。对于一些特殊应用,往往还有采用比 CD 常用的更高的比特深度和更高的采样速率。在语音和宽带音频的数字表示中,一些典型的参数如表 8-2 所示。所需的码率(每秒)是通过计算采样速率、比特深度和音频通道个数三者的乘积而求得的。存储所需的比特数,是码率与音轨时长的乘积。

表 8-2　音频信号的采样与原始码率

	频率范围/Hz	采样率/Hz	信道个数与 PCM 分辨率/(比特/样点)	最大 PCM 码率/(kb · s^{-1})
电话语音	3 000 ~ 3 400	8	8 ~ 16	64 ~ 128
带宽语音	50 ~ 7 000	16	8 ~ 16	128 ~ 256
CD 音频	10 ~ 20 000	44. 1	2 × 16(立体声)	1410
多声道 DVD	10 ~ 22 000	48	(5 + 1) × 16	46 000
DVD 音频	10 ~ 44 000	Max 96	2 × 24	Max 46 000
多声道音频 (5 + 1, 7 + 2, M + N)	10 ~ 44 000	Max 96	(M + N) × 24	Max 184 000
环绕声音频	10 ~ 44 000	48	(Max 200) × 16	Max 1 536 000

8.1.5　视频信号压缩与解压技术

由于对原始未编码的信号进行表示需要的数据量是极大的，尽管随着通信技术的发展，可用的传输带宽得到了进一步提高，但是图像、视频和音频应用永远都存在着对数据压缩的强烈需求。一般而言，以往的经验已经说明，多媒体数据流量增长的速度比信道容量增长的速度要快，并且数据压缩传输的成本本身就较低。假如信道的容量足够大，如果把信号的分辨率提高，那么就服务用户的质量而言，信道便得到了更有效的利用。利用更有效的压缩，甚至可以在不提高数据速率的条件下，实现对信道更加有效的利用。另外，某些类型的通信信道（尤其在移动传输中）本身就是稀缺且昂贵的，并且由于物理极限性，对带宽利用率（信道单位带宽每秒能够可靠传输的比特数）有更加严格的限制。但是，还必须与压缩算法的实现复杂度进行权衡，高复杂度会导致设备成本增加以及耗电量增加，这对移动设备是尤为关键的。

8.2　远程驾驶系统搭建

实验 12　车载摄像头监控视频设备安装

1. 实验目标

认识车载摄像头。摄像头分为 POE 供电与非 POE 供电，镜头有广角与非广角、无线网络摄像头与有线网络摄像头等。

车载摄像头重要参数如表 8-3 所示。

表 8-3　车载摄像头 ULC-v C1000 重要参数表

参　数	描　述
系统	嵌入式系统
处理器	双核 32 位 DSP
视频编码	H. 264/265
码流支持	2 路
帧率支持	1 ~ 30 帧/s
供电支持	POE
扩展支持	识别检测
功率	15 W
管理支持	可管理
可视距离	70 m

2. 实验原理

摄像头的工作原理：景物通过镜头（LENS）生成的光学图像投射到图像传感器表面上，然后转为电信号，经过 A/D（模数转换）转换后变为数字图像信号，再送到数字信号处理芯片（DSP）中加工处理，再通过 USB 接口传输到计算机中处理，通过显示器就可以看到图像了，如图 8-5 所示。

流程：摄像头采集视频进行 H. 264 编码→通过以太网通道传输至交换机→交换机转发解码器

进行视频 H.264 解码→通过 HDMI 高清线将视频传输视频至显示屏显示。

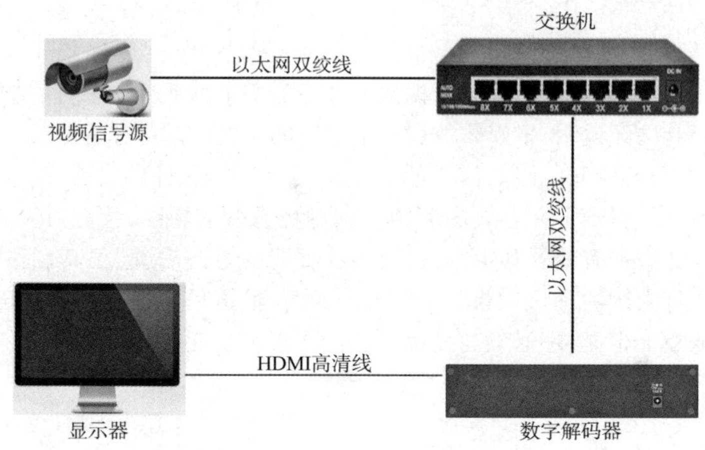

图 8-5 实验原理图

3. 实验所需工具、设备和辅材

(1)摄像头(供电模块)。

(2)五类、六类双绞线。

(3)HDMi 高清线。

(4)支持 HDMI 的显示器。

(5)计算机。

(6)xshell 软件工具。

(7)IP 扫描软件工具。

(8)DHCP 软件工具。

4. 实验步骤

步骤一,将全部设备正确加电。

步骤二,将摄像头与解码通过网线接入交换机、HDMI 与高清线相连。

步骤三,通过计算机进行摄像头 IP 配置、解码器 IP 配置,使摄像头与解码器通过 IP 传输能互相 ping 通对方,计算机 IP 地址必须与其设备相同网段。详细步骤如下。

(1)通过 IP 诊断工具扫描出摄像头的 IP 地址与解码器地址。(摄像头默认地址是 192.168.0.156)

(2)通过计算机打开一个 Web 页面,在地址栏输入摄像头 IP 地址,如:192.168.0.156,如图 8-6 所示。

(3)摄像头调试选项网络按钮用来更改摄像头 IP 地址和推流地址。(图 8-6 是更改 IP 地址选项,图 8-7 所示是更改推流地址选项 IP,填写解码器 IP 地址)

(4)如果更改配置发现页面没有生效,请更换浏览器或者清除浏览器缓存,可按【Ctrl + Shift + Delete】组合键清除,请注意个人浏览记录保存。

(5)通过下载的 DHCP 服务软件给解码器分配 IP 地址。

通过 IP 诊断工具扫描解码器 IP 地址,如图 8-8 所示。

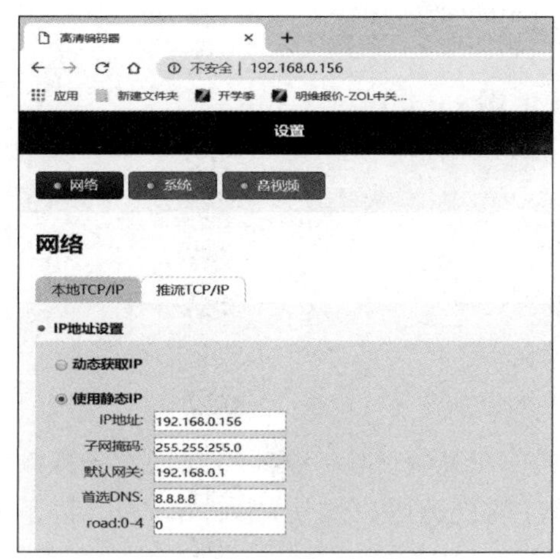

图 8-6　更改 IP 地址选项

图 8-7　更改推流地址

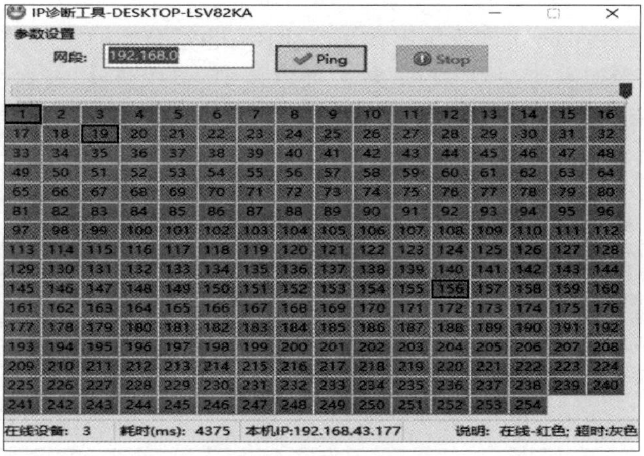

图 8-8　IP 诊断工具

(6)以下内容详细浏览后再进行操作;以免造成设备无法登陆,需要返厂恢复,再通过 Xshell 或者其他类似软件 Telnet 到解码器上,如图 8-9 所示。

用户名:root,密码:tengtek。

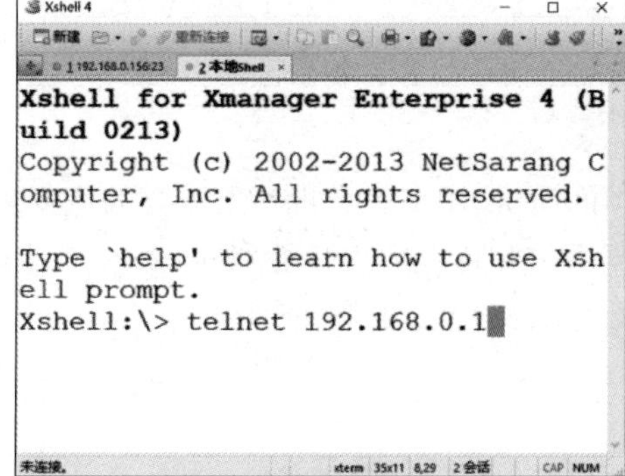

图 8-9　解码器

找到以下四项,根据需求更改下画线部分,其他不用更改。

```
vi /etc/init.d/rcS(配置文件目录)
ifconfig eth0 hw ether 14:0C:18:EF:FF:00(网卡 MAC 地址)
ifconfig eth0 up(开启网卡)
ifconfig eth0 192.168.1.251 netmask 255.255.255.0 (ip 与子网)
route add default gw 192.168.1.254 (默认网关)
```

保存退出,重启解码器生效。

步骤四,重启后视频源显示在屏幕上,实验完成。

实验 13 远程解码设备安装

远端数字解码器部署实验课程仅以“智邮开源通信研究院(北京)有限公司”设备视频解码器“ULDeC-D1000”为例。视频解码分为两种类型:软解(软件解码)、硬解(硬件解码)。以下内容讲述硬件解码器。

1. 实验目标

1)认识解码器设备

视频解码器(Video Decoder):广泛应用在通信、网络,也适合实时系统控制、产业自动化、实时数据采集、军事系统等需要高速运算、智能交通、航空航天、医疗器械、水利等模块化应用,高可靠度、可长期使用的应用领域。各种有线、无线网络环境的视频通信传输应用。

视频解码器重要参数如表 8-4 所示。

表 8-4 视频解码器重要参数(数字解码器 ULDeL-D1000)

参　数	描　述
系统	Linux 嵌入式系统
处理器	ARM Cortex A7 双核 @ 1.3GHz
码率控制模式	CBR/VBR/AVBR/FIXQP/QPMAP
解码方式支持	H.264/265
传输协议支持	TCP/UDP
输出最高码率	40 Mbps
网络接口	RJ-45
视频接口	HDMI、VGA
电源接口	12 V,2 A

2)解码器基本原理

一个复杂的平衡关系存在于以下因素之间:视频的质量、用来表示视频所需要的数据量(通常称为码率)、编码算法和解码算法的复杂度、针对数据丢失和错误的鲁棒性(Robustness)、编辑的方便性、随机访问、编码算法设计的完美性、端到端的延时以及其他因素。

3)解码器安装

对解码器进行设备安装,在网络机柜上固定。

4)解码器基本配置

对网络数字解码器进行配置前请了解 IPV4 与 Linux 操作系统。

使用 telnet 工具对数字解码器进行配置。

网络 IP 配置:vi/etc/init. d/rsC;进入网卡配置界面,找到如下几行,进行 IP 配置。

```
ifconfig eth0 hw ether 14:0C:18:EF:FF:00(网卡 MAC 地址)
ifconfig eth0 up(开启网卡)
ifconfig eth0 192.168.200.251 netmask 255.255.255.0 (ip 与子网)
route add default gw 192.168.200.254 (默认网关)
```

修改以上下画线部分即可,与摄像头要保持通信状态。

2. 实验原理

流程:摄像头采集视频进行 H. 264 编码→通过以太网通道传输至交换机→交换机转发解码器进行视频 H. 264 解码→通过 HDMI 高清线将视频传输至显示屏显示。

3. 实验所需工具、设备和辅材

(1)摄像头(供电模块)。

(2)五类、六类双绞线。

(3)HDMI 高清线。

(4)支持 HDMI 的显示器。

(5)计算机。

(6)Xshell 软件工具。

(7)IP 扫描软件工具。

(8)DHCP 软件工具。

4. 实验步骤

步骤一,将全部设备正确加电。

步骤二,将摄像头与解码通过网线接入交换机、HDMI 与高清线相连。

步骤三,通过计算机进行摄像头 IP 配置、解码器 IP 配置,使摄像头与解码器通过 IP 传输能互相 ping 通对方,计算机 ip 地址必须与其设备相同网段。详细步骤如下。

(1)通过 IP 诊断工具扫描出摄像头的 IP 地址与解码器地址。(摄像头默认地址是 192. 168. 0. 156)

(2)通过计算机打开一个 Web 页面,在地址栏输入摄像头 IP 地址列如:192. 168. 0. 156,如图 8-6 所示。

(3)摄像头调试选项网络按钮用来更改摄像头 IP 地址和推流的地址。(图 8-6 是更改 IP 地址选项,图 8-7 所示是更改推流地址选项 IP,填写解码器 IP 地址)

(4)如果更改配置发现页面没有生效,请更换浏览器或者清除浏览器缓存,按【Ctrl + Shift + Delete】组合键清除,请注意个人浏览记录保存。

(5)通过下载的 DHCP 服务软件给解码器分配 IP 地址。

通过 IP 诊断工具扫描解码器 IP 地址,如图 8-8 所示。

(6)以下内容详细浏览后再进行操作,以免造成设备无法登陆,需要返厂恢复,再通过 Xshell 或者其他类似软件 Telnet 到解码器上,如图 8-9 所示。

用户名:root,密码:tengtek。

```
vi /etc/init.d/rcS(配置文件目录)
ifconfig eth0 hw ether 14:0C:18:EF:FF00(网卡 MAC 地址)
ifconfig eth0 up(开启网卡)
ifconfig eth0 192.168.1.25 netmask 255.255.255.0(ip)
```

保存退出,重启解码器生效。

步骤四,重启后视频源显示在屏幕上,实验完成。

实验 14 远程驾驶部署

1. 实验目标

1)认识远程驾驶环境的整体架构

5G 远程驾驶系统是一种远程实景驾驶系统,该系统包括实景驾驶控制系统和车辆智能控制系统。即实景驾驶控制系统根据实时获取的远程车辆的视频信息,对车辆进行远程的驾驶操作,以此代替人工/自动驾驶车辆,实现远程车辆代驾。

2)熟悉远程驾驶的实际部署

学生通过实际部署远程驾驶系统实操,会从“远程驾驶”,只有一个名词的认识,深入到对 TCP/IP 网络协议、Linux 基本操作指令、CAN 总线、汽车通信网络等更加深入与丰富的认识与思考。

2. 实验原理

1)实景驾驶控制系统:实景部分(视频推流部分)

流程:摄像头采集视频进行 H.264 编码→通过以太网通道传输至交换机→解码器进行视频 H.264 解码→通过 HDMI 高清线将视频传输视频至显示屏显示。

2)实景驾驶控制系统:控制部分及车辆智能控制系统

流程:依次启动车和台架端的代码,部署人员可以使用计算机登录部署在云服务器上的“车辆台架管理服务平台”(一个 Web 网页,具体 IP 和端口号由部署平台时确定 IP 并指定该服务的端口号)。登录这个平台,若车辆和台架均上线,即可点击“连接”在线的车辆和台架;反之,则需要排查故障原因→车和台架连接成功后→树莓派采集台架发出的控制报文,进行控制报文转换,转换成北邮智游定制的标准控制报文协议→通过以太网通道传输至交换机→交换机转发控制报文到云服务器→云服务器转发控制报文到 5G-CPE→5G-CPE 将报文传输至智游车载网关→智游车载网关将接收到的控制报文进行解析,并下发适配好汽车 CAN 协议的控制报文→汽车 ECU 从汽车 CAN 总线上接收并解析报文,然后分别向控制方向盘、油门、制动以及挡位的电机,发送控制指令,最终实现汽车的远程控制。

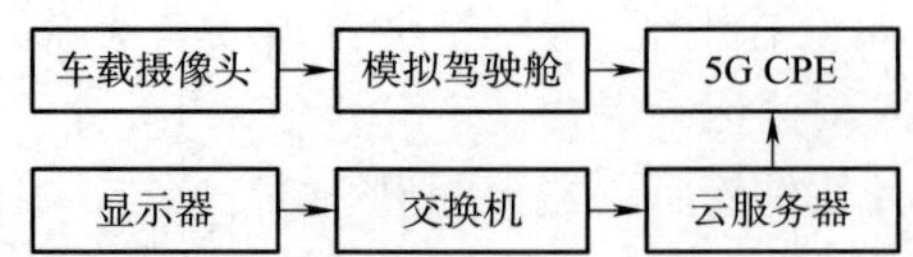

图 8-10 实景驾驶控制系统:控制部分及车辆智能控制系统的部署示意图

3. 实验所需工具、设备和辅材

(1)摄像头(供电模块)。

(2)五类/六类双绞线。

(3)HDMI 高清线。

(4)支持 HDMI 的显示器。

(5)计算机。

(6)Xshell 软件工具。

(7)IP 扫描软件工具。

(8)DHCP 软件工具。

(9)树莓派。

(10)模拟驾驶舱。

(11)车载网关。

(12)线控改装车辆。

4. 实验步骤

实景驾驶控制系统:实景部分(视频推流部分)的实验步骤参照“实验 12　车载摄像头监控视频设备安装”,实景驾驶控制系统:控制部分及车辆智能控制系统的实验步骤如下。

步骤一,可以使用 U 盘将台架端的可执行代码及 sys. ini 文件,复制到树莓派一个路径下,例如复制到/home 下,Linux 命令如下:

```
$ sudo cp -r /media/sda/platform /home
$ sudo cp -r /media/sda/sys.ini /home
```

再创建一个 ./remotecenter/config. ini 文件,并编辑里面的内容

```
$ sudo mkdir ./remotecenter
$ cd ./remotecenter
$ touch config.ini
$ vim config.ini

./remotecenter/config.ini 的模板如下:
[TCPtarget]
server_ip = xxx.xxx.xxx.xxx
server_port = xxxx
key = xxxxxxxxxxxxxxxx
secret = xxxxxxxxxxxxxxxx
plat_port = xxxx
(xxxx 根据实际部署填写)
```

同理,利用 U 盘将车载网关涉及的可执行文件,复制到车载网关系统里,操作命令与树莓派端类似:

```
$ sudo cp -r /media/sda/speech /home
```

步骤二,部署登录平台,直接登录已有平台。

确保树莓派能够正常上网,可以通过外接显示屏及无线键鼠,登录到树莓派的 Ubuntu 系统,右击打开终端,在终端里输入命令: $ ifconfig -a,可以查看本机 IP,如图 8-11 所示。

输入 Ping 命令 + 网址,按【Enter】键,如果有 IP 反馈,说明网络是没有问题的;如无反馈,说明 IP 有问题。

步骤三,确认网络没有问题的情况下,拔掉所有 USB 口上的设备(台架连接树莓派的 USB 串口除外)。

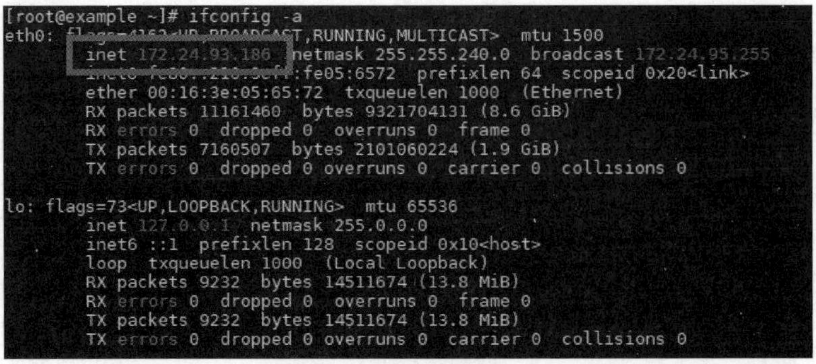

```
[root@example ~]# ifconfig -a
eth0: flags=4163<UP,BROADCAST,RUNNING,MULTICAST>  mtu 1500
        inet 172.24.93.186  netmask 255.255.240.0  broadcast 172.24.95.255
        inet6 fe80::216:3eff:fe05:6572  prefixlen 64  scopeid 0x20<link>
        ether 00:16:3e:05:65:72  txqueuelen 1000  (Ethernet)
        RX packets 11161460  bytes 9321704131 (8.6 GiB)
        RX errors 0  dropped 0  overruns 0  frame 0
        TX packets 7160507  bytes 2101060224 (1.9 GiB)
        TX errors 0  dropped 0 overruns 0  carrier 0  collisions 0

lo: flags=73<UP,LOOPBACK,RUNNING>  mtu 65536
        inet 127.0.0.1  netmask 255.0.0.0
        inet6 ::1  prefixlen 128  scopeid 0x10<host>
        loop  txqueuelen 1000  (Local Loopback)
        RX packets 9232  bytes 14511674 (13.8 MiB)
        RX errors 0  dropped 0  overruns 0  frame 0
        TX packets 9232  bytes 14511674 (13.8 MiB)
        TX errors 0  dropped 0 overruns 0  carrier 0  collisions 0
```

图 8-11　查看本机 IP

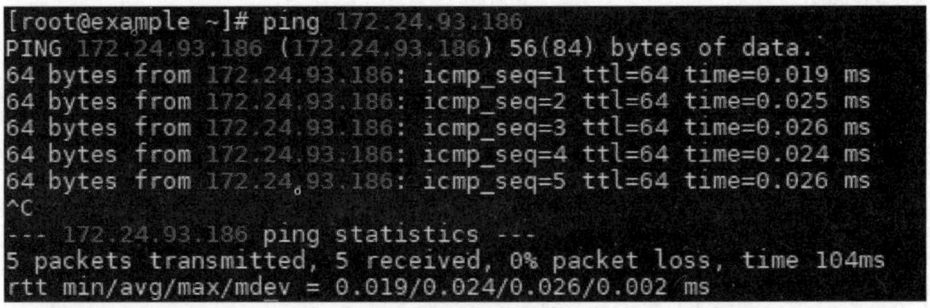

```
[root@example ~]# ping 172.24.93.186
PING 172.24.93.186 (172.24.93.186) 56(84) bytes of data.
64 bytes from 172.24.93.186: icmp_seq=1 ttl=64 time=0.019 ms
64 bytes from 172.24.93.186: icmp_seq=2 ttl=64 time=0.025 ms
64 bytes from 172.24.93.186: icmp_seq=3 ttl=64 time=0.026 ms
64 bytes from 172.24.93.186: icmp_seq=4 ttl=64 time=0.024 ms
64 bytes from 172.24.93.186: icmp_seq=5 ttl=64 time=0.026 ms
^C
--- 172.24.93.186 ping statistics ---
5 packets transmitted, 5 received, 0% packet loss, time 104ms
rtt min/avg/max/mdev = 0.019/0.024/0.026/0.002 ms
```

图 8-12　IP 反馈

使用笔记本式计算机远程到树莓派上，Windows 系统可以使用 Xshell 工具、Linux 系统可以使用 ssh 命令。远程到树莓派系统上之后，首先编辑 $ vim ~./remotecenter/config.ini 配置文件，编辑“车辆及台架登录平台”的 IP、端口号以及台架登录平台的 KEY 和密钥（这些信息由“车辆台架管理服务平台”确定）。

打开可执行脚本所在目录，并使用 root 权限启动执行脚本：

```
$ cd home/platform_gongwang 进入包含可执行文件 platform 的目录下
$ sudo ./platform 使用 root 权限来执行 platform 脚本
```

若无报错，即表明台架端启动成功；

常见报错及解决方法：报错 1. open device failed!

解决方法：

（1）查看台架连接树莓派的 USB 串口线是否连接到树莓派。

（2）查看树莓派的 USB 接口，是否还有其他 USB 口设备占用。

（3）确认是在 root 权限下执行的脚本。

步骤四，使用以太网双绞线将 5G-CPE 和北邮智游车载网关连接起来。

将汽车甩出来的控制 CAN 总线，正确连接到车载网关的 USBCAN 接线柱端子，CAN 总线的电气特性是有信号的时候 CAN_H = 3.5 V，CAN_L = 1.5 V，没有信号的时候 CAN_H = CAN_L = 2.5V。USB-CAN 分析仪接口适配器共有两组对外接口。一个标准的 USB 接口；一个 6pin 的接线柱端子，提供 CAN 总线接口。分析仪为蓝色高亮 LED-PWR 灯指示电源；LED-CAN1 灯指示 CAN1 接口状态。每当接收或发送 CAN1 总线数据时，红色 LED-CAN1 灯会闪烁。（USB-CAN 总线适配器插入 USB 接口时，系统自检，LED-CAN1 灯闪烁 1 次。）红色 LED-CAN2 灯指示 CAN2 接口状态。每当接收或发送 CAN2 总线数据时，红色 LED-CAN2 灯会闪烁。（USB-CAN 总线适配器插入 USB

接口时,系统自检,LED-CAN2 灯闪烁 1 次。) 分析仪还有一个 SYS 灯,当发送数据时,数据没有被接收,会亮蓝灯。2 s 左右还未成功发送,即取消发送,灯熄灭。

步骤五,连接好所有车载设备,全部正确加电后,远程到车载网关系统上,方法参见步骤二,执行车端可执行脚本,如:

```
$ cd /home/speech
$ ls
$ sudo ./speech
```

步骤六,登录“车辆台架管理服务平台”,查看车辆和台架的状态,若都是在线状态,单击“连接”按钮,即可开始远程驾驶。

实验 15　远程驾驶控制器安装

1. 实验目标

(1)了解车载网关的部署方法。使用提供的安装包,安装车载网关控制终端所需的软件。

(2)认识 CAN 总线。CAN 是控制器局域网络(Controller Area Network, CAN)的简称,是由以研发和生产汽车电子产品著称的德国 BOSCH 公司开发的,并最终成为国际标准(ISO 11898),是国际上应用最广泛的现场总线之一。

(3)了解 CAN 总线的调试方法。

(4)使用计算机软件调试 CAN 总线。

2. 实验原理

车载网关控制终端通过串口与 CAN 卡进行通信,CAN 卡收到网关通过串口发来的控制报文之后,根据协议解析报文,并对车上的 CAN 对应控制元件发送控制命令。

3. 实验所需工具、设备和辅材

(1)车载网关。

(2)笔记本式计算机。

(3)CAN 卡。

(4)CAN 串口通信线。

(5)网关控制软件安装包。

4. 实验步骤

步骤一,车载网关的部署。

(1)使用笔记本式计算机连接车载网关的 Wi-Fi;

(2)按【Win + R】组合键,在弹出的“运行”对话框中输入“cmd”,按[Enter]键,进入 Windows 控制台界面;

(3)使用 ssh 连接 192.168.0.100。参考命令:ssh witcomm@192.168.0.100,密码:bupt。

(4)将网关控制软件安装包使用 scp 或其他方法拷贝到/home/目录下。参考命令:scp -r D:\vehicle witcomm@192.168.0.100:/home/,密码:bupt。

(5)执行安装包中的安装脚本。参考命令:sh install.sh。

(6)执行 reboot,重启。

(7)重新连接控制终端。参考命令:ssh witcomm@192.168.0.100,密码:bupt。

(8)查看服务是否成功启动,若启动则安装成功。参考命令:ps -ef| grep /home/vehicle/run。

步骤二，CAN 总线协议的调试。

(1)在网上下载调试 CAN 使用的软件 USB_CAN TOOL，并安装。

(2)使用 CAN 串口通信线将需要分析的 CAN 卡与计算机连接起来。

(3)单击“设备操作”按钮。启动设备，单击“确定”按钮。调试界面如图 8-13 所示。

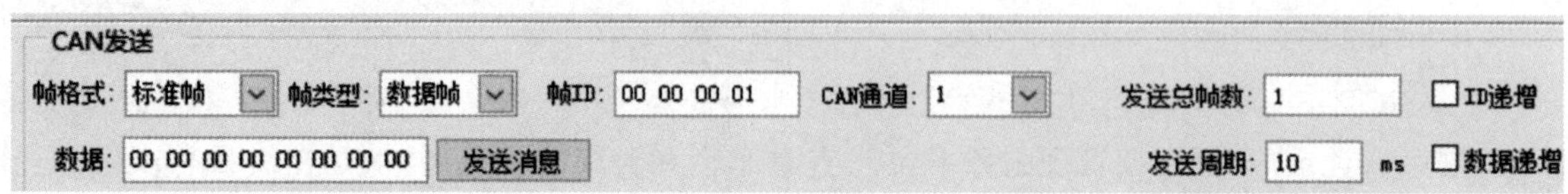

图 8-13　调试界面

(4)可以在以上窗口发送控制报文给对应的 CAN 通道，报文内容可以根据 CAN 控制协议确定，针对不同的功能，发送不同的报文进行测试，测试界面如图 8-14 所示。

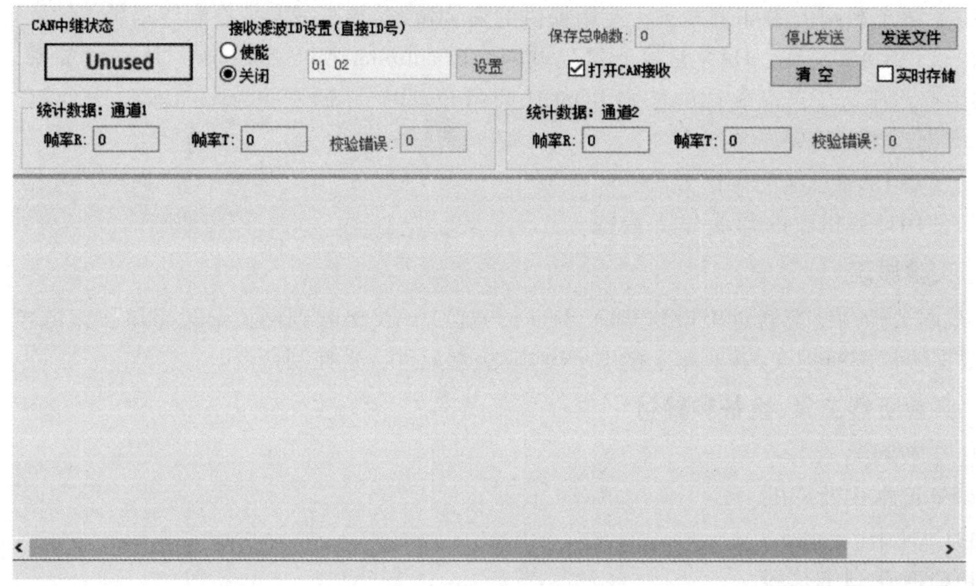

图 8-14　测试界面

(5)选择打开 CAN 接收选项框后，可以在下方的界面看到 CAN 总线返回的数据帧，可以选择过滤接收 ID 来观察固定 ID 的返回帧，也可以实时存储，把收到的数据帧存到本机，方便做进一步的分析。

实验 16　远程驾驶网络连通性检测

1. 实验目标

(1)熟悉远程辅助驾驶网络体系。

(2)熟悉每一个设备的 IP 地址与网关，如图 8-5 所示。

(3)检测远程辅助驾驶连通性。

(4)通过 Ping 包、tracert 路由跟踪、Wireshark 抓包、IP 扫描等工具排查网络通信问题。

(5)Ping、tracert 工具在 Windows 的 DOS 窗口中。

表 8-5　设备的 IP 地址与网关

序列号	设备名称	IP 地址	子网掩码	IP 地址网关	设备所在位置	备　注
车辆独立局域网						
1	前视摄像头	192.168.2.150	255.255.255.0	192.168.2.1	远程辅助驾驶车辆	车辆独立局域网（5GCPE 分配）
2	内视摄像头	192.168.2.151				
3	右视摄像头	192.168.2.152				
4	左视摄像头	192.168.2.153				
5	华为 5GCPE	DHCP/广域网（5C 基站分配）		未知		
		192.168.2.1/局域网	255.255.255.0	192.168.2.0		车辆独立局域网（5GCPE 分配）
6	智邮车载网关	DHCP/广域网（5GCPE 分配）		192.168.2.1		
		192.168.0.1/局域网		192.168.0.0		车辆独立局域网（车载网关分配）
7	网关 Linux 系统	192.168.0.100		192.168.0.1		
8	车载网关 GPS	192.168.0.5				
总控室专线						
9	智邮云服务器	101.206.211.206（公网 IP）		未知	联通工 DC 机房	公网 IP 地址
		192.168.2.4	255.255.255.0	192.168.2.1	总控室网络机柜	VPN 专线
10	数字解码器	192.168.2.21				
		192.168.2.22				
		192.168.2.23				
		192.168.2.24				
11	远程驾驶台架	192.168.2.26				

（6）使用【Win + R】组合键打开“运行”对话框，输入“cmd”，按“Enter”键打开 DOS 窗口命令提示符。

（7）IP 扫描工具、Wireshark 抓包工具下载地址。

2. 实验原理

（1）总控室实验原理，如图 8-15 所示。

（2）车端实验原理，如图 8-16 所示。

（3）Ping 包实验原理。Ping 命令，一般用于检测网络通与不通，也称时延，其值越大，速度越慢。PING（Packet Internet Grope，因特网包探索器），用于测试网络连接量的程序。Ping 发送一个 ICMP 回声请求消息给目的地，并报告是否收到所希望的 ICMP 回声应答。

它是用来检查网络是否通畅或者网络连接速度的命令，是第一个必须掌握的 DOS 命令，它所利用的原理是这样的：网络上的机器都有唯一确定的 IP 地址，我们给目标 IP 地址发送一个数据包，对方就要返回一个同样大小的数据包，根据返回的数据包我们可以确定目标主机的存在，可以初步判断目标主机的操作系统等。

（4）Tracert 路由跟踪原理。通过向目标发送不同 IP 生存时间（TTL）值的“Internet 控制消息协议（ICMP）”回应数据包，Tracert 诊断程序确定到目标所采取的路由。要求路径上的每个路由器在转发数据包之前至少将数据包上的 TTL 递减 1。数据包上的 TTL 减为 0 时，路由器应该将“ICMP 已超时”的消息发回源系统。

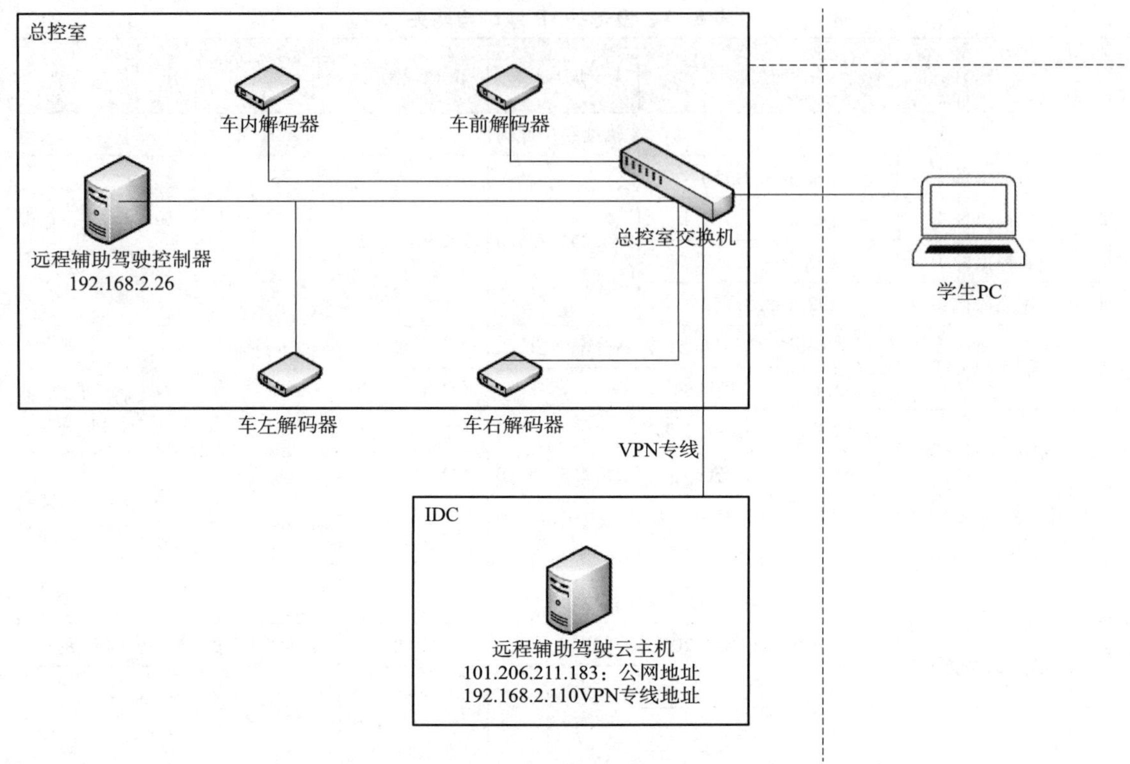

图 8-15　总控室实验原理

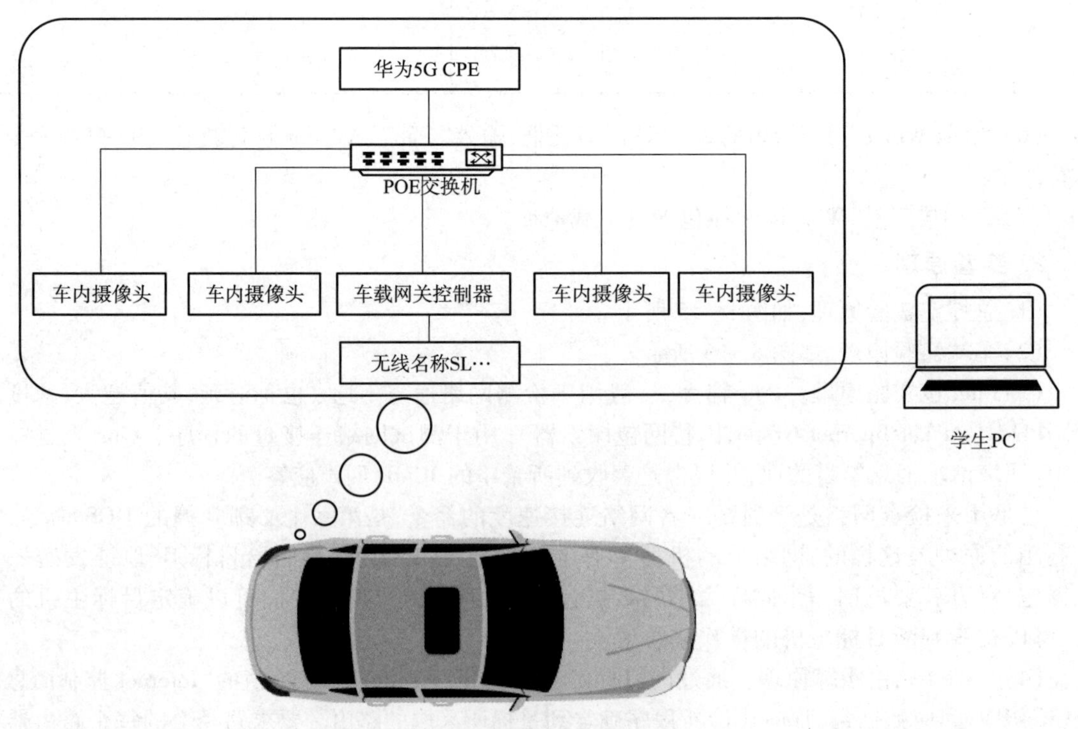

图 8-16　车端实验原理

Tracert 先发送 TTL 为 1 的回应数据包,并在随后的每次发送过程将 TTL 递增 1,直到目标响应或 TTL 达到最大值,从而确定路由。通过检查中间路由器发回的"ICMP 已超时"的消息确定路由。某些路由器不经询问直接丢弃 TTL 过期的数据包,这在 Tracert 实用程序中看不到。

(5) Wireshark 抓包原理。Wireshark(前称 Ethereal)是一个网络封包分析软件。网络封包分析软件的功能是撷取网络封包,并尽可能显示出最为详细的网络封包资料。Wireshark 使用 WinPCAP 作为接口,直接与网卡进行数据报文交换。

3. 实验所需工具、材料

笔记本(Windows 系统支持无线、有线)、网线、Wireshark 抓包软件、IP 扫描工具。

4. 实验步骤

实验分两个场地:检测车端独立局域网(车端)、检测 VPN 专线独立网(总控室)。

步骤一,使用笔记本式计算机用无线/有线方式连接至 VPN 专线网络,根据总控室/远程驾驶车端网络动态获取 IP/手动添加静态地址。

步骤二,通过笔记本的 DOS 窗口进行 Ping 包检测、路由跟踪。

打开 DOS 窗口:【Win + R】组合键,在打开的"运行"对话框中输入"CMD",然后单击"确认"按钮,如图 8-17 所示。

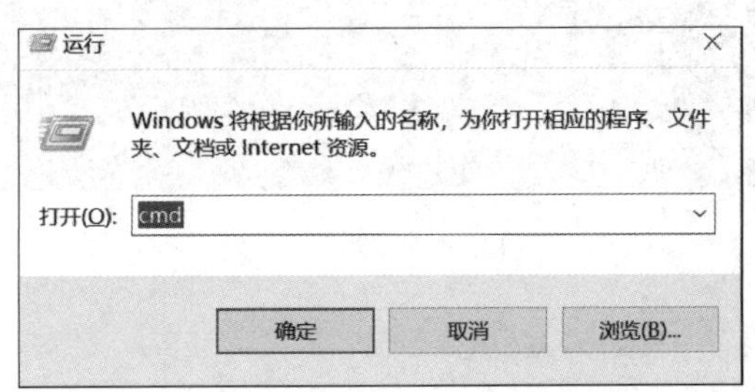

图 8-17　输入 CMD

步骤三,进行 Ping 包检测在线状态、时延情况。Ping 包如下(Ping 包有多个参数如 -t 长 ping)。

正常通信回执如图 8-18 所示。

```
C:\Users\wit37>ping 192.168.254.254 -t

正在 Ping 192.168.254.254 具有 32 字节的数据:
来自 192.168.254.254 的回复: 字节=32 时间=1ms TTL=254
来自 192.168.254.254 的回复: 字节=32 时间=1ms TTL=254
来自 192.168.254.254 的回复: 字节=32 时间=1ms TTL=254
来自 192.168.254.254 的回复: 字节=32 时间=1ms TTL=254
来自 192.168.254.254 的回复: 字节=32 时间=1ms TTL=254
来自 192.168.254.254 的回复: 字节=32 时间=1ms TTL=254
来自 192.168.254.254 的回复: 字节=32 时间<1ms TTL=254
```

图 8-18　正常通信回执

失败通信回执如图 8-19 所示(会出现一般故障或者请求超时等)。

步骤四,路由跟踪,在 DOS 窗口中执行,如图 8-20 所示。

步骤五,下载上方链接提供的 IP 诊断工具与抓包工具完成操作步骤。

打开 IP 诊断工具→在上方的网段处输入:192.168.205→单击"Ping"按钮,如图 8-21 所示。显示当前所有在线 IP 地址,进行网络 IP 巡检。

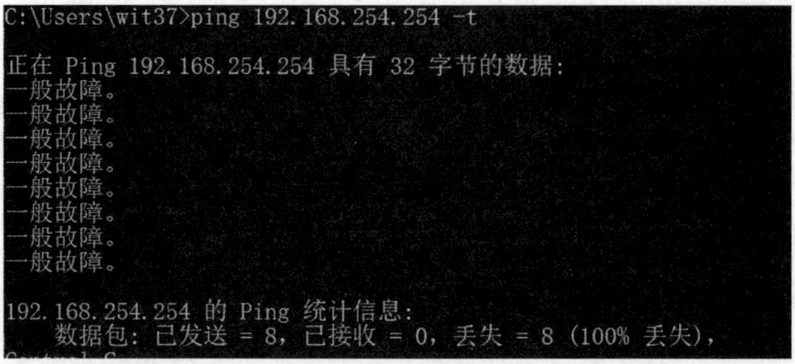

```
C:\Users\wit37>ping 192.168.254.254 -t

正在 Ping 192.168.254.254 具有 32 字节的数据:
一般故障。
一般故障。
一般故障。
一般故障。
一般故障。
一般故障。
一般故障。
一般故障。

192.168.254.254 的 Ping 统计信息:
    数据包: 已发送 = 8, 已接收 = 0, 丢失 = 8 (100% 丢失),
```

图 8-19　失败通信回执

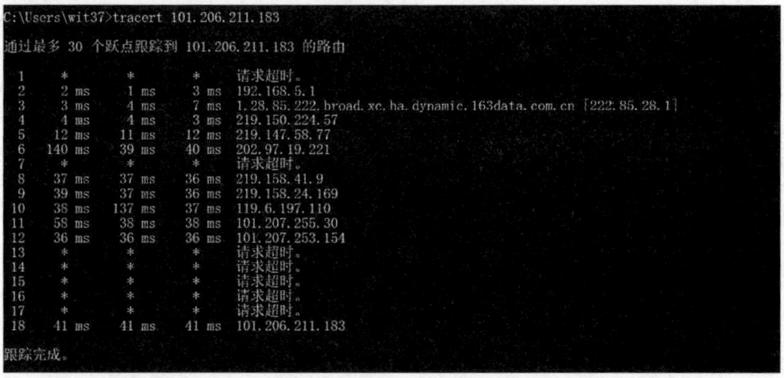

```
C:\Users\wit37>tracert 101.206.211.183

通过最多 30 个跃点跟踪到 101.206.211.183 的路由

  1     *        *        *     请求超时。
  2     2 ms     1 ms     3 ms  192.168.5.1
  3     3 ms     4 ms     7 ms  1.28.85.222.broad.xc.ha.dynamic.163data.com.cn [222.85.28.1]
  4     4 ms     4 ms     3 ms  219.150.224.57
  5    12 ms    11 ms    12 ms  219.147.58.77
  6   140 ms    39 ms    40 ms  202.97.19.221
  7     *        *        *     请求超时。
  8    37 ms    37 ms    36 ms  219.158.41.9
  9    39 ms    37 ms    36 ms  219.158.24.169
 10    38 ms   137 ms    37 ms  119.6.197.110
 11    58 ms    38 ms    38 ms  101.207.255.30
 12    36 ms    36 ms    36 ms  101.207.253.154
 13     *        *        *     请求超时。
 14     *        *        *     请求超时。
 15     *        *        *     请求超时。
 16     *        *        *     请求超时。
 17     *        *        *     请求超时。
 18    41 ms    41 ms    41 ms  101.206.211.183

跟踪完成。
```

IP诊断工具-DESKTOP-HMA1MJO

参数设置　网段: 192.168.205　Ping　Stop

在线设备: 44　耗时(ms): 3109　本机IP:192.168.246.13　说明: 在线-红色; 超时:灰色

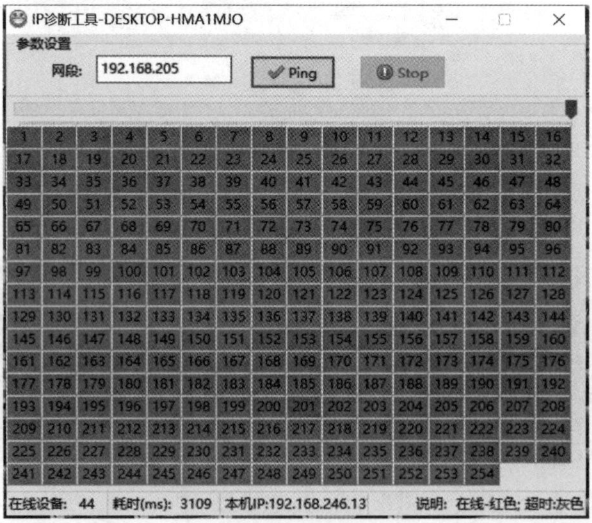

图 8-21　IP 诊断

步骤六,下载上方提供的 Wireshark 抓包工具。

步骤七,打开工具→选择需要抓包的网卡→双击右键,如图 8-22 所示。

对下方抓到数据包的连接状态进行分析,如图 8-23 所示。

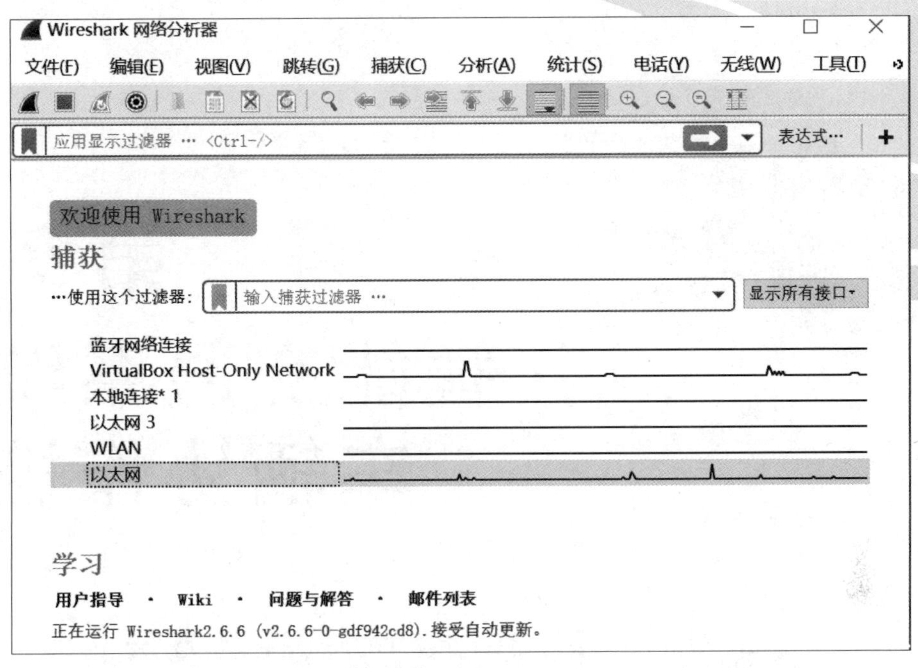

图 8-22　网卡抓包

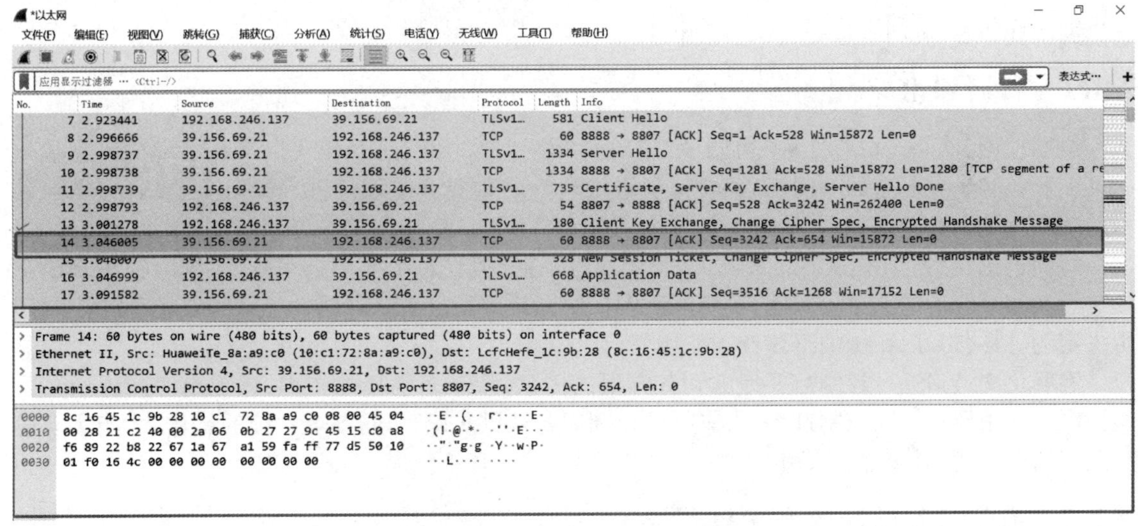

图 8-23　连接状态分析图

课后习题

1. 为什么要进行图像和视频的压缩？
2. 多媒体信号编码系统的基本原理及步骤是什么？
3. 设计一套图像采集、压缩、传输和解压缩的系统。
4. 测试设计的图像远传系统数据传输延迟。了解远程驾驶对数据传输延迟的要求是多少？

第 9 章 智能交通系统中车辆协作控制

 9.1 交叉口通行协同控制方法

网联化交叉口实现智能化路侧装置与一定范围内行驶汽车的实时通信，交叉口的同行控制变得更加多样化，以协同理论。

9.1.1 协同理论

协同理论(Synergetics)亦称“协同学”或“协和学”，是 20 世纪 70 年代以来在多学科研究基础上逐渐形成和发展起来的一门新兴学科，是系统科学的重要分支理论，协同理论主要研究不同事物的共同特征及其协同机理，是近十几年来获得发展并被广泛应用的综合性学科。

协同理论认为，千差万别的系统，尽管其属性不同，但在整个环境中，各个系统间存在着相互影响而又相互合作的关系。因此，系统能否发挥协同效应是由系统内部各子系统或组分的协同作用决定的，协同得好，系统的整体性功能就好。

网联化交叉口通行控制需要考虑到各方面的因素，涉及多学科的知识，体现出协同理论在系统控制中的重要性。在控制过程中，只有综合利用各学科知识，协同各个系统的工作，才能实现通行效率的最高化和能耗的最优化。

9.1.2 有信号灯控制的交叉口通行

车辆在有信号灯控制的交叉口通行需要遵守信号灯规则，通行较为有序，可以较好地解决交通冲突。但是路口的同行情况需要在车辆接近交叉口时才能获取，判断过程迟早会导致交叉口出现车辆猛加速、猛减速的情况，导致车辆在交叉口的行驶安全性下降，行驶能耗升高。采用 V2I 技术的信号灯控制的交叉口可以较早地判断车辆在交叉口的情况，实现车辆在一定限速范围内不停车通过交叉路口或者平稳减速刹停。有信号控制的交叉口通行主要可以分为交叉口集中式协同控制和车辆分布式协同控制。

1. 交叉口集中式协同控制

在信号灯控制的交叉口，集中式协同控制方法主要集中在基于 V2I 技术的交通信号优化控制。交通信号优化控制方法通过路侧智能装置与一定范围内行驶车辆的通信来获取交叉口车辆的行驶信息,对交通信号配时和相位进行实时优化及调整,以达到降低路口延误、车辆排队长度及实时优化停车次数或行驶能耗的目的。交通信号优化控制方法可分为基于经验公式的配时优化方法、基于车群通行的配时优化方法和基于人工智能的配时优化方法。

(1)基于经验公式的配时优化方法。基于经验公式的配时优化方法主要是利用经验公式对宏观的交通数据(如交通流量、信号配对)等进行分析和计算,实现最小的交通延误。目前韦伯斯特(Webster)公式在配时优化计算中应用较为广泛。它是以车辆延误时间最小为目标来计算交通信号配时,其核心内容是计算最佳周期长度,即:

$$C=\frac{1.5L+5}{1-Y} \tag{9-1}$$

式中,C 为最佳周期长度;L 为每个周期总损失时间;Y 为交叉路口交通流量比。

每个周期总的损失时间为:

$$L=nl+AR \tag{9-2}$$

式中,n 为信号的相位数;l 为每个相位信号红绿灯和黄灯的损失时间;AR 为每个周期中的红灯时间。

交叉口交通流量比为:

$$Y=\sum_{i=1}^{n} y_i \tag{9-3}$$

式中,y_i 为各个相位信号临界车道的交通流量比。

临界车道指每个信号的相位上,交通流量最大的那条车道。临界车道的交通流量比等于该车道的交通流量与饱和交通流量之比。

由于经验公式计算存在偏差,通过现场实验调查后发现,韦伯斯特公式计算的结果通常比实际周期长,因此可以根据实际情况进行调整。

目前,随着 V2X 技术的发展,交叉口的宏观交通数据获取变得更加快捷和准确,也提高了利用经验公式计算优化配时方案的精度,因此韦伯斯特公式对交通配时的性能优化有所提高,也出现了多种变体,其中一种形式为:

$$C=\frac{1.5T+5}{1-\sum_{i=1}^{n}\frac{D_n}{L_n}} \tag{9-4}$$

式中,T 为每周期红绿灯损失时间总和;D 为交通相位 n 的交通流密度;L 为交通相位 n 的排队长度。

各交通相位 i 的绿灯时长为

$$G_i=\left[1-\frac{\frac{D_i}{L_i}}{\sum_{i=1}^{n}\frac{D_n}{L_n}}\right]\mathrm{C} \tag{9-5}$$

式中,G 为交通相位 i 的绿灯时长;D 为交通相位 n 的交通流密度,L 为交通相位 n 的排队长度。

(2)基于车群通行的配时优化方案。基于车群通行的配时优化方案是指将不同交通流向的车辆聚类为车群,再根据车群的行驶信息计算出车群在交叉路口通行所需的绿灯时间。交叉口车群的聚类方式主要有不同行驶方向的车辆聚类、排队或者即将排队的车辆聚类、路口不同距离的车辆聚类等。

在车辆的聚类过程中,传统的方式是采用地感线圈对驶过的车辆进行计数,计算的结果在时间上存在滞后性。但是,随着V2X技术的发展,可以采用无线通信的方式提高聚类过程中的实时性和准确性。

当按照不同的行驶方向的车辆进行聚类时,采用地感线圈的方式需要在对应相位的绿灯时间结束后完成,再通过交通信号控制器计算车群通过交叉路口的时间,并将此时间分配给下一周期的红绿灯相位,采用V2I技术则可以实时判断当前相位每辆车的通行情况,并实时改变红绿灯相位。

当按照排队或即将排队的车辆进行聚类时,主要采用车队消散时间来估计交叉路口的周期和绿灯比,从而调整交通相位。

当按照与路口不同距离的车辆进行聚类时,主要通过虚拟计算车辆通过路口的时刻从而确定绿灯相位是否结束。

(3)基于优化模型的配时方案。基于优化模型的配时方案需要给定状态变量(如交叉路口的排队长度)和环境输入(如到达车辆的初始状态),并设置反应交叉口效率和能耗经济型的目标函数,在状态方程约束、终端约束、控制变量约束、可行状态空间约束构建最优控制问题,优化得到控制变量(如相序或绿灯时间)的结果,其一般表达形式为:

$$\min_{u(k)} J = f[x(K)] + \sum_{k=1}^{K} g[x(k),u(k)]d(k) \tag{9-6}$$

约束条件为:

$$x(1) = x_0 \tag{9-7}$$

$$x(k+1) = h[x(k),u(k),d(k)], \qquad k=1,2\cdots K \tag{9-8}$$

$$u_{\min} \leqslant u(k) \leqslant u_{\max}, \qquad k=1,2\cdots K \tag{9-9}$$

$$\varphi[x(k),u(k),d(k)] \in \Omega, \qquad k=1,2\cdots K \tag{9-10}$$

式中,J为交通信号优化的损失函数;$x(k)$为第k个控制步长的预测状态;$u(k)$为第k个步长的控制变量;$d(k)$为第k个控制步长的环境输入;K为总的控制步长;x_0为初始交叉口状态;$u_{\min}$为控制变量的下界;$u_{\max}$为控制变量的上界;Ω为状态,控制变量和环境输入的可行域;$f[x(K)]$为终端型损失的函数;$g[x(k),u(k)]d(k)$为积分型损失的函数;$h[x(k),u(k),d(k)]$为状态转移函数;$\varphi[x(k),u(k),d(k)]$为状态、控制量和环境输入的函数。

式(9-7)表示优化模型的初始状态;式(9-8)表示描述状态变化的预测方程;式(9-9)表示控制变量的框式约束;式(9-10)表示状态、控制变量和环境输入的可行空间约束。

在基于优化的模型的配时方案优化中,目标函数可以选取交通延误、排队长度、停车次数和车辆能耗等,状态预测方程可以选择仿真预测和模型预测等,其中仿真预测可以采用VISSIM等交通仿真软件进行预测,模型和预测可以采用迭代模型、队列消散模型、车辆运动学模型等进行预测。

(4)基于人工智能的配时优化方法。随着人工智能的发展和多领域应用,增强学习、人工神经网络等方法也开始逐渐应用于交通信号的配时优化,该方法也需要通过V2I技术获取交通数据后进行。增强学习的方法可以通过构建自适应交通信号控制器实现交通信号的优化配时。将状态变量j定义为所有车辆与交叉口的距离、速度和等待时间,将决策变量s不同交通相位对应的信号灯是否为绿灯,将采用某种决策后通过时间的降低作为回报函数,并采用无限折扣模型构建价值函数,形成一个有限状态马尔可夫决策过程,最终对所构建的FMDP通过决策迭代实现决策变量的收敛,获得最优的交通配时和相位。

$$g[s(t),j(t)] = \sum_{j=1}^{n} [x_n(t+1) - x_n(t)] \tag{9-11}$$

$$J[j(t)]=g[s(t),j(t)]+\beta J[j(t+1)] \tag{9-12}$$

式中，$s(t)$为第 t 步采取的决策；$j(t)$为第 t 步的状态；n 为路口车辆总数；$x_n(t)$为第 t 步第 n 个车辆的路口通过时间；$g[s(t),j(t)]$为第 t 步的状态，为 $j(t)$时采取决策 $s(t)$所获得的回报函数；$J[j(t)]$为第 t 步的状态，为 $j(t)$时的价值函数。

人工神经网络方法可以采取神经网络模型和模糊决策系统构建交叉口交通信号的自适应优化控制。该方法主要将信号控制策略的执行过程分为离线阶段和在线阶段。对于离线阶段，通过采集交叉路口历史数据可以构建动态交通流 OD(Origin Destination)模型，并基于此模型采用自组织映射(Self Organizing Maps, SOM)，神经网络对交通流进行聚类和训练，将数据模型映射到模糊系统的输入空间，建立交通模式-最优信号配时的模糊决策系统；对于在线阶段，则需要实时采集交通信息并估计交通流 OD 矩阵，通过已构建的模糊决策系统，求解最优配时方案。

2. 车辆分布式协同控制

车辆分布式协同控制主要通过 V2I 方式接受交通信号信息和交叉口交通信息，以车辆能耗，经济性和通行效率为目标，在交通约束条件下，优化车辆的速度轨迹或动力系统输出。

车辆分布式协同控制，按照决策方式的不同，可分为基于规则的车辆控制方法和基于优化的车辆控制方法。

(1)基于规则的车辆控制方法。基于规则的信号交叉路口，智能网联汽车控制方法是指以交通信号为输入，采用预定规则计算车辆通过一个或多个路口不遇到红灯停车的车速。此方法由于减少了车辆的停车怠速和加减速，在一定程度上可减少行驶能耗，提升车辆行驶的经济性。目前常用的车辆控制模型有匀速、匀加速-匀速、变加速等。

匀速车辆控制模型首先需要计算车辆从初始点在绿灯开始时刻和绿灯结束时刻到达交叉口停止线的平均车速，然后将这两个车速组成的区间作为通过交叉口速度的区间，再将通过多个交叉口速度的可行区间相交，得到连续通过多个交叉口速度的区间，最终将此区间的中点速度作为经济车速，如图 9-1 所示。图 9-1 中，横坐标表示时间，纵坐标表示位置；d_i为车辆与第 $i(i=1,2)$个交通信号灯的距离；g_i为第 i 个交通信号灯的绿灯开始时刻；r_i为第 i 个交通信号灯的绿灯结束时刻；v_{min}和 v_{max}是分别表示通过第 i 个交叉口的最小速度和最大速度，由匀速车辆模型计算得到；v_{target}为通过连续交叉口的经济车速。

匀加速-匀速车辆控制模型考虑车辆驶向路口时，以当前速度行驶，无法在绿灯时间内通过路口而需要减速的场景，设定车辆通过路口的时间为交通信号灯下一个绿灯相位开始时刻，在此终端时刻的约束下，比较不同加速度的车辆速度曲线的油耗，得到最优的加速度和终端速度。如图9-2所示，为匀加速-匀速车辆控制模型。图 9-2 中，T_i为第 i 个速度轨迹，其中，T_1为采用最大减速度的速度轨迹；T_n为采用最小减速度的速度轨迹；v_i为第 i 条轨迹的终端速度；a_i为第 i 条轨迹的减速度；t 为车辆到达路口的时间。通过比较不同速度轨迹的油耗，可得到经济的车速轨迹。

变加速车辆控制模型是在匀速车辆控制模型的基础上发展形成的，其需要根据匀速车辆控制模型，确定单个路口车辆行驶的可行速度区间，然后将平均车速设置为可行速度区间的上界，最后在此平均车速的约束下采用三角函数拟合从初速度加速/减速至目标车速的过程，并最终得到目标车速。

此外，还可以采用遗传算法或者动态规划等智能控制方法得到目标车速。

(2)基于优化的车辆控制方法。基于优化的车辆控制方法，主要考虑车辆动力学模型和若干约束条件，以能耗经济行为目标构造优化模型，应用适当的求解算法得到车辆最优车速轨迹。

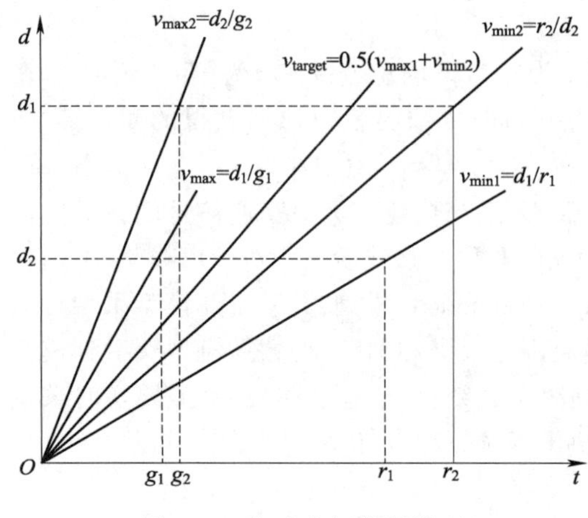

图 9-1 匀速车辆控制模型

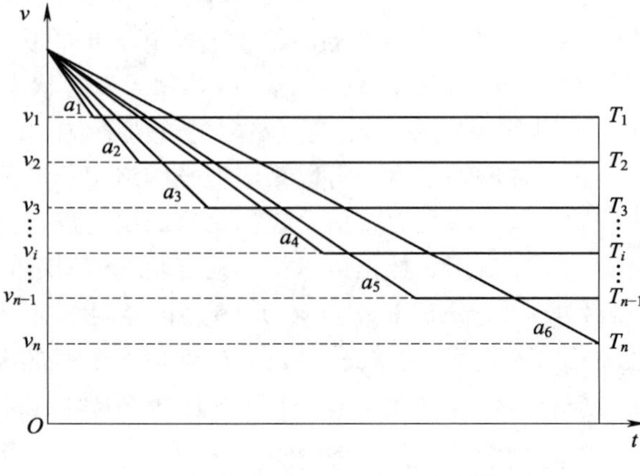

图 9-2 匀加速-匀速车辆控制模型

基于优化的车辆控制方法一般表达形式为:

$$\min_u J = f[x(t_1), t_f] + \sum_{t_0}^{t_f} g[x(k), u(k)]d(k) \tag{9-13}$$

约束条件为:

$$x(t) = h[\dot{x}(t), u(t)] \tag{9-14}$$

$$x(t_0) = x_0 \tag{9-15}$$

$$u_{min} \leqslant u(k) \leqslant u_{max} \tag{9-16}$$

$$t \in G_i, \quad 当 x(k) = d_i \tag{9-17}$$

式中,u 为控制变量,可为期望加速度或车辆动力系统输出等;x 为车辆状态,可为车辆位移、速度或加速度;t_0 为初始时刻;t_f 为终端时刻;$f[x(t_1), t_f]$ 为终端状态的损失函数;$g[x(k), u(k)]d(k)$ 为积分项损失函数的被积函数,一般为能耗率对车辆状态、控制变量的函数;$h[\dot{x}(t), u(t)]$ 为状态转移函数;x_0 为车辆初始状态;u_{min} 为约束的下界;u_{max} 为约束的上界;G_i 为第 i 个交叉口的绿灯相位时间区间;d_i 为第 i 个交叉口的位置。

式(9-13)表示经济车速优化的损失函数,其包含终端状态损失函数和积分项损失函数;式(9-14)表示车辆动力学模型;式(9-15)表示车辆初始状态约束,式(9-16)表示车流量控制变量的框式约束;式(9-17)表示车辆在绿灯相位区间内通过交叉路口。

对于优化控制的目标函数 J,通常需要实现车辆通过交叉路口的速度波动最小,从而提高能耗的经济性,因此损失函数通常考虑车辆通过路口的能耗模型。

在燃油汽车中,车辆能耗即为燃油消耗率,通常为车辆速度、加速度组成的多项式,典型的综合油耗模型为:

$$R_T = b_1 + b_2 v^2 + ma + a_s mg \tag{9-18}$$

$$F = \begin{cases} a, & 当 a < \dfrac{-b_1 - b_2 v^2 - a_s mg}{m} \\ a + \beta_1 v R_T, & 当 \dfrac{-b_1 - b_2 v^2 - a_s mg}{m} \leqslant a < 0 \\ a + \beta_1 v R_T + \beta_2 m a^2 v, & 当 a > 0 \end{cases} \tag{9-19}$$

式中,R_t 为车辆行驶阻力;b_1 为轮胎滚动阻力系数;b_2 为风阻系数;v 为车辆行驶速度;m 为车辆质量;a 为车辆加速度;a_s 为道路坡度;g 为重力加速度;F 为发动机燃油消耗率;α 为发动机怠速燃油消耗率;β_1 和 β_2 为油耗模型系数。

油耗模型也可以通过发动机油耗 MAP 图和车辆动力学模型进行构造。此方法相较于速度、加速度的多项式油耗模型更加精确,但也增加了油耗模型的计算复杂度。

在纯电动汽车中,需要构建纯电动汽车的电动机功率积分形式的油耗模型,对于混合动力汽车,需要构建反映车辆发动机和电动机能耗的等效油耗模型,典型形式为:

$$m_{eqv} = \dot{m}_i + e\frac{P_m}{Q_L} \tag{9-20}$$

式中,m_{eqv}为混合动力汽车等效燃油消耗率;$\dot{m}_i$为发动机燃油消耗率;e 为当量因子;P_m 为电动机功率;Q_L为燃油热值。

此外,还可以采用离散的形式表示目标函数,如在终端状态的损失函数中考虑车辆通过交叉口的总时间,则在积分项的损失函数中考虑车辆的加速度和通过交叉路口的概率。

9.1.3　无信号灯控制的交叉口通行

车辆在无信号灯控制的交叉口通行不再受信号灯的约束,主要依靠到达顺序和路权的优先级决定通行的先后顺序。这种情况可以较好地利用交叉口的通行时间,避免在有信号灯控制的情况下发生部分绿灯相位无车通行的现象。但是,由于不同驾驶员对于交通规则的熟悉程度和理解方式不同,比较容易出现交通冲突,从而引发事故,降低行车的安全性,因此在无信号灯控制的交叉口应用 V2I 技术,可以较好地分配路权,减少交叉口的交通冲突,使行车过程更加平稳,降低车辆能耗。无信号控制的交叉口通行主要分为交叉口预约式协同控制,交叉口集中式协同控制和车辆分布式协同控制。

1. 交叉口预约式协同控制

交叉口预约式协同控制主要通过车辆的路权申请和路侧装置的申请反馈实现在该方法中,驶向交叉口的车辆智能体(智能网联汽车、无人驾驶汽车)向位于路侧的交通管理智能体申请一定的时间和空间资源通过交叉口,而路侧的交通管理智能体则根据车辆智能体的优先情况和交叉路口车辆轨迹的冲突情况确认或拒绝车辆智能体的申请,若车辆申请被拒绝,则车辆重新规划自身运动轨迹或根据给出的等待时间进行停车等待,如图 9-3 所示。交叉口预约式协同控制方法的核心在于交叉口管理策略以及车辆智能体的轨迹规划方法。

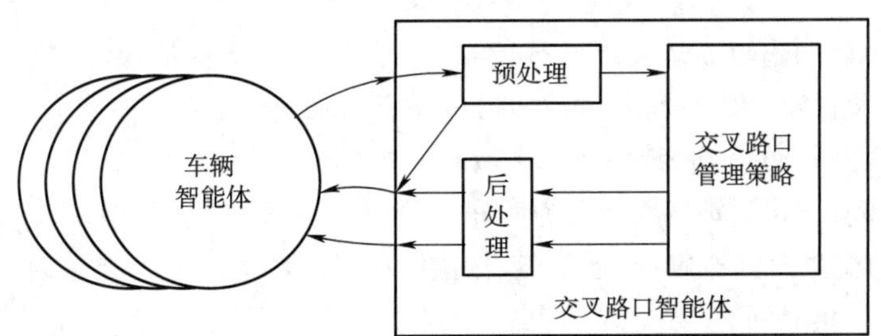

图 9-3　交叉口预约式协同控制流程

1)交叉口管理策略

交叉口管理的基本策略,先到先服务策略。此策略允许先到达交叉口的车辆优先申请其通过路口的时间和空间,而对于后到达交叉口的车辆,交通管理智能体根据交叉口的冲突关系选择拒绝或确认其申请请求。交叉口冲突关系的确定如图 9-4 所示。首先将交叉口划分为网格，交通管理智能体会根据车辆的运动学关系预测未来时域内网格的占据情况，若存在网格被多个车辆同时占用，则优先权低的车辆申请失败；若网格均未被多个车辆同时占用，则优先权低的车辆申请成功。

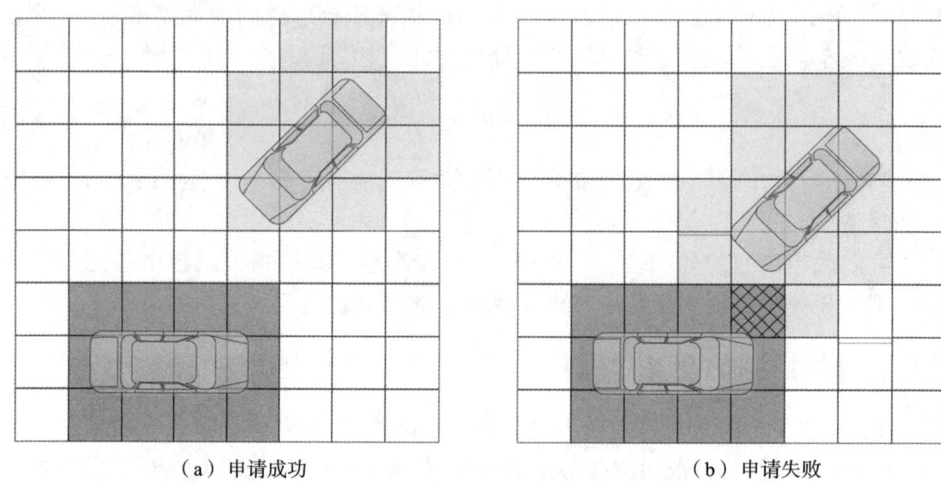

（a）申请成功　　（b）申请失败

图 9-4　交叉口冲突关系的确定

此外，还需要考虑执行紧急任务车辆的优先通行权，以及车速过快而无法刹停的车辆的处置办法。

2）车辆智能体轨迹规划

当车辆智能体同行申请被接受时，车辆可以按照当前速度继续行驶或根据智能路侧的要求车速和加速度进行调整；而当车辆申请被拒绝时，需要采取较低的速度匀速行驶、缓慢减速至刹停和再次申请通过。

2. 交叉口集中式协同控制

交叉口集中式协同控制主要通过集中获取距离交叉口一定范围内车辆的形式数据，对车辆的行驶情况进行统筹兼顾，完成信息处理后，向每辆车发送行驶信息，减少交叉口的通行冲突，但计算负荷较大，对设备要求较高。该方法通常采用一个统一的优化模型，同时优化车辆的同行序列和运行轨迹。

在优化模型中，目标函数通常采用通行效率、速度波动率、燃料消耗能、碰撞风险值等，也有采用最小化冲突车辆通过路口的时间－位移轨迹的重叠区域，如图 9-5 所示。

图 9-5 中，$x_i(t)$\$x_j(t)$分别为第 i 个和第 j 个车辆的时间轨迹；$t_i(d_1)$、$t_j(d_1)$分别为两车通过交叉口停止线的时间；$t_i(d_2)$、$t_j(d_2)$分别为两车完全通过交叉口的时间；L_i、L_j 分别为重叠区域的两车轨迹长度；w 为交叉口的宽度；p 为两车轨迹在交叉口重叠区域的起始时间；q 为两车轨迹在交叉口重叠区域的终止时间。

重叠的轨迹长度为

$$l_i = \int_p^q \sqrt{[1 + x'_i(t)^2]}\,dt \tag{9-21}$$

式中，L_i 为重叠的轨迹长度，$x_i'(t)$为位移时间，曲线对时间的导数。

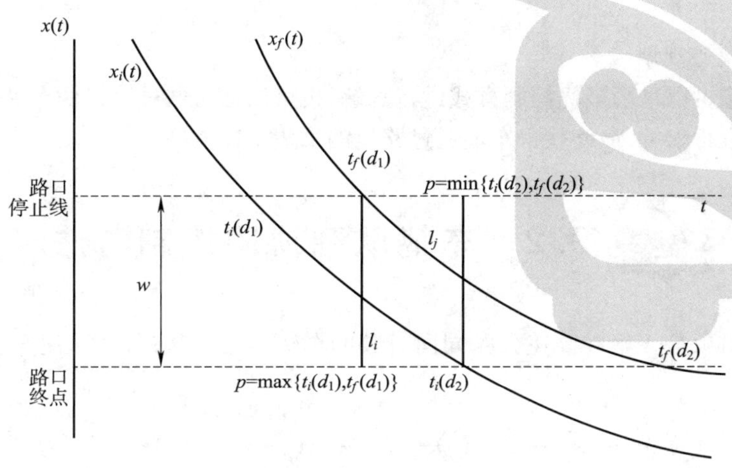

图 9-5　轨迹重叠区域示意

在该方法中,交叉口的碰撞安全性通过最小化目标函数得到保证。而在约束条件中,其考虑加速度约束、速度约束以及跟车车头时距约束,最终构建优化模型,对各车加速度轨迹进行优化。

在不同的优化模型中,约束条件还可以采用,交叉口的碰撞安全性、冲突车辆之间的距离范围等。

3. 车辆分布式协同控制

车辆分布式协同控制的方法,主要通过两层规划,分别优化车辆的同行序列和运动轨迹。在上层,考虑车辆的冲突关系,优化车辆的通行序列和车辆的通行时间;在下层规划中,优化车辆的速度轨迹。

1)车辆通行序列优化

通过构造优化模型优化车辆的通行序列和通行时间,以实现交叉口高效通行的效果。优化模型的一般表达形式为

$$\min_{ti} J = f(t_i, x_i) \tag{9-22}$$

约束条件为:

$$h(x_i, t_i) = 0 \tag{9-23}$$

$$x_i(t_0) = x_{i,t_0} \tag{9-24}$$

$$g(t_i, t_j) \geqslant 0 \tag{9-25}$$

式中,J 为优化目标,t_i 为第 i 个车辆到达交叉口的行驶时间;x_i 为第 i 个车辆的状态;$x_i(t_0)$为第 i 个车辆的初始状态;t_0为初始时刻;$f(t_i, x_i)$为优化目标对行驶时间和车辆状态的函数;$h(x_i, t_i)$为状态约束的函数;$g(t_i, t_j)$为车流量之间避免碰撞的约束函数。

式(9-22)为优化模型损失函数;式(9-23)为优化模型的状态约束;式(9-24)为初始状态约束;式(9-25)为车辆避免碰撞约束,包括同车道车辆追尾避撞和不同行驶方向车辆轨迹交叉避撞两类。

在优化模型中,损失函数常采用所有车辆通过路口的总行驶时间、交叉口服务所有车辆的最大时间、所有车辆停车的等待时间等。碰撞约束常采用不同车辆在交叉口行驶时间段没有交集、到达路口的时间差大于安全车头时距等。在计算过程中,可以采用分支定界算法、蚁群优化算法

等求解。

2）车辆行驶轨迹规划

车辆行驶轨迹可以采用最优控制方式进行求解，也可以针对通过路口的车队头车和跟驰车辆的情况基于规则进行求解，最终获得车辆通过路口的期望车速轨迹。

9.2 车辆队列协同控制方法

本章的研究对象是 N 辆在高速公路同向行驶的车辆组成的队列，从队尾车辆开始编号为 0，如图 9-6 所示。

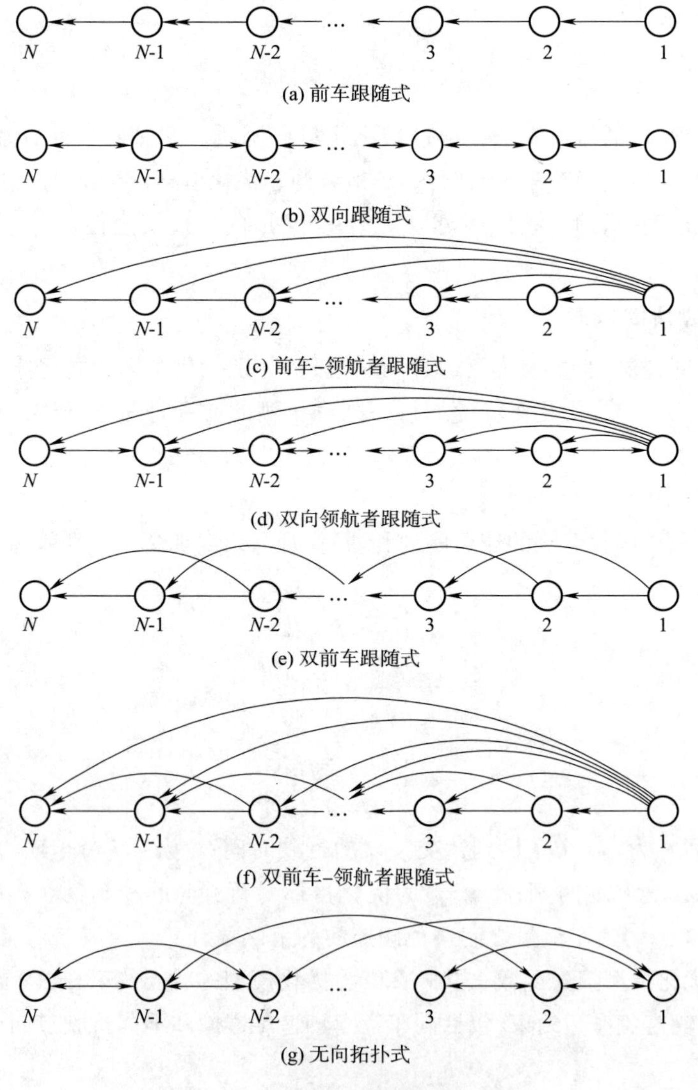

图 9-6　N 辆车的车辆队列示意图

车辆队列同向行驶，通过车车通信来完成控制系统的信息获取。本章主要涉及的状态参数有车速、加速度、车距,并假设无线通信正常,通信不存在延迟。

9.2.1　车辆队列控制模型

在车辆队列纵向行驶过程中,最理想的控制效果是所有车辆保持最小化、稳定不变的车距同向行驶。而在实际行驶过程中,随着车辆运行状态的不断变化,车距需要做相应的变化调整,才能满足车辆队列行驶安全性要求,车距调整主要根据车辆行驶速度的变化来决定。由经验可知,随着车辆行驶速度提高,保证车辆行驶安全所需的车距也应该增大;当车辆行驶速度降低时,车距保持在较小的范围也可以保证车辆行驶安全,此时队列中的车辆可以较为紧凑地行驶。所以在建立车辆队列协同控制模型时,需要综合考虑当前车速和车距的要求,并要判断当前的期望加速度是否在合理的范围内并且没有与其他车辆碰撞的隐患。本节建立的控制模型核心就是要计算当前状态下的临界期望加速度值。

滑模控制是一种非线性鲁棒控制方法,全称为"具有滑动模态的变结构控制"。这是以经典数学控制理论为基础的一种控制方法。该控制方法具有很强的适应性,能增强对系统不确定性和外部扰动的抗干扰能力。滑模控制结构在不同的控制区域内,根据系统当前状态变化率和差值,通过开关方式切换控制量的符号和大小,在很小领域内控制系统的结构沿切换线变化。进入切换线后系统的结构不受任何扰动影响,因此滑模控制结构具有很强的鲁棒性,非常适用于类似车辆动力系统的复杂的运动控制系统0。针对本章给出的车辆队列协同控制结构,下面介绍建立滑模控制模型的主要步骤。

1. 选取滑模切换函数

基于滑模控制理论建立控制模型,首先要选取滑模切换函数。定义非线性系统函数为

$$z=f(z,u,t) \tag{9-26}$$

式中,z 和 u 分别为控制系统的状态向量,分别定义为 $z\in R^n, u\in R^m$。根据状态空间表达式定义切换函数为

$$Y(z,t)=Y(z_1,z_2,z_3,\dots,z_n,t)=0 \tag{9-27}$$

控制量 $=u(z,t)$ 按照下列逻辑在切换面 $Y(z,t)=0$ 上进行切换:

$$u_i(z,t)=\begin{cases}u_i^+(z,t), & Y_i(z,t)>0\\ u_i^-(z,t), & Y_i(z,t)<0\end{cases}\quad (i=1,\dots,m) \tag{9-28}$$

式中,i 和 m 为正整数;$u_i(z,t)$ 和 $Y_i(z,t)$ 分别为 $u(z,t)$ 和 $Y(z,t)$ 的第 i 个分量。$u_i^+(z,t)$,$Y_i(z,t)$ 均为连续函数,通常其维数与控制向量相等,称 $Y(z,t)$ 为滑模切换函数。

通常定义控制系统须首先确定滑模切换函数,即

$$Y(z,t),\quad Y\in R^m \tag{9-29}$$

求解控制函数

$$u_i(z,t)=\begin{cases}u_i^+(z,t), & Y_i(z,t)>0\\ u_i^-(z,t), & Y_i(z,t)<0\end{cases} \tag{9-30}$$

参考滑模控制设计规则0,为保证车辆队列始终大于安全车距行驶,定义期望加速度值的滑模切换函数如下:

$$Y=\delta_n(t)+\dot{S}_n(t) \tag{9-31}$$

当 $Y\to 0$,因为 $\delta_n(t)\geqslant 0$,就有 $\dot{S}_n(t)\to 0$ 和 $\delta_n(t)\to 0$,即 n 号车的理想车距差值 $\delta_n(t)$ 和相对速

度 $\dot{S}_n(t)$ 趋近 0。

将理想车距差值计算公式代入式(9-31),得

$$Y = \delta_n(t) + \dot{S}_n(t) = \dot{S}_n(t) + S_n(t) - hv_n(t) - S_{\min} \tag{9-32}$$

此时,滑模切换函数 Y 逐渐趋近于 0。

2. 选择趋近律

选取滑模控制切换函数后,需要对趋近律进行选择。趋近律用来保证滑模切换运动的品质,能够反映滑模切换函数是否可以快速高效地满足切换面的到达条件,主要有以下 4 种趋近方式。

1)等速趋近律

$$\dot{Y} = -\varepsilon \mathrm{sgn} Y, \quad (\varepsilon > 0) \tag{9-33}$$

式中,ε 为趋近速度。ε 值较小时,控制调节过程慢;ε 值较大时,以较快的控制调节速度达到切换面,此时系统响应快但容易引起较大抖动。对于实时性要求高的控制系统,最适宜采用这类最简单的等速趋近规律来实现。

2)指数趋近律

$$\dot{Y} = -\varepsilon \mathrm{sgn} Y - kY \quad (\varepsilon > 0, k > 0) \tag{9-34}$$

由此函数求解得

$$Y(t) = -\frac{\varepsilon}{k} + \left(Y_0 + \frac{\varepsilon}{k}\right)e^{-kt} \tag{9-35}$$

指数趋近律作用下控制调节速度较快,但容易受到外界干扰的影响。并且,可以通过减小 $Y(z)=0$ 时的速度 $\dot{Y} = -\varepsilon$ 来达到减小抖动的目的。

3)幂次趋近律

$$\dot{Y} = -k|Y|^a \mathrm{sgn} Y \quad (k > 0, 1 > a > 0) \tag{9-36}$$

由逐渐减小到零,到达时间为

$$t = s_0^{1-n}/(1-a)k \tag{9-37}$$

4)一般趋近律

$$\dot{Y} = -\varepsilon \mathrm{sgn} Y - f(Y) \quad \left(\varepsilon > 0, \begin{cases} f(0) = 0 \\ f(Y) > 0 \end{cases}, \quad Y \neq 0\right) \tag{9-38}$$

当 s 和函数 $f(s)$ 取不同的值时,可以得到以上各种趋近律。对于以上趋近律,$Y = [Y_1, \ldots, Y_m]^T$,对角阵 $\varepsilon = \mathrm{diag}[\varepsilon_1, \ldots, \varepsilon_m]^T$,$\mathrm{sgn} Y = [\mathrm{sgn} Y_1, \ldots, \mathrm{sgn} Y_m]^T$,对角阵 $k = \mathrm{diag}[k_1, \ldots, k_m]^T$ 且 $k_i > 0$。$f(Y)$ 为向量函数,如下式所示:

$$f(Y) = [f_1(Y_1), \ldots f_m(Y_m)]^T \tag{9-39}$$

$$|Y|^a \mathrm{sgn} Y = [|Y_1|^a \mathrm{sgn} Y_1, \ldots, |Y_m|^a \mathrm{sgn} Y_m] \tag{9-40}$$

综上所述,滑模控制的优势在于可以定义变量空间内的趋近过程。通过改变和的值来设计在空间内的任意趋近过程,从而改变状态空间内的控制模型运动轨迹。趋近过程中内部运动轨迹不会改变系统对外部的影响。

根据本章给出特性选择的等速趋近方法为

$$\dot{Y} = -K \cdot \mathrm{sgn}(Y), \quad (K > 0) \tag{9-41}$$

可以得到滑模控制方程为

$$Y = -\lambda Y \tag{9-42}$$

当满足上式时，$Y \to 0$，就有滑模面 $\delta_n(t) + \dot{S}_n(t) \to 0$。式(9-42)中的 $\lambda > 0$，表示控制器参数。

将式(9-42)代入 $\dot{Y} = -\lambda Y$，计算结果如下：

$$\dot{\delta}_n(t) + \ddot{S}_n(t) + \lambda[\delta_n(t) + \dot{S}_n(t)] = 0 \tag{9-43}$$

将理想车距差值式及相对速度 $\dot{S}_n(t) = v_n - v_{n+1}$ 代入上式，可以化简为

$$\dot{S}_n(t) - h\dot{v}_n(t) - \dot{v}_n(t) + \dot{v}_{n+1}(t) + \lambda[\delta_n(t) + \dot{S}_n(t)] = 0 \tag{9-44}$$

保证安全车距行驶下，理想的加速度计算模型为

$$a_{n,des}(t) = \frac{1}{h+1}|\dot{S}_n(t)(1+\lambda) + \dot{v}_{n+1}(t) + \lambda\delta_n(t)| \tag{9-45}$$

3. 滑模控制系统李雅普诺夫(Lyapunov)稳定性分析

计算出基于滑模控制的理想加速度模型后，需要确定其滑模切换函数的到达条件和存在条件。由于滑模变结构控制策略的多样性，定义滑模切换函数存在时表达式为

$$\lim_{z \to 0^+} \dot{Y} \leqslant 0, \quad \lim_{z \to 0^-} \dot{Y} \geqslant 0 \tag{9-46}$$

上式表示运动轨迹在切换面邻域内，可以在一定时间内到达切换面，也称这种到达条件为局部到达条件，其等价形式表示为

$$Y \cdot \dot{Y} < 0 \tag{9-47}$$

式中的切换函数 $Y(z)$ 应同时满足函数可微和经过原点 $Y(0) = 0$ 两个条件。

因为以上函数变量 z 可以在切换面邻域内任意取值，所以到达条件式(9-47)为全局到达条件。但是考虑控制系统实时响应时间，避免趋近速度过慢，限制式(9-47)的范围为

$$Y \cdot \dot{Y} < -\xi \tag{9-48}$$

式中，$\xi > 0$，可以根据需求设定 ξ 的极小值。

通常用李雅普诺夫函数表示以上到达条件：

$$\dot{V}(z) < 0, \quad V(z) = \frac{1}{2}Y^2 \tag{9-49}$$

定义 $V(z)$ 为滑模控制系统的李雅普诺夫函数。

选取李雅普诺夫函数，判断控制器稳定性

$$V(z) = \frac{1}{2}Y^2 \tag{9-50}$$

将式(9-32)代入，证明控制系统是否在稳定范围内：

$$\begin{aligned} \dot{V} &= Y \cdot \dot{Y} \\ &= -\lambda[\delta_n(t) + \dot{S}_n(t)][\dot{\delta}_n(t) + \ddot{S}_n(t)] \\ &= -\lambda[\delta_n(t) + \dot{S}_n(t)]^2 < 0 \end{aligned} \tag{9-51}$$

由此可证明当滑模控制器参数 $\lambda > 0$ 时，本节建立的滑模控制模型满足李雅普诺夫控制系统稳定性要求。

9.2.2　车辆队列稳定性分析

上节给出的车辆队列协同控制模型是在前后车的状态基础上建立的，当多辆车作为队列行驶时，前后两车保持安全车距不一定能保证整个车队的安全性，因为除去前后车，其他车辆的行驶状态改变仍可能引发安全事故，因此需要将队列稳定作为考虑因素来进行分析。

车队稳定性是指车队中某一车辆的速度发生变化引起的理想车距差值在向后方车辆传播的过程中是否会被放大,是否会引起车辆队列不按设定的车距行驶。

若车辆队列行驶中满足稳定性条件,需要车队控制系统中第 n 辆车和第 n-1 辆车的理想车距差值的传递函数 $G_n(s)$ 满足范数小于等于 1 的条件,即 $\|G_n(s)\|_\infty \leqslant 1$。

由以上定义可知,若某相邻两车之间的理想车距差值在向后方车辆传播的过程中逐渐减小并趋于零,则车辆队列控制系统是稳定的,否则是不稳定的。理想车距差值向后传播的增减情况可由车辆队列协同控制系统中理想车距差值的传递函数来判断,具体计算过程如下。

第 n-1 辆车与第 n 辆车之间的理想车距差值为

$$\delta_{n-1}(t) = S_{n-1}(t) - S_{\text{safe}}(t) \tag{9-52}$$

同理,第 n 辆车与第 $n+1$ 辆车之间的理想车距差值为

$$\delta_n(t) = S_n(t) - S_{\text{safe}}(t) \tag{9-53}$$

车辆队列中第 n 辆车到第 $n+1$ 辆车理想车距差值的传播关系为

$$G_n(s) = \frac{\delta_n}{\delta_{n+1}} \tag{9-54}$$

由车辆队列稳定性的定义可知,需要满足以下条件

$$\|G_n(s)\|_\infty \leqslant 1 \tag{9-55}$$

为计算 $G_n(s)$,首先联合前后两车的期望加速度方程

$$\begin{cases} a_{n,des}(t) = \dfrac{1}{h+1} | \dot{S}_n(t)(1+\lambda) + \dot{v}_{n+1}(t) + \lambda\delta_n(t) | \\ a_{n+1,des}(t) = \dfrac{1}{h+1} | \dot{S}_{n+1}(t)(1+\lambda) + \dot{v}_{n+2}(t) + \lambda\delta_{n+1}(t) | \end{cases} \tag{9-56}$$

以上两式相减,变换后可得

$$(1+h)\delta_n(t) + [1+(1+h)\lambda]\dot{\delta}_n(t) + \lambda\delta_n(t) = \ddot{\delta}_{n+1}(t) + (1+\lambda)\dot{\delta}_{n+1}(t) + \lambda\delta_{n+1}(t) \tag{9-57}$$

对上式进行拉普拉斯(Laplace)变换可得

$$G_n(s) = \frac{\delta_n}{\delta_{n+1}} = \frac{s^2 + (1+\lambda)s + \lambda}{(h+1)s^2 + [1+(1+h)\lambda]s + \lambda} \tag{9-58}$$

由车辆队列稳定性原理可知,$\|G_n(s)\|_\infty$ 的值可以判别车队的稳定性。车辆队列稳定性是指车队中各理想车距差值和速度随着车队的向后延伸而不增加。也就是说,连续两车的理想车距差值动态模型的模要小于 1,即 $|G_n(jw)|$ 要小于 1($s=jw$)。当 $|G_n(jw)|<1$ 时,需要确定满足不等式成立的控制器参数 λ 的范围,

$$G_n(s) = \left| \frac{-w^2 + j(1+\lambda)w + \lambda}{-(h+1)w^2 + j[1+(1+h)\lambda]w + \lambda} \right| \leqslant 1 \tag{9-59}$$

简化后可得

$$h^2w^4 - 2h\lambda w^4 + 2hw^4 + w^2(h^2\lambda^2 + 2h\lambda + 2h\lambda^2) > 0 \tag{9-60}$$

即需要满足下式

$$(h^2 + 2h)(w^2 + \lambda^2) > 0 \tag{9-61}$$

由上式可知,h 为驾驶员反应时间,故 $h>0$。所以当控制器参数满足 $\lambda>0$ 时,队列稳定性判断准则 $|G(jw)|<1$ 对任何 $w>0$ 都成立,即车辆队列稳定性可以保持。

9.3　交通流理论与系统

9.3.1　交通流参数及指标

交通流参数分为宏观参数和微观参数。宏观参数用来描述交通流作为一个整体表现出来的特性，具体参数有交通量、速度和交通流密度等；微观参数用来描述交通流中彼此相关的车辆之间的运行特性，具体参数有车头间距和车头时距等。

1. 交通量

1）交通量的定义

交通量又称流量，是指一定时间段内，通过道路某一地点、某一断面或某一车道的交通实体数。

流量是一个随机数，不同时间、不同地点的交通量都不同，交通量随时间和空间而变化的现象称为交通量的时空分布特性。研究或观察交通量的变化规律，对于交通规划、交通管理、交通设施的规划、设计方案比较和经济分析及交通控制与安全均具有重要意义。

交通量时刻在变化，在表达方式上通常取某一时间段内的平均值作为该时间段的代表交通量。

2）日交通量

如果以“辆/日”为单位，日平均交通量表达式为

$$\mathrm{ADT} = \frac{1}{n}\sum_{i=1}^{n} Q_i \tag{9-62}$$

式中，Q_i 为各规定时间段内的日交通量，辆/日；n 为各规定时间段的时间，日。

按平均值所取的时间段的长度计，常用的有：

①年平均日交通量（Annual Average Daily Traffic，AADT）

$$\mathrm{AADT} = \frac{1}{365}\sum_{i=1}^{365} Q_i \tag{9-63}$$

②月平均日交通量（Monthly Average Daily Traffic，MADT）

$$\mathrm{MADT} = \frac{\text{一个月的日交通量总和}}{\text{本月的天数}} \tag{9-64}$$

③周平均日交通量（Weekly Average Daily Traffic，WADT）

$$\mathrm{WADT} = \frac{1}{7}\sum_{i=1}^{7} Q_i \tag{9-65}$$

其中，年平均日交通量在城市道路规划与设计中是一项极其重要的控制性指标，用作道路交通设施的规划、设计、管理等的依据，其他平均交通量是供交通量统计分析、求各时段交通量变化系数，以便将各时段平均交通量进行相互换算之用。

3）小时交通量

（1）高峰小时交通量（Peak Hour）。交通量时变图一般呈马鞍形，上下午各有一个高峰。在交通量呈现高峰的那个小时，称为高峰小时，高峰小时内的交通量称为高峰小时交通量。

（2）设计小时交通量（DDHV）。为保证道路规划期内满足绝大多数车流顺利通过，不造成严

重阻塞，同时避免建成后车流量低，投资效益不高，造成资源浪费，选择适当的小时交通量作为道路规划设计的依据十分必要，这就是设计小时交通量。

一般选用第30位高峰小时交通量作为设计小时交通量是最合适的。所谓第30位小时交通量就是将一年中实测的8 760个小时交通量，从大到小按序排列，排在第30位的那个小时交通量。

设计小时交通量与年平均日交通量的关系为

$$\mathrm{DDHV} = \mathrm{AADT} \times K \times D \tag{9-66}$$

式中，DDHV为设计小时交通量，辆/时；AADT为年平均日交通量，辆/日；K为高峰小时交通量占日交通量的比例，%；D为高峰小时内，交通量大的方向交通量占高峰小时交通量的比例，%。

4）交通流率

交通流率（Traffic Flow Rate）是指通过道路某一断面，在不足1h时间段内测得的车辆数换算成的1h交通量。交通流率在研究短期交通流波动特性方面有重要意义。

高峰小时交通量与全天交通量之比称为高峰小时流率，它反映高峰小时交通量的集中程度，并可供高峰小时交通量与日交通量之间做相互换算之用。

在进行交通分析时，常将高峰小时划分为若干短时段以显示各个时段交通流的变化特征。一般在路段交通量特性分析时采用5 min作为观测时段，在交叉口交通量分析时采用5 min作为观测时段。高峰小时系数（PHF）指高峰小时交通量与扩大的最大高峰小时流率之比，其一般表达式为

$$\mathrm{PHF}_t = \frac{\text{高峰小时交通量}}{t\text{ 时段内统计所得最高交通量}\cdot\dfrac{60}{t}} \tag{9-67}$$

5）交通量的时间分布特性

（1）月变化。由于社会经济活动对交通的需求以及当地季节与气候的影响，同一道路一年中各月的交通量并不相同，呈现逐月变化的规律，通常用月变系数（或称月不均系数）表示为

$$M = \frac{\mathrm{AADT}}{\mathrm{MADT}} \tag{9-68}$$

图9-7是以月份为横坐标，以月变系数的倒数1/M为纵坐标，绘制的一年内路段观测断面上的交通量变化曲线，这种曲线称为月交通量变化图。

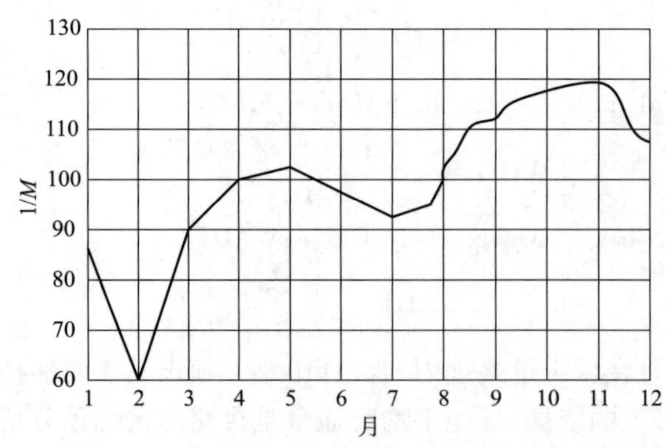

图9-7　月交通量变化图

（2）周变化。交通量的周变化是指一周内各天的交通量变化，因此也称日变化。对于一定的城市或某个路段，交通量的日变化存在一定规律。我国城市道路，一般各工作日的交通量变化不大，而在节假日（或休息日）则变化显著，交通量一般都要少一些，但在公路上一周内交通量变化比

城市要小。交通量在每周的日变化以周变系数 D 表示。

$$D = \frac{\text{AADT}}{\text{WDT}} \tag{9-69}$$

式中,WDT 为全年某周内各天的平均日交通量。

图 9-8 是以每周的各日为横坐标,以周变系数的倒数 $1/D$ 为纵坐标,绘制的一周内路段观测一断面上的交通量变化曲线,这种曲线称为周交通量变化图。

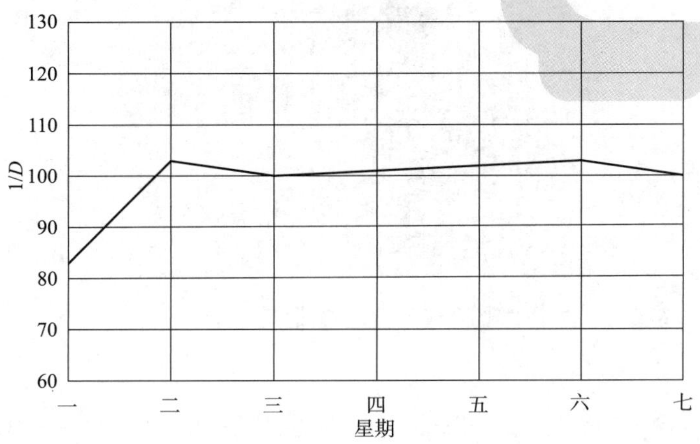

图 9-8　周交通量变化图

(3)时变化。

一天 24 h 中,每个小时的交通量也在不断变化。表示各小时交通量变化的曲线,称为小时交通量变化图,如图 9-9 所示。

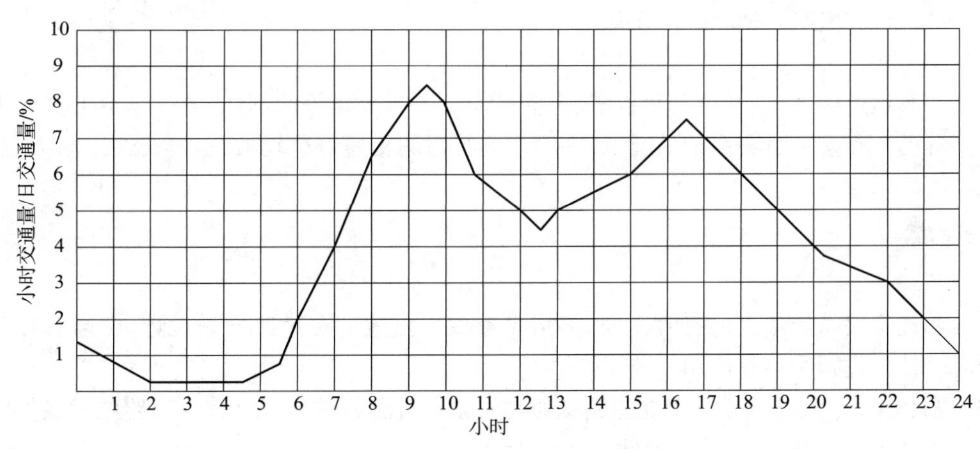

图 9-9　小时交通量变化图

6)交通量的空间分布

交通量的大小与社会经济发展速度、人民文化生活水平、人口分布、气候、物产等多方面因素有关,它除了随时间而变化外还随空间的不同而变化。这种随空间位置而变化的特性称为空间分布特性,一般是指同一时间或相似条件下,随城乡、地域、方向、车道等的差别而变化的情况。

(1)城乡分布。由于城乡之间经济发展、生产活动、生产水平不平衡,造成城乡间交通量的差别,城市道路的交通量一般大于农村的交通量,国省道干线交通量大于县乡道道路交通量。

(2)区域分布。由于路网上各路段的等级、功能、所处的区位不同,在同一时间内,路网上各路段的交通量有很大不同。一般用路网交通量分布图来表示交通量在各路段上的分布(见图9-10),从图上可以很明显地分辨出交通量区域分布的不均匀性。

图9-10 路网交通量分布

(3)方向分布。

道路往返两个方向上的交通量,在很长时间内可能是平衡的,但在某一时段内(如一天中某几个小时),两个方向交通量会有较大不同。这种方向不平衡性常用方向分布系数表示。

$$K_D = \frac{\text{主要行车方向交通量}}{\text{双向交通量}} \times 100\% \tag{9-70}$$

根据国外的数据,上下班路线 KD = 70% ,主要干道 K_D = 60% ,市中心干道 K_D = 50% 。国内上下班路线也在 70% 左右,早高峰城市出人口道路高峰时进、出城方向交通量占 60% ~70% ,晚高峰时出、进城方向交通量占 60% ~70% 。

(4)车道分布。

单向多车道道路上,因非机动车数量、车辆横向出入口数量等的不同,各条车道上交通量的分布也是不等的。在交通量不高的情况下,一般右侧车道的交通量比较大,随着交通量增大,左侧的比例也增大。

2. 速度

1)点速度

车辆通过道路特定地点的瞬时速度,多指点速度。点速度在道路规划设计、交通管理和交通工程设施设计的过程中均有应用。

(1)设计速度。设计速度是指在道路交通与气候条件良好的情况下仅受道路物理条件限制时所能保持的最大安全车速,用作道路线形几何设计的标准。

(2)临界速度。临界速度是指道路理论通行能力达到最大时的车速,对于选择道路等级具有重要的作用。

2)区间速度

(1)行驶速度。行驶速度是由行驶某一区间所需时间(不包括停车时间)及其区间距离求得的车速,用于评价该路段的线性顺适性和分析通行能力。

(2)行程速度。行程速度是车辆行驶路程与通过该路程所需的总时间(包括停车时间)之比。行程速度是一项综合性指标,用以评价道路的通畅程度,估计行车延误情况。要提高运输效率归根结底是要提高车辆的行程速度。

3）地点速度分布和百分位车速

行车速度与交通量一样，也是一个随机变量。研究表明在乡村公路和高速公路路段上，地点速度一般呈正态分布，在城市道路或高速公路匝道口处，车速相差不大，一般呈偏态分布，如皮尔逊Ⅲ型分布。对行车速度进行统计分析，一般借助车速分布直方图和车速频率、累计频率分布曲线，如图 9－11 所示。

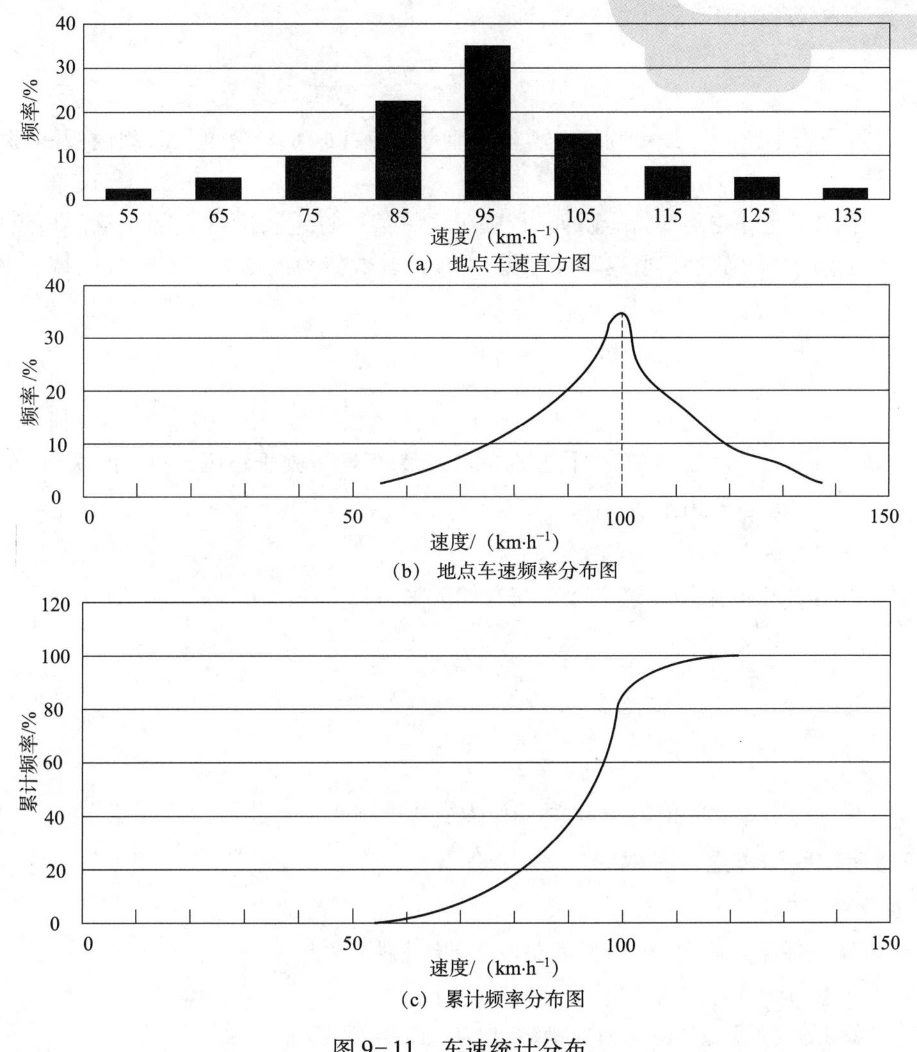

图 9－11　车速统计分布

常用于表征车速统计分布特性的特征车速有以下几种：

（1）中位车速。中位车速也称 50% 位车速，是指在该路段上，在该速度以下行驶的车辆数与在该速度以上行驶的车辆数相等。在正态分布的情况下，50% 位车速等于平均车速，但一般情况下，两者不等。

（2）85% 位车速。在该路段行驶的所有车辆中，有 85% 的车辆行驶速度在此速度以下，只有 15% 的车辆行驶速度高于此值，交通管理部门常以此速度作为某些路段的最高限速。

（3）15% 位车速。意义同前。在高速公路和快速道路上，为了行车安全，减少阻塞排队现象，要规定低速限制，因此 15% 位车速测定是非常重要的。

85% 位车速与 15% 位车速之差反映了该路段上的车速波动幅度，同时车速分布的标准偏差 S 与 85% 位车速和 15% 位车速之差存在着下列近似关系：

$$S \approx (85\%\text{ 位值} - 15\%\text{ 位值})/2.07 \tag{9-71}$$

4）时间平均车速和空间平均车速

（1）时间平均车速。在单位时间内测得通过道路某断面各车辆的地点车速，这些地点车速的算术平均值，即为该断面的时间平均车速，即

$$\bar{v}_t = \frac{1}{n}\sum_{i=1}^{n} v_i \tag{9-72}$$

式中，$\bar{v}_t$ 为时间平均车速，km/h；v_i 为第 i 辆车的地点车速，km/h；n 为单位时间内观测到的车辆总数，veh。

（2）空间平均车速。在某一特定瞬间，行驶于道路某一特定长度内全部车辆的地点车速分布的平均值，称为空间平均车速。当观测长度为一定时，其数值为地点车速观测值的调和平均值，计算公式为

$$\bar{v}_s = \frac{1}{\frac{1}{n}\sum_{i=1}^{n}\frac{1}{v_i}} = \frac{nl}{\sum_{i=1}^{n} t_i} \tag{9-73}$$

式中，l 为路段长度，m；t_i 为第 i 辆车的行驶时间，s；n 为车辆行驶于路段长度 s 的次数；v_i 第 i 辆车的地点车速，m/s；$\bar{v}_s$ 空间平均车速，m/s。

（3）时间与空间平均车速之间的关系。

时间平均车速和空间平均车速之间存在着如下关系：

$$\bar{v}_s = \bar{v}_t - \frac{\sigma_t^2}{\bar{v}_t} \tag{9-74}$$

$$\bar{v}_t = \bar{v}_s + \frac{\sigma_s^2}{\bar{v}_s} \tag{9-75}$$

式中，σ_t 为时间平均车速观测值的均方差。σ_s 为空间平均车速观测值的均方差。

3. 交通流密度和车道占有率

1）交通流密度

交通流密度是在某一瞬时，单位长度路段上的车辆数，单位一般为 km。

$$K = N/L \tag{9-76}$$

式中，K 为某瞬间的交通流密度；N 为车辆数；L 为观测路段长度。

由概念可知密度是个瞬时值，随观测的时刻和观测的路段长度而变化，通常用观测的总时间内的平均值表示。

2）车道占有率

由于密度是瞬时值，随观测的时间或区间长度而变化，而且反映不出与车辆长度和速度的关系，尤其当车辆混合行驶时，密度的高低不能明确地表示交通流状态，所以在交通工程中又引用了车道占有率的概念来表示车流密度，车道占有率包括空间占有率和时间占有率。

（1）空间占有率。在道路的一定路段上，车辆总长度与路段总长度之比称为空间占有率，通常以百分数表示，表达式为

$$o_s = \frac{1}{L}\sum_{i=1}^{n} l_i \tag{9-77}$$

式中，o_s 为空间占有率；L 为观测路段总长度；l_i 为第 i 辆车的长度；n 为通过该路段的车辆数。

（2）时间占有率。在道路的任一路段上，车辆通过时间的累计值与观测总时间的比值称为时间占有率，通常以百分数表示，表达式为

$$o_l = \frac{1}{T}\sum_{i=1}^{n} t_i \tag{9-78}$$

式中，o_l 为时间占有率；T 为观测总时间；t_i 为第 i 辆车通过观测路段所用的时间；n 为观测时间内通过该路段的车辆数。

4. 车头间距和车头时距

流量、速度和密度都是交通流宏观参数，它们是对给定的时间和区间内的交通流在整体上予以描述。车头间距和车头时距则是交通流的微观参数，因为二者用于交通流中的每对车辆。

车头间距是指一条车道上前后相邻车辆之间的距离，车头时距是前后两辆车通过车行道上某一点的时间差。对观测路段上所有车辆的车头时距和车头间距取平均值称为平均车头时距和平均车头间距。平均车头时距和平均车头间距与宏观参数的关系如下

$$K = \frac{1\ 000}{\bar{h}_s} \tag{9-79}$$

$$Q = \frac{3\ 600}{\bar{h}_t} \tag{9-80}$$

式中，$\bar{h}_s$ 为平均车头间距，m；$\bar{h}$ 为平均车头时距，s。

9.3.2　交通流参数的统计分布

车辆的到达在某种程度上具有随机性，描述这种随机性分布规律的方法有两种：一种是以概率论中描述可数事件统计特性的离散型分布为工具，考察在一段固定长度的时间或距离内到达某场所的交通数量的波动性；另一种是以连续型分布为工具，研究车辆间隔时间、车速、可穿越空档等交通流参数的统计分布特性。

在设计新的交通设施或管制方案时，需要预测某些具体的交通特性，并希望能使用现有的数据或假设的数据进行预测。统计分布模型可以使交通技术人员用少量的资料得出确切的预测结果，本节将对它们进行详细讨论。

1. 最小样本量

地点车速调查所需最小样本量按统计原理可由下式确定：

$$n = (\sigma K/E)^2 \tag{9-81}$$

式中，n 为最小样本量；σ 为估计样本的标准偏差，可按表 9-1 取用，或采用 8 km/h 作为标准差近似估计值；K 为置信水平系数，见表 9-2；E 为观测值的允许误差。

表 9-1　样本标准差 σ 值表　（单位：km/h）

行驶区域	双车道标准差	四车道标准差	行驶区域	双车道标准差	四车道标准差
乡村	8.5	6.8	城市	7.7	7.9
郊区	8.5	8.5	平均值	8.0	8.0

表 9-2 置信水平系数 K 值表

置信水平/%	68.3	86.6	90.0	95.0	95.5	98.8	99.7
K	1	1.5	1.64	1.96	2.0	2.5	3

对不同车速、不同类型车辆都要抽样观测，以防止抽样不均，当车辆呈连续流以相近速度行驶时，应选头车观测。

2. 离散型分布

以一定的时间间隔清点车辆的到达数，所得到的数列可以用离散型分布描述。常用的离散型分布有如下三种。

1）泊松分布

泊松分布可用下式表示为

$$P(k)=\frac{(\lambda t)^{k}\mathrm{e}^{-\lambda t}}{k!}\quad(k=1,2,3,\cdots)\tag{9-82}$$

式中，$P(k)$ 为在计数期间到达车辆的概率；λ 为单位时间的平均到达率，veh/s（辆/秒）；t 每个计数周期的持续时间，s；e 为自然对数的底，取值为 2.718 28。

若令 $m=\lambda t$ 为计数周期 t 内平均到达的车辆数，则式（9-82）可写为

$$P(k)=\frac{m^{k}\mathrm{e}^{-m}}{k!}\tag{9-83}$$

当 m 为已知时，应用式（9-83）可以求出在计数周期 t 内恰好有 k 辆车到达的概率。此外，还可计算：

小于 k 辆车到达的概率

$$P(i<k)=\sum_{i=0}^{k-1}\frac{m^{i}\mathrm{e}^{-m}}{i!}\tag{9-84}$$

小于或等于 k 的情况

$$P(i\leqslant k)=\sum_{i=0}^{k}\frac{m^{i}\mathrm{e}^{-m}}{i!}\tag{9-85}$$

大于 k 的情况

$$P(i>k)=1-\sum_{i=0}^{k}\frac{m^{i}\mathrm{e}^{-m}}{i!}\tag{9-86}$$

大于或等于 k 的情况

$$P(i\geqslant k)=1-\sum_{i=0}^{k-1}\frac{m^{i}\mathrm{e}^{-m}}{i!}\tag{9-87}$$

至少是 k 但不超过 y 的情况

$$P(k\leqslant i<y)=\sum_{i=k}^{y}\frac{m^{i}\mathrm{e}^{-m}}{i!}\tag{9-88}$$

用泊松分布拟合观测数据时，参数 m 按下式计算

$$m=\frac{\text{观测的总车辆数}}{\text{总计间隔数}}=\frac{\sum_{i=1}^{g}k_{i}f_{i}}{\sum_{i=1}^{g}f_{i}}=\frac{\sum_{i=1}^{g}k_{i}f_{i}}{N}\tag{9-89}$$

式中，g 为观测数据分组数；f_i 为计数周期内到达车辆这一事件发生的次（频）数；N 为观测的总周期数。

常用下列递推公式：

$$P(0)=\mathrm{e}^{-m} \tag{9-90}$$

$$P(k+1)=\frac{m}{k+1}P_{(k)} \tag{9-91}$$

当交通量较小且没有交通信号这类因素干扰时，交通状况会出现随机性，即每个计数周期内到达的车辆数不存在任何规律，此时应用泊松分布能较好地拟合观测数据。不过当交通拥挤或车辆到达受到周期性干扰，如受交通信号的影响时，需用其他分布描述交通状况。

泊松分布的平均数与方差相等，m 和 s^2 为无偏估计。当观测数据表明 s^2/m 显著不等于 1 时，表明泊松分布不适用。

2）二项分布

在拥挤的交通流中，由于车辆自由行驶的机会减少，观测数据的方差较小。此时，$s^2<1$，车辆到达数的分布符合二项分布，即

$$P(k)=\mathrm{C}_n^k p^k(1-p)^{n-k}\quad(k=0,1,2,\cdots,n) \tag{9-92}$$

式中，$\mathrm{C}_n^k=\frac{n!}{k!\,(n-k)!}$；$p,n$ 为二项分布参数。

由概率论可知，对于二项分布，其均值 $E(k)=pn$，方差 $D_{(k)}=np(1-p)$。因此，当用二项分布拟合观测数据时，如果 $\hat{p}$ 是拟合中使用的二项分布参数 p 的估计值，是拟合中使用的二项分布参数 n 的估计值，则 $\hat{p}$ 和 $\hat{n}$ 可用下列关系式估算：

$$\begin{cases}\hat{p}=\dfrac{m-S^2}{m}\\ \hat{n}=\dfrac{m}{p}=\dfrac{m^2}{m-S^2}\quad（取整数）\end{cases} \tag{9-93}$$

用式（9-92）可计算在计数周期 t 内到达 k 辆车的概率。此外，少于 k 辆车到达的概率为

$$P(i<k)=\sum_{i=0}^{k-1}\mathrm{C}_n^i p^i(1-p)^{n-i} \tag{9-94}$$

大于 k 辆车到达的概率为

$$P(i>k)=1-\sum_{i=0}^{k}\mathrm{C}_n^i p^i(1-p)^{n-i} \tag{9-95}$$

其余类推，常用递推公式

$$P_{(0)}=(1-p)^n \tag{9-96}$$

$$P(k)=\frac{n-k+1}{k}\frac{p}{1-p}\cdot P(k-1) \tag{9-97}$$

3）负二项分布

当以一定的周期观测到达的车辆数一直延续到高峰期间与非高峰期间两个时段时，所得数据可能具有较大的方差。例如，选择信号灯的下游观测，信号循环的前一部分时间交通流量大，常在饱和程度，而信号循环的后一部分时间通常交通流量很小。但是，当计数周期相应于信号周期的绿灯部分或相应于整个信号周期时，这种影响不太明显。若计数周期较短，则会出现大流量时段与小流量时段，甚至可能有居中流量时段，观测数据将出现较大的方差，即 S^2/m 大于 1 时应使用负二项分布拟合观测数据。

负二项分布可写为

$$P(k)=\mathrm{C}_{k+\beta-1}^{\beta-1}p^{\beta}(1-p)^k\quad(k=0,1,2,\ldots) \tag{9-98}$$

式中，p,k 为负二项分布参数。

由概率论已知，对于负二项分布，其均值 $E(k)=\frac{\beta(1-p)}{p}$，方差 $D(k)=\frac{\beta(1-p)}{p^2}$。因此，当用负二项分布拟合观测数据时，如果 $\hat{p}$ 是拟合中使用的负二项分布参数 p 的估计值，$\hat{k}$ 是拟合中使用的负二项分布参数 k 的估计值，则声可由以下关系式估算：

$$\begin{cases}\hat{p}=\dfrac{m}{S^2}\\ \hat{k}=\dfrac{m^2}{S^2-m} \quad (\text{取整数})\end{cases} \tag{9-99}$$

同样，在计数周期 t 内，大于 k 辆车到达的概率可由下式计算：

$$P(i>k)=1-\sum_{i=0}^{k}C_{i+\beta-1}^{\beta-1}p^{\beta}(1-p)^{i} \tag{9-100}$$

递推公式如下：

$$P_{(0)}=p^{n} \tag{9-101}$$

$$P(k)=\frac{k+\beta-1}{k}\cdot(1-p)\cdot P(k-1)\quad (k\geqslant 1) \tag{9-102}$$

3. 连续型分布

为了描述前后车辆到达之间的车头时距的分布，常用下列连续型分布函数。

1)负指数分布

若车辆到达符合泊松分布，则车头时距就是负指数分布。

由式(9-90)知，在计数周期 t 内没有车到达($k=0$)的概率为

$$P(0)=e^{-\lambda t} \tag{9-103}$$

该式表明，在具体的时间间隔内，如无车辆到达，则上一次车到达和下一次车到达之间车头时距至少有 t，即 $P(0)$ 也是车头时距等于或大于的 t 概率。于是得到

$$P(h\geqslant t)=e^{-\lambda t} \tag{9-104}$$

而车头时距小于 t 的概率则为

$$P(h<t)=1-e^{-\lambda t} \tag{9-105}$$

用 Q 表示小时交通量，令 $\lambda=\frac{Q}{3\,600}$，则式(9-105)可以写为

$$P(h\geqslant t)=e^{-\frac{Q}{3\,600}} \tag{9-106}$$

式中，$\frac{Q}{3\,600}$为到达车辆数的概率分布的平均值。

若令 T 为车头时距概率分布的平均值，则应有

$$T=\frac{3\,600}{Q}=\frac{1}{\lambda} \tag{9-107}$$

于是，式(9-104)、式(9-105)又可写为

$$P(h\geqslant t)=e^{-\frac{t}{T}} \tag{9-108}$$

$$P(h<t)=1-e^{-\frac{t}{T}} \tag{9-109}$$

此外，也可用概率密度函数计算，概率密度函数为

$$F(t)=\frac{dP}{dt}=\lambda e^{-\lambda t} \tag{9-110}$$

于是

$$\begin{cases} P(h \geqslant t) = \int_0^{\infty} \lambda e^{-\lambda t} dt = e^{-\lambda t} \\ P(h < t) = \int_0^{t} \lambda e^{-\lambda t} dt = 1 - e^{-\lambda t} \end{cases} \tag{9-111}$$

负指数分布在描述车头时距的各种分布中,使用最为广泛。它适用于车流密度不大,车辆到达是随机的情况。当每小时每车道的不间断车流量等于或小于500辆时,用负指数分布描述车头时距通常是符合实际的。

2)移位负指数分布

当负指数分布用于单车道交通流的车头时距分布时,理论上会得出大量的0~1 s的车头时距,但在实际中这种情况不可能出现,因为车辆的车头至车头的间距至少为一个车长加上前车尾部至后车头部的一定间隔。为了改正这种不合理,可将负指数分布曲线从原点沿时间轴向右移一个最小间隔长度(根据调查数据确定,一般在1.0~1.5),得到移位负指数分布曲线,它能更好地拟合观测数据。

移位负指数分布函数为

$$\begin{cases} P(h \geqslant t) = e^{-\lambda(-\tau)} \quad (t \geqslant \tau) \\ P(h < t) = 1 - e^{-\lambda t} \quad (t \geqslant \tau) \end{cases} \tag{9-112}$$

概率密度函数为

$$F(t) = \begin{cases} \lambda e^{-\lambda(1-\tau)} \quad (t \geqslant \tau) \\ 0 \quad (t < \tau) \end{cases} \tag{9-113}$$

3)爱尔朗分布

爱尔朗分布是较为通用的车头时距的分布模型。根据分布函数中参数的改变而有不同的分布函数,累积的爱尔朗分布可以写成

$$P(h > k) = \sum_{i=0}^{l-1} (\lambda l t)^i \frac{e^{-\lambda l t}}{i!} \tag{9-114}$$

当 $l=1$ 时,简化成负指数分布;当 $l=\infty$ 时,结果将产生均一的车头时距。实际应用时,l 值可由观测数据的平均数 m 及方差 S^2 用下式估算,且四舍五入取整数:

$$l = m^2/S^2 \tag{9-115}$$

爱尔朗分布的概率密度函数为

$$F(t) = \lambda e^{-\lambda t} \frac{(\lambda t)^{l-1}}{(l-1)!} \quad (l = 1, 2, 3, \cdots) \tag{9-116}$$

图9-12为 $l=1,2,4$ 时的概率密度曲线。

4)韦布尔分布

基本公式

$$P(h \geqslant t) = e^{\left[-\left(\frac{t-\gamma}{\beta-\gamma}\right)^{\alpha}\right]} \quad (\gamma \leqslant t < \infty) \tag{9-117}$$

式中,α、β、γ——参数,取正值,且 $\beta > \gamma$。

韦布尔分布的概率密度函数为

$$F(t) = \frac{d[1 - P(h \geqslant t)]}{dt} = \frac{1}{\beta - \gamma}\left(\frac{t-\gamma}{\beta-\gamma}\right)^{\alpha-1} e^{\left[-\left(\frac{t-\gamma}{\beta-\gamma}\right)^{\alpha}\right]} \tag{9-118}$$

图9-13为 σ 的韦布尔分布概率密度曲线,曲线的形状随着参数仪的改变而变化,可见韦布尔

分布的适用范围是比较广泛的。当 $a=1$ 时为负指数分布，当 =3 或 2 时，与正态分布十分近似。使用韦布尔分布拟合数据时，可根据观测数据查阅相关的韦布尔分布拟合用表，确定所要使用的韦布尔分布的具体形式。

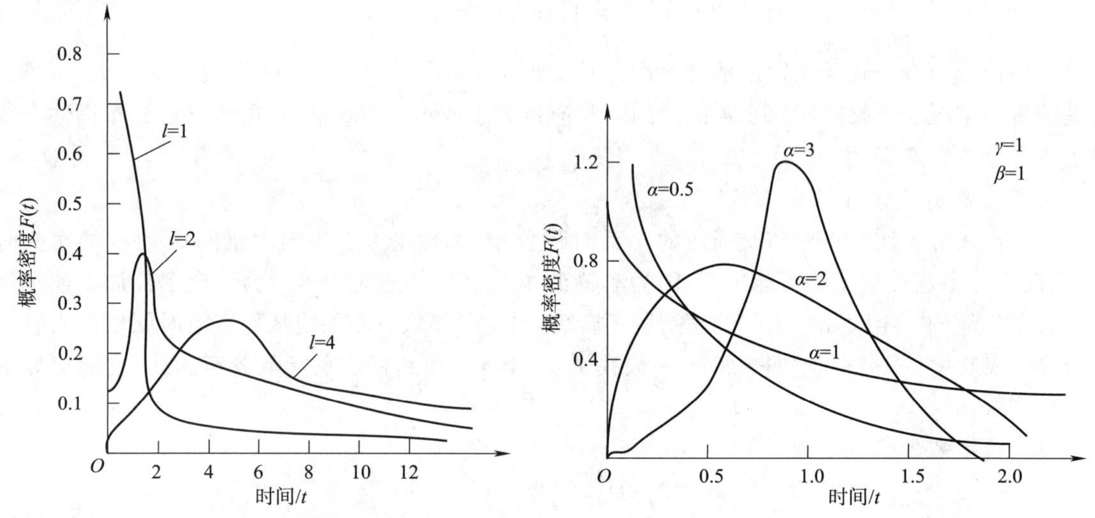

图 9-12　λ 值固定时，不同 l 值对应的爱尔朗分布概率密度曲线

图 9-13　韦布尔分布概率密度曲线

韦布尔分布适用范围较广，交通流中的车头时距分布、速度分布等一般都可用韦布尔分布来描述。实践表明，对具有连续型分布的交通流参数进行拟合，韦布尔分布常常具有与皮尔逊Ⅲ型分布、复合指数分布、对数正态分布和正态分布同样的效力。韦布尔分布的拟合步骤并不复杂，其分布函数也比较简单，这是皮尔逊Ⅲ型分布等分布所不具备的优点，这个优点给概率计算带来了很多便利。此外，韦布尔分布随机数的产生也很简便。因此，当使用最简单的负指数分布或移位负指数分布不能拟合实测的数据时，选用韦布尔分布来拟合是最好的出路之一。

4. 分布拟合检验

将理论分布与观测数据之间的拟合进行比较时，要求有一些评价拟合质量的参数。在交通工程中，目前常用的是 χ^2 检验。χ^2 检验主要解决下面两类问题：

(1)某随机变量 X 是否服从某完全给定的概率分布，即不仅知道概率分布的函数式，而且还知道该分布所有参数的值。

(2)某随机变量 X 是否服从某形式的概率分布。即只知道呈什么形式分布，但并不知道该分布的参数。在这种情况下，只好从样本资料去估计该分布的参数。

现在从上述第一类问题出发，建立 χ^2 检验的思路。

问题是随机变量 X 是否服从某完全给定的概率分布，根据数理统计理论，任何假设检验都应有下列步骤：

步骤一，建立原假设 H_0。

问题中的假设是——H_0：随机变量 X 是服从该完全给定的概率分布。

步骤二，选择适宜的统计量。

由数理统计理论，样本频率分布在一定条件下可作为概率分布的估计。如果成立，那么假设的概率分布与频率分布应相差不太远。反之，如果相差甚远，就有理由否定。

假如样本的频率分布已知，且第 i 组的频数为 f_i，由于 H_0 假设分布是已经给出的，可以求出这个概率分布在频率分布各组区间上相应的概率 $P_i = P(x_i)$。若 N 是样本容量，则 NP_i 相当于概率分布在第 i 组的频数，记为 F_i，称为理论频数。如果 H_0 确实成立，那么与 F_i 应该相差不大。这样可以建立统计量 X^2：

$$X^2 = \sum_{i=1}^{n} \frac{(f_i - F_i)^2}{F_i} = \left(\sum_{i=1}^{n} \frac{{f_i}^2}{F_i}\right) - N \tag{9-119}$$

步骤三，确定统计量的临界值。

为了完成假设检验，必须求出 χ^2 的分布，进而求得 χ^2 值，以作为取舍 H_0 的临界值。

在实际应用中，取 $N \to \infty$ 时的渐近分布。可以证明在 $N \to \infty, g \to \infty$ 时，$X^2 \to \chi^2$，自由度 $DF = g - 1$。当选定了显著性水平后，根据DF值，可以查表得到 X^2 的临界值 ${\chi_\alpha}^2$。

步骤四，下统计检验结论。

比较 χ^2 的计算值与临界值 ${\chi_\alpha}^2$，若 ${\chi_\alpha}^2 \geqslant X^2$，则假设被接受，即认为随机变量 X 服从该完全给定的概率分布；若 ${\chi_\alpha}^2 < X^2$，则拒绝接受原假设。

前面指出 χ^2 分布是 X^2 的渐近分布，从而在使用统计量时应注意：

(1)总频数N应较大，即样本容量应较大。

(2)分组应连续。各组的0值应较小，意味着分组数g应较大，通常要求g不小于5。

(3)各组的理论频数 F_i 不得少于5。如果某组的理论频数 $F_i < 5$，则应将相邻若干组合并，直至合并后的理论频数大于5为止。但此时应以合并后实有组数作为 $DF = g - 1$ 中的g值。

(4) χ^2 统计量参数的确定。当 χ^2 检验是用来解决第一类问题，即"某随机变量是否服从某完全给定的概率分布"时，$DF = g - 1$；若用来解决第二类问题即"某随机变量X是否服从某形式的概率分布"时，由于只给出呈什么分布，但没给出该分布的参数取什么值，这时 $DF = g - 1$ 这，其中α是约束数。

(5)概率分布参数值没有给出，计算 P_i 值时只好由样本资料先对参数做点估计，在所设分布中填入参数的点估计后计算 F_i 值。约束数α是在概率分布中需由样本估计的参数个数。

(6)α的取值。显著性水平α实际上是"弃真"的概率。$\alpha = 0.05$ 的含义是指在假设确实成立的前提下，每100次判别(检验)中，平均有5次本应是接受假设的，但却被拒绝了，即犯了统计学中所讲的统计检验的第一类错误。当DF固定时"取值越大，意味着假设被拒绝的可能性越大；α取值越小，假设被接受的可能性越大。在交通工程中，根据判别失误的影响大小，通常取 $\alpha = 0.05$。

9.3.3　交通流特性参数关系

本节主要介绍交通流三个基本参数，即三要素之间的关系模型，包括速度-密度、流量-密度、速度-流量模型，其中一些是基于数学模型建立的，另一些是根据实践经验建立的。

1. 交通流三参数关系

流量、密度、速度三者之间的关系式可以用三维空间中的图像来表示，如图9-14所示。

尽管如此，为了便于理解，通常将这个三维空间曲线投影到二维空间中，如图9-15所示。

由图9-15可以找出反映交通流特性的一些特征变量：

(1)极大流量 Q_m：$Q - V$ 曲线上的峰值。

(2)临界速度 V_m：流量达到极大时的速度。

(3)最佳密度 K_m：流量达到极大时的密度。

(4)阻塞密度 K_j:车流密集到所有车辆无法移动,即 $V=0$ 时的密度。

(5)畅行速度 V_f:车流密度趋于零,车辆可以畅行无阻时的平均速度。

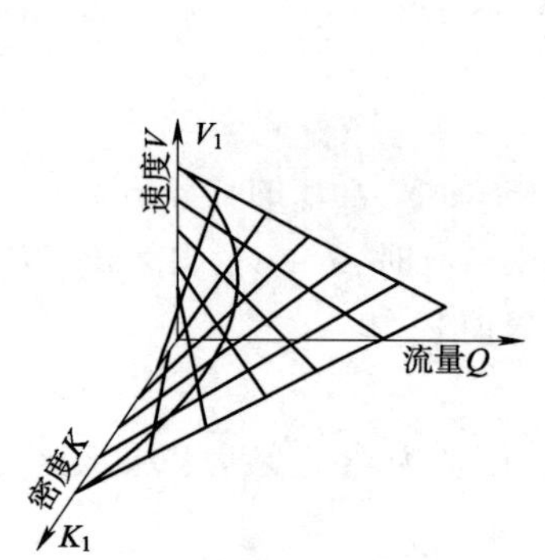

图 9-14　$Q=VK$ 关系曲线

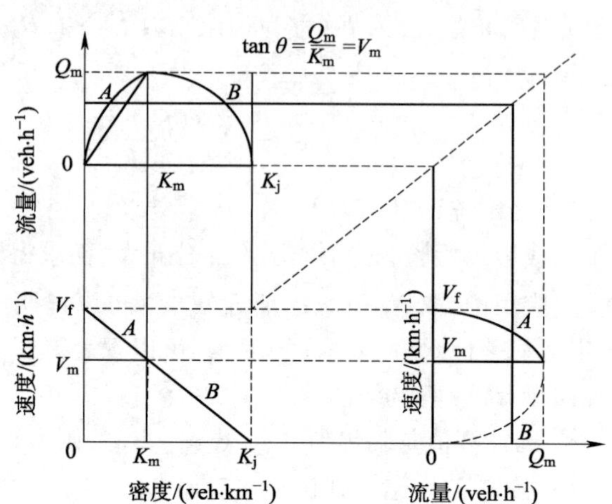

图 9-15　Q-K、V-Q、V-K 关系曲线

2. 速度-密度模型

1933 年,格林希尔茨(Greenshields)提出了速度-密度线性关系模型:

$$V=V_f\left(1-\frac{K}{K_j}\right) \tag{9-120}$$

该模型简单直观(见图 9-16),研究表明式(9-120)表示的模型与实测数据拟合良好。

由图 9-16 可见,当 $K=0$ 时,$V=V_f$,即在交通量很小的情况下,车辆可以畅行速度行驶。当 $K=K_j$ 时,$V=0$,即在交通密度很大时,车辆速度趋向于零。流量变化也可以在速度-密度图上说明,例如:已知 C 点的速度和密度分别为 V_m、K_m,因为 $Q=KV$,故流量等于矩形面积(阴影部分:$Q_m=K_mV_m$。式中,Q_m 为最大流量;K_m 为临界密度;V_m 为临界速度)。

当交通密度很大时,可以采用格林伯(Greenberg)对数模型:

$$V=V_m\ln\left(\frac{K_j}{K}\right) \tag{9-121}$$

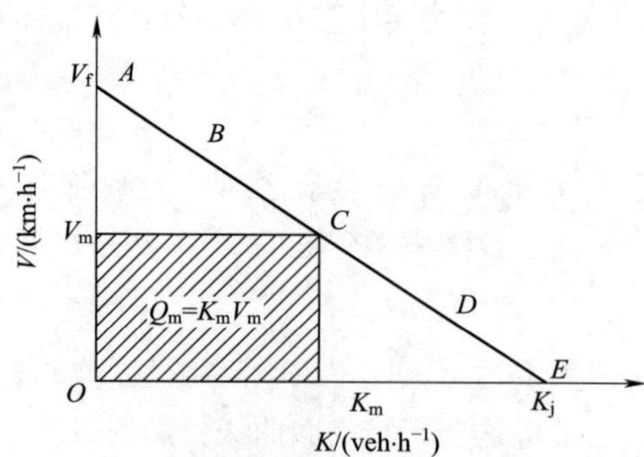

图 9-16　速度-密度关系图

当交通密度很小时,可以采用安德伍德(Underwood)对数模型:

$$V=V_f e^{-\frac{K}{K_m}} \tag{9-122}$$

3. 流量-密度模型

交通流的流量-密度关系是交通流的基本关系。根据格林希尔茨公式及基本关系式,得

$$Q = KV_f\left(1 - \frac{K}{K_j}\right) \tag{9-123}$$

式(9-123)表示一种二次函数关系,用图表示就是一条抛物线,如图9-17所示。图中C点代表通行能力或最大流量 Q_m。从 A 点起流量随密度增加而减小,直至达到阻塞密度 K_j,此时流量 $Q=0$。以原点 A,曲线上的 B,C 和 D 点的箭头为矢径,这些矢径的斜率表示速度。通过点 A 的矢径与曲线相切,其斜率为畅行速度 V_f。在流量-密度曲线上,对于密度比 K_m 小的点表示不拥挤情况,而密度比大的点表示拥挤的情况。

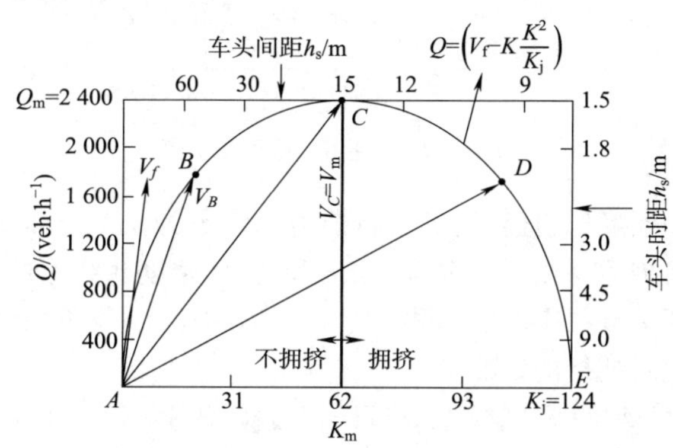

图9-17 流量-密度关系图

从基本定义出发,可证明平均车头时距及平均车头间距分别为流量及密度的函数。假定车辆平均长度为6.1 m,堵塞密度时单车道车辆间的平均距离为1.95 m,因为 $h_s = \frac{10\ 000}{K}$,曲线上点E的堵塞密度值 $K_j = \frac{1\ 000}{\bar{h}_s} = \frac{1\ 000}{8.05} = 124$(veh/km)。因为 $\bar{h}_t = \frac{3\ 600}{Q}$,曲线上C点表示最大流量值 $Q_m = \frac{3\ 600}{\bar{h}} = \frac{3\ 600}{1.5} = 2\ 400$(veh/h),点 C 的密度 K_m 可直接从图中看出,为62(veh/h)。

确定最大流量时的速度,只要计算出从原点到点 C 的矢径斜率,即 $V_m = V_c$。

流量-密度曲线上的其他点的数值以同样的方式求出。点 B 是表示不拥挤情况的一个典型点,其流量为1 800 veh/h,密度为30 veh/km,速度(矢径的斜率)为58 km/h。点 D 是表示拥挤情况的一个典型点,从图中看出,点 D 的流量为1 224 veh/h,密度为105.6 veh/km,速度(矢径的斜率)为11.6 km/h。根据定义,原点 A 的流量、密度都等于零。

4. 速度-流量模型

由式(9-120)得

$$K = K_j\left(1 - \frac{V}{V_j}\right) \tag{9-124}$$

代入 $Q = KV$ 得

$$Q = K_j\left(V - \frac{V^2}{V_f}\right) \tag{9-125}$$

式(9-125)同样表示一条抛物线(见图9-18),形状与流量-密度曲线相似。

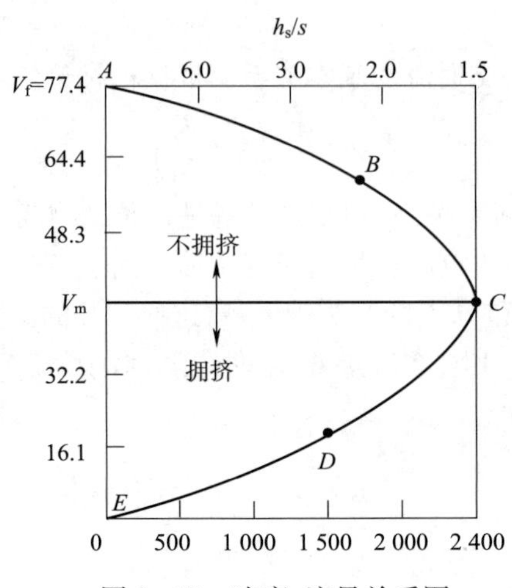

图 9-18　速度-流量关系图

通常速度随流量增加而降低,直至达到通行能力的流量为止。当曲线在拥挤的部分时,流量和速度则都降低。A、B、C、D 和 E 相当于流量-密度和速度-密度曲线上的同样点。从原点 E 到曲线上点的向量斜率表示那一点的密度的倒数。点 C 上面的速度-流量曲线部分表示不拥挤情况,而点下面的曲线部分则表示拥挤的情况。

综上,按格林希尔茨的速度-密度模型、流量-密度模型、速度-流量模型(见图 9-17 ~ 图 9-19)可以看出 Q_m、K_m、V_m 是划分交通是否拥挤的重要特征值。当 $Q \leqslant Q_m$、$K > K_m$、$A < V_m$ 时,则交通属于拥挤;当 $Q \leqslant Q_m$、$K \leqslant K_m$、$V \geqslant V_m$ 时,则交通属于不拥挤。

实验 17　交通流量统计系统设计

1. 实验目标

通过雷达提供的车辆、速度等交通数据,为交通协同控制提供全面和精准的车流信息。

2. 实验原理

通过雷达的主动式扫描阵列技术,雷达数据接口以 http + json 的方式提供。API 使用 Http 协议并遵循 Web 服务接口,雷达数据推送接口使用 websocket + json 的形式提供。

3. 实验设备

微波雷达 1 台、RSU1 台、至少 1 辆实验车。

4. 实验步骤

(1)雷达数据通过 RSU 给 MQTT 服务器上报。

信息描述:RSU 雷达信息上报 topic:radarInfoTopic					
数据名称	数据值示例	数据类型	是否必填	数据名称 key	备　注
1. 消息头		Object		msgHdr	
(1)设备厂商	AAA	String	是	deviceFactory	设备厂商编码
(2)设备 ID	123456789123123	String	是	deviceId	
(3)设备类型	RSU	String	是	deviceType	类型:雷达编码

续表

信息描述:RSU 雷达信息上报 topic:radarInfoTopic					
数据名称	数据值示例	数据类型	是否必填	数据名称 key	备　注
(4)上报时间	20190925193028100	String	是	timestamp	上报时间到秒单位
(5)上报流水	2019092519302820100013	String	是	transId	全局唯一
2. 消息体		Object		data	
(1)设备 ID	1001	number	是	sensorNo	设备 ID
(2)信息来源	4	number	是	sensorType	0:unknown; 1: selfinfo 2: v2x 3:video 4:microwaveRadar
(3)参与者		Array	是	panticipants	
①参与者 ID	0	String	是	ptc_id	参与者 ID
②参与者类型		number	是	ptc_type	0: unknown; 1: motor; 2:non_motor; 3:pedestrian; 4:rsu
③经度	116. 3476681	number	是	lon	
④纬度	39. 92306447	number	是	lat	
⑤海拔	12	number	是	ele	
⑥方向角	23. 0123	number	是	hea	
⑦速度	0. 0032	number	是	spd	

数据格式样例:

```
{
"data":{
"panticipants":[{
"ele":0.0,
"hea":23.3643646240234,
"lat":0.000132142178628669,
"lon":3.70105886777496e-05,
"ptc_id":1790,
"ptc_type":3,
"spd":0.00323588998605848
}],
"sensorNo":"1001",
"sensorType":3
},
"msgHdr":{
"deviceFactory":"Dt",
"deviceId":"12345678",
"deviceType":"RSU",
"timestamp":"20191029193645",
"transId":"2019102919364500000007"
}
}
```

(2)服务器地址以实际为准。雷达数据推送接口使用 websocket +json 的形式,学生端订阅服务器的雷达消息。调用以下接口进行实验:

①添加用户接口。

```
http://127.0.0.1/8080/jmqtt/user/adduser
```

请求报文:

```
{
"loginName":"gohigh",
"loginPassword":"gohigh",
"addUserName":"teng",
"trueName": "tengjiayan"
}
```

响应报文:

```
{
"status": 1,
"msg": "success"
}
```

字段名称	数据类型	备　　注
loginName	String	管理员用户名
loginPassword	String	管理员密码
addUserName	String	新增用户名
trueName	String	用户真实名字
status	int	返回状态码,1 成功,0 失败
msg	String	返回消息,错误消息内容,成功消息内容

②删除用户接口。

```
http://127.0.0.1/8080/jmqtt/user/deleteuser
```

请求报文:

```
{
"loginName":"gohigh",
"loginPassword: "gohigh",
"deleteUserName: "deletename",
}
```

响应报文:

```
{
status:0,
msg: "user not exist"
}
```

字段名称	数据类型	备　　注
loginName	String	管理员用户名
loginPassword	String	管理员密码
deleteUserName	String	删除用户名
status	int	返回状态码,1 成功,0 失败
msg	String	返回消息,错误消息内容,成功消息内容

③重置用户密码。

```
http://127.0.0.1/8080/jmqtt/user/resetuser
```

请求报文：

```
{
"loginName":"gohigh",
"loginPassword":"gohigh",
"resetUserName":"resetname",
}
```

响应报文：

```
{
status:1,
msg: "success"
}
```

字段名称	数据类型	备　　注
loginName	String	管理员用户名
loginPassword	String	管理员密码
resetUserName	String	重置密码的用户名,密码会被重置为“111111”
status	int	返回状态码,1 成功,0 失败
msg	String	返回消息,错误消息内容,成功消息内容

④用户修改密码。

```
http://127.0.0.1/8080/jmqtt/user/updatepwd
```

请求报文：

```
{
"loginName":"gohigh",
"loginPassword":"gohigh",
"newPassword":"newpsd",
}
```

响应报文：

```
{
status:1,
msg: "success"
}
```

字段名称	数据类型	备　　注
loginName	String	登录用户名(管理员或者普通用户)
loginPassword	String	登录密码
newPassword	String	修改后的新密码
status	int	返回状态码,1 成功,0 失败
msg	String	返回消息,错误消息内容,成功消息内容

⑤用户获得雷达设备列表。

```
http://127.0.0.1/8080/jmqtt/device/getlist
```

请求报文：

```
{
"loginName":"gohigh",
"loginPassword":"gohigh"
}
```

响应报文：

```
{
"status":1,
"msg": "success",
"deviceList": {
{
"deviceId":1,
"deviceName": "testdevice",
"deviceSn":"123456",
"deviceType":"rsu",
"deviceFactory":"Dt"
},
{
"deviceId":2,
"deviceName": "testdevice2",
"deviceSn":"234123456",
"deviceType":"rsu",
"deviceFactory":" Dt "
}
}
```

字段名称	数据类型	备　　注
loginName	String	登录用户名（管理员或者普通用户）
loginPassword	String	登录密码
status	int	返回状态码，1 成功，0 失败
msg	String	返回消息，错误消息内容，成功消息内容
deviceList	List < device >	设备列表，device 为定义的设备类型，内容包括 deviceId、deviceName、devicesn、deviceType、deviceFactory

⑥添加雷达设备。

```
http://127.0.0.1/8080/jmqtt/device/adddevice
```

请求报文：

```
{
"loginName":"gohigh",
"loginPassword":"gohigh"
"deviceId":1,
"deviceName": "testdevice",
"deviceSn":"123456",
"deviceType":"rsu",
"deviceFactory":" Dt "
}
```

响应报文：

```
{
"status":1,
"msg": "success",
"deviceList": {
{
"deviceId":1,
"deviceName": "testdevice",
"deviceSn":"123456",
"deviceType":"rsu",
"deviceFactory":" Dt "
},
{
"deviceId":2,
"deviceName": "testdevice2",
"deviceSn":"234123456",
"deviceType":"rsu",
"deviceFactory":" Dt "
}
}
```


数据名称	数据类型	备　注
loginName	String	登录用户名(管理员或者普通用户)
loginPassword	String	登录密码
deviceId	Int	—
deviceName	String	设备名称
deviceSn	String	设备序列号
deviceType	String	类型:RSU 编码 /OBU 编码/红绿灯编码/雷达编码,见字典编码
deviceFactory	String	设备厂商编码
status	int	返回状态码,1 成功,0 失败
msg	String	返回消息,错误消息内容,成功消息内容
deviceList	List < device >	设备列表,device 为定义的设备类型,内容包括 deviceId、deviceName、deviceSn、deviceType、deviceFactory

⑦删除雷达设备。

```
http://127.0.0.1/8080/jmqtt/device/deletedevice
```

请求报文:


```
{
"loginName":"gohigh",
"loginPassword":"gohigh"
"deleteDeviceSn":"123456",
}
```


响应报文:


```
{
"status":1,
"msg":"success"
"deviceList": {
{
```

```
"deviceId":1,
"deviceName": "testdevice",
"deviceSn":"123456",
"deviceType":"rsu",
"deviceFactory":" Dt "
},
{
"deviceId":2,
"deviceName": "testdevice2",
"deviceSn":"234123456",
"deviceType":"rsu",
"deviceFactory":" Dt "
}
}
```

数据名称	数据类型	备　注
loginName	String	登录用户名(管理员或者普通用户)
loginPassword	String	登录密码
deleteDeviceSn	String	删除的设备序列号
status	int	返回状态码,1 成功,0 失败
msg	String	返回消息,错误消息内容,成功消息内容
deviceList	List <device>	设备列表,device 为定义的设备类型,内容包括 deviceId、deviceName、deviceSn、deviceType、deviceFactory

⑧订阅消息。

ws://127.0.0.1:8888/jmqtt/websocket/mqtt/{devicesn}?loginName& loginPassword

数据名称	数据类型	备　注
loginName	String	登录用户名(管理员或者普通用户)
loginPassword	String	登录密码
deviceSn	String	订阅的设备序列号
message	String	订阅的设备对应的消息

调用上述 websocket 接口后,雷达监测的目标数据将即时推向客户端。

登录服务器能查看订阅的消息体内容,订阅的 topic 内容为“radarInfoTopic"。

课后习题

1. 协同控制的意义是什么?
2. 车辆队列有哪几种拓扑结构?
3. 车辆队列控制稳定性是什么含义?
4. 交通量、速度和交通流密度的含义是什么?
5. 选取一条道路,统计该道路交通流,绘制小时交通量曲线。

第10章 实训项目

实训1　基于V2I交通信号灯状态提示场景集成

1. 实训目标

测试V2X与路侧设备之间的通信协同控制能力,实验车不停车通过信号灯,提高交通效率。

2. 实训原理

实验车通过RSU和OBU通信是通过PC5口广播的方式,具备低时延、高可靠的性能。实验车在行驶过程中, OBU通过CAN接口方式读取车身实时车速、位置、航向角等信息,RSU读取信号灯相位(红灯剩余时间)和其他路侧信息。RSU把信号灯相位实时广播给OBU,OBU把车本身的速度、位置等信息广播给附近的车辆和RSU。

OBU根据车速和距离信号灯的位置,计算预计通过红灯的时间(单位:秒级)。OBU判断以当前速度继续行驶,实验车是否能不停车通过信号灯路口。若判定车辆以当前速度行驶到路口遇到的是红灯,OBU向实验车驾驶者发出预警。

3. 实训设备

移动信号灯1台、实验车1台、OBU1台、RSU1台。

4. 实训步骤

(1)当实验车正常行驶接近交通信号灯的路口;

(2)信号灯正常工作,即将亮起红灯(如果是绿灯就不触发此场景);

(3)V2I设备协同判断车辆有可能需要停车等红灯,才能通过此路口;

(4)车路协同系统提示实验车减速(建议行驶车速);

(5)实验车执行调整车速,完成不停车通过信号灯的实验。

实训2　基于V2I交叉路口防碰撞预警

1. 实训目标

城市道路中交叉路口是交通事故高发区,车辆通过复杂路口时,通过V2V相关技术通信,理解对方行驶意图,减少事故发生的概率。本次实验模拟测试城市道路交叉路口(十字路口、T字路口、复杂路口等),V2X设备与路侧设备之间的通信协同,避免车辆在交叉路口发送碰撞。

2. 实训原理

主车直行通过交叉路口,辅车右转、左转、直行等多种行为,两车存在冲突。主车和辅车OBU上报本车信息BSM给附近的RSU,RSU通过PC5广播附近的BSM和MAP,本车OBU接收周围车辆的BSM,解析地图中其他车辆的位置,判断碰撞风险,给出预警信息。

3. 实训设备

实验车2台、OBU2台、RSU1台。

4. 实训步骤

(1)主车(HV)正常行驶在交叉路口。

(2)辅车(RV)从来向(其他方向)行驶,同时行进过程中两车存在碰撞风险,如图10-1所示。

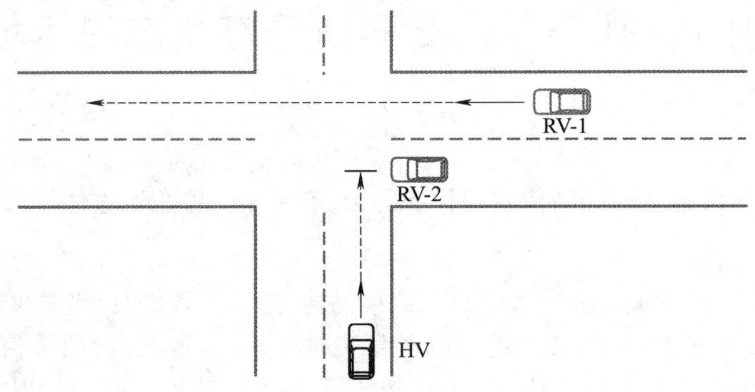

图10-1 交叉路口防碰撞预警场景

(3)主车OBU提示碰撞风险,主车立刻减速/停车,避让辅车。

(4)主车调整动作后,两车有新的安全距离/相对车速后,碰撞预警消除。

 实训3 CAN总线教学实训项目

1. 实训目的

CAN总线教学实训项目。

2. 实训原理

控制器局域网总线(Controller Area Network, CAN)是一种用于实时应用的串行通信协议总线,它可以使用双绞线来传输信号,是世界上应用最广泛的现场总线之一。CAN协议由德国的Robert Bosch公司开发,用于汽车中各种不同元件之间的通信,以此取代昂贵而笨重的配电线束。该协议的健壮性使其用途延伸到其他自动化和工业应用。CAN协议的特性包括完整性的串行数据通信、提供实时支持、传输速率高达1Mb/s、同时具有11位的寻址及检错能力。

CAN总线是一种多主方式的串行通信总线,基本设计规范要求有高的位速率,高抗电子干扰性,并且能够检测出产生的任何错误。CAN总线可以应用于汽车电控制系统、电梯控制系统、安全

监测系统、医疗仪器、纺织机械、船舶运输等领域。

1)CAN 总线的特点

(1)具有实时性强、传输距离较远、抗电磁干扰能力强、成本低等优点。

(2)采用双线串行通信方式,检错能力强,可在高噪声干扰环境中工作。

(3)具有优先权和仲裁功能,多个控制模块通过 CAN 控制器挂到 CAN-bus 上,形成多主机局部网络。

(4)可根据报文的 ID 决定接收或屏蔽该报文。

(5)可靠的错误处理和检错机制。

(6)发送的信息遭到破坏后,可自动重发。

(7)节点在错误严重的情况下具有自动退出总线的功能。

(8)报文不包含源地址或目标地址,仅用标志符来指示功能信息、优先级信息。

2)CAN 总线的工作原理

CAN 总线(见图 10-2)使用串行数据传输方式,可以 1 Mbit/s 的速率在 40 m 的双绞线上运行,也可以使用光缆连接,而且在这种总线上总线协议支持多主控制器。CAN 与 I2C 总线的许多细节很类似,但也有一些明显的区别。

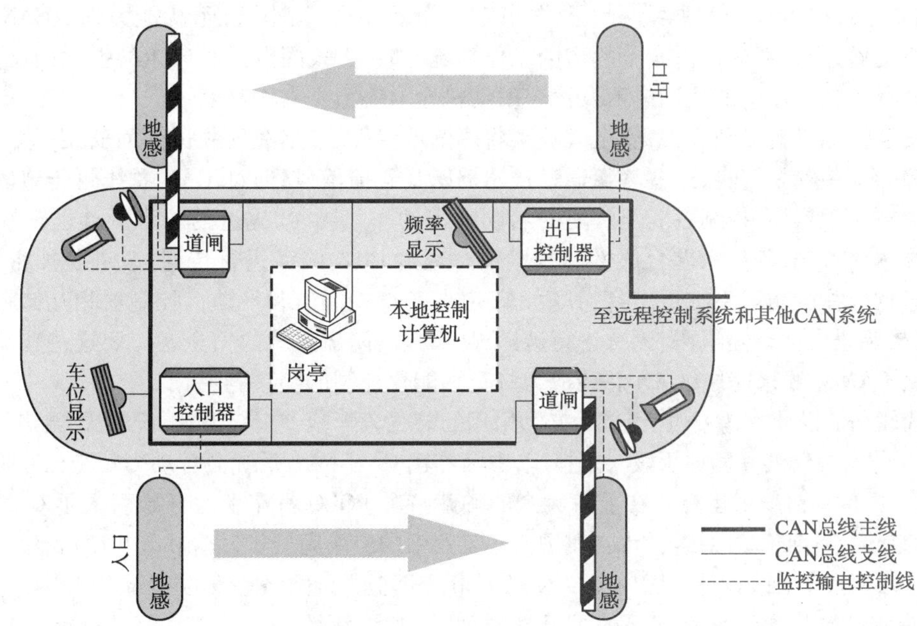

图 10-2　CAN 总线图

当 CAN 总线上的一个节点(站)发送数据时,它以报文形式广播给网络中所有节点。对每个节点来说,无论数据是否是发给自己的,都对其进行接收。每组报文开头的 11 位字符为标识符,定义了报文的优先级,这种报文格式称为面向内容的编址方案。在同一系统中标识符是唯一的,不可能有两个站发送具有相同标识符的报文。当几个站同时竞争总线读取时,这种配置十分重要。

当一个站要向其他站发送数据时,该站的 CPU 将要发送的数据和自己的标识符传送给本站的 CAN 芯片,并处于准备状态;当它收到总线分配时,转为发送报文状态。CAN 芯片将数据根据协议组织成一定的报文格式发出，这时网上的其他站处于接收状态。每个处于接收状态的站对接收到的报文进行检测，判断这些报文是否是发给自己的，以确定是否接收它。

由于CAN总线是一种面向内容的编址方案，因此很容易建立高水准的控制系统并灵活地进行配置。我们可以很容易地在CAN总线中加进一些新站而无须在硬件或软件上进行修改。当所提供的新站是纯数据接收设备时，数据传输协议不要求独立的部分有物理目的地址。它允许分布过程同步化，即总线上控制器需要测量数据时，可由网上获得，而无须每个控制器都有自己独立的传感器。

3）CAN总线的应用

CAN总线在组网和通信功能上的优点及其高性价比决定了它在许多领域有广阔的应用前景和发展潜力。这些应用有些共同之处：CAN实际就是在现场起一个总线拓扑的计算机局域网的作用。不管在什么场合，它负担的是任一节点之间的实时通信，但是它具备结构简单、高速、抗干扰、可靠、价位低等优势。CAN总线最初是为汽车的电子控制系统而设计的，目前在欧洲生产的汽车中CAN的应用已非常普遍，不仅如此，这项技术已推广到火车、轮船等交通工具中。

在汽车上，应用CAN总线，可以减少车身布线，进一步节省了成本，由于采用总线技术，模块之间的信号传递仅需要两条信号线。布线局部化，车上除总线外其他所有横贯车身的线都不再需要了，节省了布线成本。CAN总线系统数据稳定可靠，线间干扰小、抗干扰能力强。CAN总线专为汽车量身定做，充分考虑了汽车上恶劣的工作环境，如点火线圈点火时产生的强大的反充电压、电涡流缓冲器切断时产生的浪涌电流及汽车发动机仓100 ℃左右的高温。

随着安全性能日益受到重视，安全气囊也将逐渐增多，以前是在驾驶员前面安装一个，今后侧面与后座都会安装安全气囊，这些气囊通过传感器感受碰撞信号，通过CAN总线将传感器信号传送到一个中央处理器内，控制各安全气囊的启动弹出动作。同时，先进的防盗设计也正基于CAN总线网络技术。首先，确认钥匙合法性的校验信息通过CAN网络进行传递，改进了加密算法，其校验的信息比以往的防盗系统更丰富；其次，车钥匙、防盗控制器和发动机控制器相互储存对方信息，而且在校验码中搀杂随机码，无法进行破译，从而提高防盗系统的安全性。而这些功能的实现无一不借助CAN总线来完成，CAN总线成为汽车智能化控制的“定海神针”。

在现代轿车的设计中，CAN已经成为必须采用的装置。奔驰、宝马、大众、沃尔沃、雷诺等汽车都采用了CAN作为控制器联网的手段。据报道，中国首辆CAN网络系统混合动力轿车已在奇瑞公司试装成功，并进行了初步试运行。在上海大众的帕萨特和POLO汽车上也开始引入了CAN总线技术。但总的来说，目前CAN总线技术在我国汽车工业中的应用尚处于试验和起步阶段，绝大部分的汽车还没有采用汽车总线设计。国内在技术、设计和应用上进行网络总线的“深造”势在必行。

CAN总线的数据通信具有突出的可靠性、实时性和灵活性。由于其良好的性能及独特的设计，CAN总线越来越受到人们的重视，它在汽车领域上的应用是最广泛的。世界上一些著名的汽车制造厂商大都采用了CAN总线来实现汽车内部控制系统与各检测和执行机构间的数据通信。同时，由于CAN总线本身的特点，其应用范围目前已不再局限于汽车行业，而向自动控制、航空航天、航海、过程工业、机械工业、纺织机械、农用机械、机器人、数控机床、医疗器械及传感器等领域发展。CAN已经形成国际标准，并已被公认为几种最有前途的现场总线之一。

3. 实训所需工具、设备和器材

螺丝刀、线束、can分析仪、计算机、CANtest软件（周立功CAN测试软件）。

4. 实训步骤

方法/步骤1：首先说明下为什么要采用USBCAN分析仪。如果想采集CAN数据并加以分析，首先要分清楚每一个 CAN 帧的帧 ID。这个帧 ID 类似于一个地址,可说明这条帧的用途。如果要分清帧 ID 的话,必须使用一款软件来将帧 ID 和帧数据区分开来。

这样的话就需要一款专门的分析软件将帧 ID 和帧信息单独显示出来。最好这个软件还具有滤波和保存数据的功能。这也就是为什么要采购 USBCAN 分析仪,因为功能强大。图 10-3 所示为 ECANtools 软件界面。

CAN1 Receive/Transmit　CAN2 Receive/Transmit　OBD II

保存数据　实时保存　暂停显示　显示模式　清除　滤波设置　高级屏蔽　显示错误帧　错误帧率:0.0%　0 P/S　接收帧数:18

序号	帧间隔时间us	名称	帧ID	帧类型	帧格式	DLC	数据	帧数量
00000007	0.191.342	接收	000	DATA	STANDARD	8	00 01 02 03 04 05 06 07	1
00000008	0.000.666	接收	000	DATA	STANDARD	8	00 01 02 03 04 05 06 07	1
00000009	0.191.363	接收	000	DATA	STANDARD	8	00 01 02 03 04 05 06 07	1
0000000A	0.000.984	接收	000	DATA	STANDARD	8	00 01 02 03 04 05 06 07	1
0000000B	0.367.051	接收	000	DATA	STANDARD	8	00 01 02 03 04 05 06 07	1
0000000C	0.000.685	接收	000	DATA	STANDARD	8	00 01 02 03 04 05 06 07	1
0000000D	0.199.291	接收	000	DATA	STANDARD	8	00 01 02 03 04 05 06 07	1
0000000E	0.000.881	接收	000	DATA	STANDARD	8	00 01 02 03 04 05 06 07	1
0000000F	0.184.218	接收	000	DATA	STANDARD	8	00 01 02 03 04 05 06 07	1
00000010	0.000.654	接收	000	DATA	STANDARD	8	00 01 02 03 04 05 06 07	1
00000011	0.150.267	接收	000	DATA	STANDARD	8	00 01 02 03 04 05 06 07	1
00000012	0.000.954	接收	000	DATA	STANDARD	8	00 01 02 03 04 05 06 07	1

列表模式　发送文件　0 P/S　发送帧数:0

图 10-3　ECANtools 软件界面

方法/步骤 2:将 CAN 分析仪接入汽车的 CAN 总线中,会发现有很多的帧,然后接收界面就一直在跳动数据,非常不好找到需要的那一帧。这时就需要软件有统计功能,将同样帧 ID 的数据归纳到一起来,这样就方便查找了,如图 10-4 所示。

序号	帧间隔时间us	名称	帧ID	帧类型	帧格式	DLC	数据	帧数量
00000000	0.000.937	接收	000	DATA	STANDARD	8	00 01 02 03 04 05 06 07	38

图 10-4　同样帧 ID 数据统计

方法/步骤 3:假如数据太多了,有很多不想看到的数据,这样就需要强大的滤波功能了。例如,用户只想看"111"这个帧 ID 的数据,不想看"222"这个帧 ID 的数据,可以选择高级屏蔽,把"222"移动到"黑名单"里去,之后就看不到它了,如图 10-5 所示。

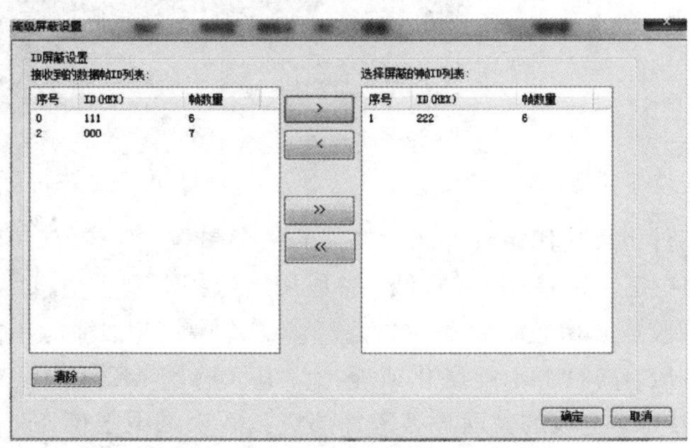

图 10-5　"高级屏蔽设置"对话框

方法/步骤 4:

除了以上功能外,USBCAN 分析仪还可以显示 CAN 总线上的错误帧,发送批处理的数据等等。它不但可以分析和保存 CAN 数据,还可以作为一个 CAN 总线节点向总线上发送数据。

5. 注意事项

选择一款靠谱的 USBCAN 分析仪来调试 CAN 总线,正规厂家可以提供完善的保修服务和技术支持。

实训 4 电动汽车整车电器实验

1. 实训目标

了解并熟悉车灯线束、动力电池和电机驱动器、整车线束的原理及步骤。

2. 实训原理

1)车灯线束原理

汽车灯光用于为汽车行驶提供照明以及将其行驶状况告知其他车辆;现代车灯特别是前灯越来越起着装饰的作用。为实现车灯的功能,一些车灯内部或外部带有小的线束,统称灯具线束。

整体式前照灯常把远近光和转向功能的线路用一个插接器连接,这样需要在灯具后面增加一根灯具线束,也称外部灯具线束,如图 10-6 所示。对于这一类线束,主要考虑防水性和气密性。

插接器选用防水系列,材料应为尼龙或其他耐高温材料,插接器接触性能的稳定性直接影响着车辆行使中灯光的照明效果。

内部灯具线束(见图 10-7)除考虑外部灯具线束的要求外,重点考虑前照灯和前雾灯内部高达 120 ℃的温度要求。

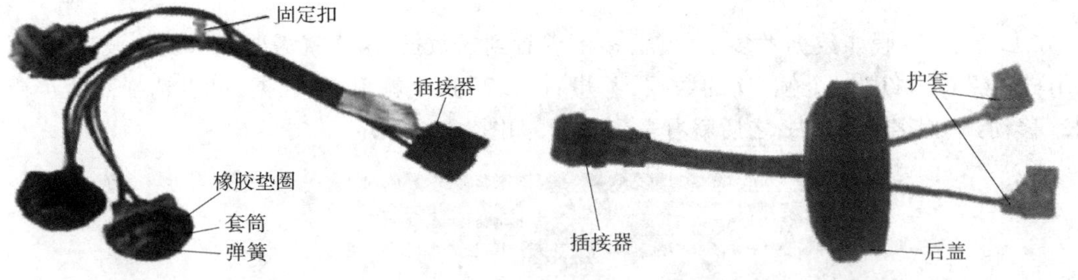

图 10-6 外部灯具线束

图 10-7 内部灯具线束

后盖可以使用塑料件也可使用橡胶件。塑料件的精度和稳定性较好,但成本高,一般用于高档车型;橡胶件精度和稳定性稍差,但成本低,一般用于低档车型。塑料后盖选用尼龙材料,橡胶后盖选用三元乙丙橡胶或硅橡胶。后盖在高温环境工作中,气密性能不能发生改变。护套选用三元乙丙橡胶或硅橡胶,高温下不能融化或变形。电线选用 AEXF 电线或同等耐温要求的电线;由于电线耐温性能增加,电线的截面积参考外部灯具线束的下限值,前照灯和前雾灯可以选用更小规格的 0.75 mm^2 电线。为增加耐温性能,可以在后盖到护套之间的内部电线穿耐温性能高的纤维管或铁氟龙套管,能够更好地保护电线。

2)动力电池和电机驱动器原理(见图 10-8)

(1)分线盒。分线盒也称高压配电箱,是将动力电池总成输送的电能分配给电机控制器、电动压缩机和 PTC 加热器。此外,交流慢充时,充电电流也会经过分线盒流入动力电池为其充电。分线盒内对电动压缩机回路、PTC 加热器回路、交流慢充回路各设有一个熔断器。当上述回路电流超过 90 A 时,熔断器会在 15 s 内熔断;当回路电流超过 150 A 时,熔断器会在 1 s 内熔断,保护相关回路。分线盒原理如图 10-9 所示。

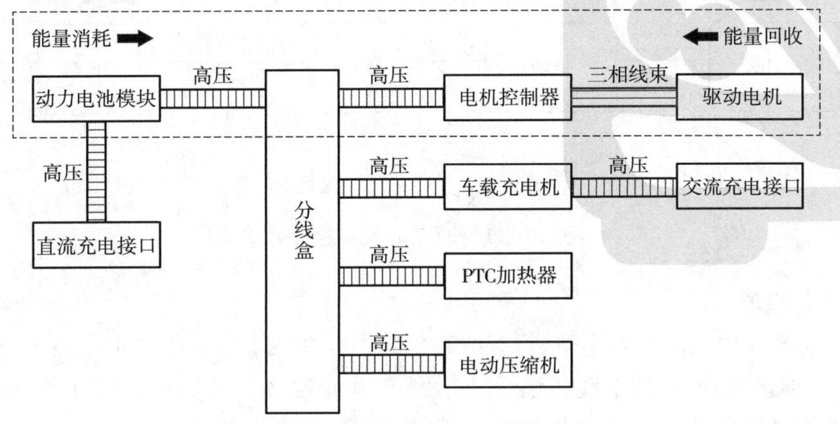

图 10-8　高压配电系统电气原理图

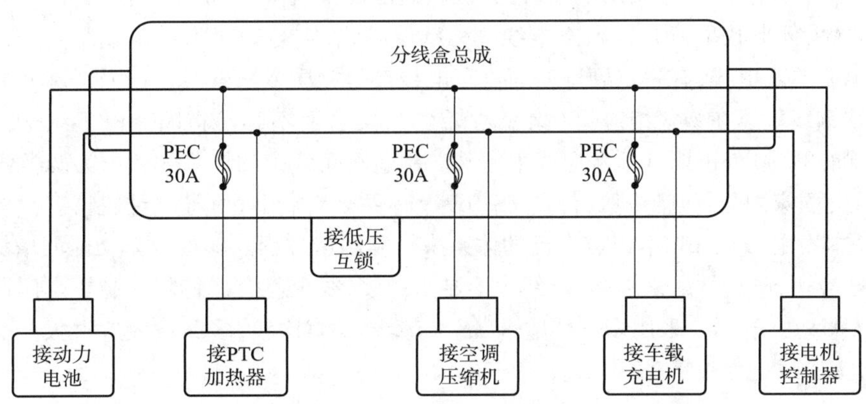

图 10-9　分线盒原理

(2)直流充电接口。直流充电接口能接收直流充电桩的电能,并通过高压线束将电能输送给动力电池总成,为其充电。

(3)交流充电接口(如配备)、直流母线。如图 10-10 所示,交流充电接口能接收交流充电桩的电能,并通过高压线束将电能输送给车载充电机,车载充电机将交流电转化成直流电再传递给分线盒,分线盒经过直流母线将直流电传递到动力电池,为其充电。

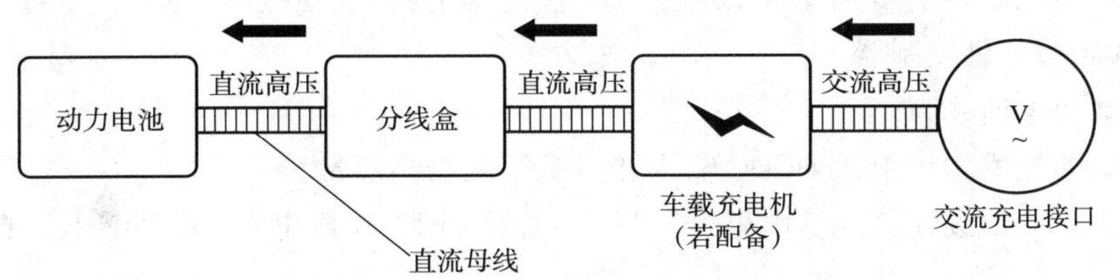

图 10-10　能量传递路径

(4)电机三相线。车辆行驶时,电流从动力电池依次经过直流母线、分线盒、电机控制器高压线、电机控制器、电机三相线到达驱动电机,产生驱动力,能量传递路径如图 10-11 所示(能量回收时传递路线相反)。

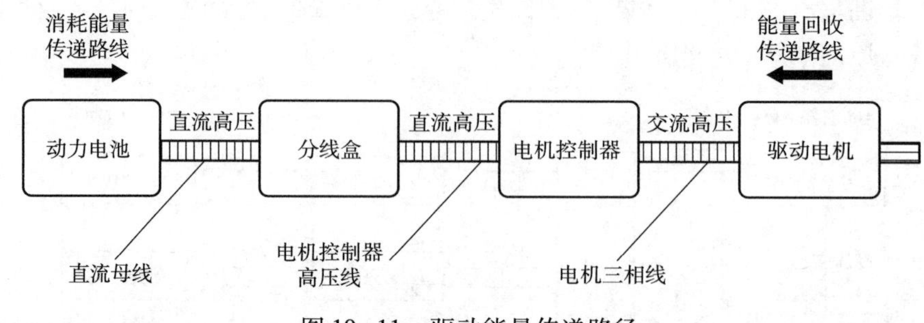

图 10-11　驱动能量传递路径

3)整车线束原理

汽车线束是汽车电路的网络主体,没有线束也就不存在汽车电路。线束是指由铜材冲制而成的接触件端子(连接器)与电线电缆压接后,外面再塑压绝缘体或外加金属壳体等,以线束捆扎形成连接电路的组件。线束产业链包括电线电缆、连接器、加工设备、线束制造和下游应用产业,线束应用非常广泛,可用在汽车、家用电器、计算机和通信设备、各种电子仪器仪表等方面,车身线束连接整个车身,大体形状呈 H 形。汽车电线又称低压电线,它与普通家用电线是不一样的。普通家用电线是铜质单蕊电线,有一定硬度。而汽车电线都是铜质多蕊软线,有些软线细如毛发,几条乃至几十条软铜线包裹在塑料绝缘管(聚氯乙烯)内,柔软而不容易折断。由于汽车行业的特殊性,汽车线束的制造过程也比其他普通线束特殊。制造汽车线束的体系大致分为两类:

(1)以欧美国家划分,包括中国:使用 TS 16949 体系来对制造过程进行控制。

(2)以日本为主:如丰田、本田有自己的体系来控制制造过程。随着汽车功能的增加及电子控制技术的普遍应用,电气件越来越多,电线也会越来越多,线束就会变得越粗越重。因此先进的汽车就引入了 CAN 总线配置,采用多路传输系统。与传统线束比较,多路输装置大大减少了导线及联插件数目,使布线更为简易。

3. 实训所需工具、设备和器材

继电器、车灯、线束、电机控制器、电机、动力电池、DCDC、12 V 蓄电池。

4. 实训步骤

1)车灯线束

(1)拆掉原有的车灯线束。

(2)从原有的车灯线束上引出线束到继电器端。

(3)将继电器控制端引出到 VCU,通过 VCU 控制继电器,来控制转向灯。

2)动力电池和电机控制器

(1)改装动力电池线束。

(2)将动力电池的输出引入 DCDC 输入和电机控制器高压部分。

(3)从 DCDC 输出线连接到继电器,同时另一端接到 12 V 蓄电池,并将继电器控制端连接到钥匙 ACC 端。

(4)将蓄电池输出的低压 12 V 接入车内,给需要低压的用电设备供电,如油门踏板,转向器,舵机等。

3)整车线束

在改装整车线束的时候,主要是接插件的运用和线束的连接。在连接线束时,最后都要用电烙铁焊锡，并且确保焊锡完全融入线束中去，才能确保线束不容易损坏，也不会导致虚接，从而引起连接处电流增大，而发生火灾。同时要注意线不能太长，否则不方便布线。最后在布线完成后，要先检查一遍，确认接线是否正确，线与线之间没有接触，才能开始上电检测。

实训 5　RTMP SERVER 以及视频转发服务部署

1. 实训目标

1）认识实时视频流的推流、拉流

推流，指把采集阶段封包好的内容传输到服务器的过程，如图 10－12 所示；拉流指服务器已有直播内容，用指定地址进行拉取的过程。

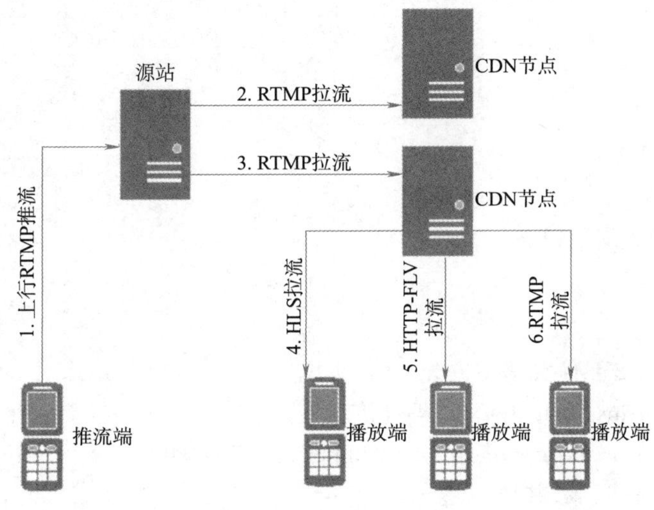

图 10－12　推流图

2）认识 RTMP

RTMP 是 Real Time Messaging Protocol（实时消息传输协议）的缩写，是 Adobe 公司为 Flash/AIR 平台和服务器之间音、视频及数据传输开发的实时消息传送协议。RTMP 协议基于 TCP，包括 RTMP 基本协议及 RTMPT/RTMPS/RTMPE 等多种变种。

RTMP 协议中，视频必须是 H. 264 编码，音频必须是 AAC 或 MP3 编码，且多以 flv 格式封包。RTMP 是目前最主流的流媒体传输协议，对 CDN 支持良好，实现难度较低，是大多数直播平台的选择。不过 RTMP 有一个最大的不足——不支持浏览器，且 Adobe 已不再更新。因此直播服务要支持浏览器的话，需要另外的推送协议支持。

2. 实训原理

流程：摄像头采集视频，进行 H. 264 编码→通过以太网通道推流到 RTSP SERVER→RTMP SERVER 通过使用 ffmpeg 工具拉 rtsp 流，并推流到 nginx 软件端口→nginx 调用 nginx－rtmp－module 模块→rtmp server 成为源站→点播软件解码→通过显示屏显示解码后的视频画面，如图 10－13 所示。

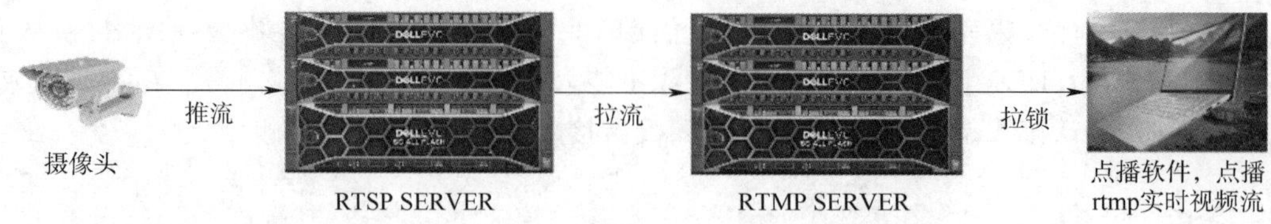

图 10-13　实训原理

3. 实训所需工具、设备和器材

(1)摄像头(供电模块)。

(2)五类/六类双绞线。

(3)HDMI 高清线。

(4)支持 HDMI 接口的显示器。

(5)测试计算机。

(6)Xshell 软件工具。

(7)IP 扫描软件工具。

(8)DHCP 软件工具。

(9)用来部署服务的 Linux 系统计算机一台。

(10)视频转发服务安装包。

4. 实训步骤

步骤一:安装 nginx。

在 ubuntu 16. 04LTS 系统环境下安装 Nginx 的流程

(1)先下载安装 nginx 和 nginx-rtmp 编译依赖工具。

sudo apt-get install build-essential libpcre3 libpcre3-dev libssl-dev

(2)创建一个 nginx 目录,并切换到 nginx 目录。

mkdir ~/nginx

cd ~/nginx

(3)下载 nginx 和 nginx-rtmp 源码(注意:下载与系统发行时间相近的包)。

wget http://nginx. org/download/nginx-1. 15. 3. tar. gz

wget https://github. com/arut/nginx-rtmp-module/archive/master. zip

(4)安装 unzip 工具,解压下载的安装包。

sudo apt-get install unzip

(5)解压 nginx 和 nginx-rtmp 安装包。

tar -zxvf nginx-1. 9. 9. tar. gz

unzip master. zip

(6)切换到 nginx-目录。

cd nginx-1. 9. 9

(7)添加 nginx-rtmp 模板编译到 nginx。

./configure --with-http_ssl_module --add-module=../nginx-rtmp-module-master

(8)编译安装。

make

sudo make install

(9)安装 nginx init 脚本。

sudo wget https://raw. github. com/JasonGiedymin/nginx - init - ubuntu/master/nginx - O /etc/init. d/nginx

sudo chmod +x /etc/init. d/nginx

sudo update - rc. d nginx defaults

(10)启动和停止 nginx 服务,生成配置文件。

sudo service nginx start

sudo service nginx stop

步骤二:安装 ffmpeg。

(1)创建一个 ffmpeg 目录,并切换到 ffmpeg 目录。

mkdir ~/ffmpeg

cd ~/ffmpeg

(2)下载 ffmpeg 的源码(注意:下载与系统发行时间相近的包,这里选择与 ubuntu 16. 04LTS 发行时间 2018 年 8 月日期相近的 ffmpeg - 4. 0. 2. tar. bz2)。

```
$ wgethttps://ffmpeg. org/releases/ffmpeg - 4. 0. 2. tar. bz2
```

(3)将源码解压到 ~/ffmpeg 目录。

```
$ tar jxvf ffmpeg - 4. 0. 2. tar. bz2
```

(4)在 http://www. tortall. net/projects/yasm/releases/上下载适合自己的版本。

```
$ wgethttp://www. tortall. net/projects/yasm/releases/yasm-1. 30. tar. gz
```

(5)解压并进入 yasm 的目录。

```
$ tar  - zxvf  yasm - 1. 30. tar. gz
$ cd  yasm
```

(6)执行 . /configure。

```
$ . /configure
```

(7)执行 make。

```
$ make
```

(8)执行 sudo make install。

```
$ sudo make install
```

(9)编译并安装 ffmpeg。

```
$ cd ffmpeg - 4. 0. 2
$ mkdir build
$ cd . /build
$ .. /configure
$ make
$ sudo make install
```

(10)查看 ffmpeg 版本。

```
$ ffmpeg  - version
```

(注:解压命令:tar-zxvf 压缩文件名 . tar. gz 、tar-jxvf xx. tar. bz2)

步骤三:部署 rtmp server 命令。

```
$ ffmpeg -i rtsp://(rtspserver服务器的 IP)/010000204(这串数字由摄像头编号决定) -vcodec copy -acodec copy -f flv rtmp://IP(rtmp server的 ip)/live/01....
```

步骤四:查看 rtmp server 是否启动成功命令。

```
Netstat -anpt |grep 1935
```

若成功,则实训结束;否则继续进行步骤五。

步骤五:配置 1935 端口。

修改/usr/local/nginx/conf/nginx.conf 文件,将以下代码复制到 server 函数的下方,保存后退出,再进行步骤三、步骤四,实训结束。

```
$ vim /usr/local/nginx/conf/nginx.conf
}
rtmp {
    server {
            listen 1935;
            chunk_size 4096;
            application live {
                    live on;
                    }
    }
}
```

步骤六:部署视频转发服务。

将视频转发服务的安装包拷贝到/home/目录下,执行以下命令:

```
cd /home/video/
chmod +x video_rtmp VideoServer * .sh
```

步骤七:开启对应端口。

RtmpServer 服务需要开启 1935 端口,视频转发服务需要开启 7345,7346,7347,7348,7349 端口,请先使用 netstat -lnp 命令依次检查以上六个端口是否被占用,保证端口可用。

检查防火墙状态,命令:firewall-cmd --state

若状态为 running,则需要开启对应端口,执行以下命令。

```
firewall-cmd --zone=public --add-port=1935/tcp --permanent
firewall-cmd --zone=public --add-port=7345/tcp --permanent
firewall-cmd --zone=public --add-port=7346/tcp --permanent
firewall-cmd --zone=public --add-port=7347/tcp --permanent
firewall-cmd --zone=public --add-port=7348/tcp --permanent
firewall-cmd --zone=public --add-port=7349/tcp --permanent
firewall-cmd --reload
```

步骤八:开启转发服务。

执行/home/video/下的 start_video_service.sh 脚本,命令:sh start_video_service.sh。